总主编 伍 江　副总主编 雷星晖

韩万水　陈艾荣　著

风-汽车-桥梁系统空间耦合振动研究

Three-Dimensional Coupling Vibration of Wind-Vehicle-Bridge System

内容提要

本书在探讨风—桥梁相互作用与汽车—桥梁相互作用的基础上,将风、汽车、桥梁三者作为一个相互作用的系统,提出了一个较为完善的风—汽车—桥梁系统空间耦合振动分析模型。该模型能够综合考虑桥梁的静风响应、抖振响应、汽车—桥梁耦合振动、风荷载对车辆的影响,系统的时变特性以及结构几何非线性和气动荷载非线性的影响等。本书可供土木工程相关专业师生及专业人士阅读。

图书在版编目(CIP)数据

风—汽车—桥梁系统空间耦合振动研究 / 韩万水,陈艾荣著. —上海:同济大学出版社,2020.8
(同济博士论丛 / 伍江总主编)
ISBN 978-7-5608-7046-5

Ⅰ. ①风… Ⅱ. ①韩… ②陈… Ⅲ. ①公路桥—桥梁工程—风致振动—研究②公路桥—车桥耦合振动—研究 Ⅳ. ①U448.14

中国版本图书馆 CIP 数据核字(2020)第 144626 号

风—汽车—桥梁系统空间耦合振动研究
韩万水　陈艾荣　著

出 品 人　华春荣　责任编辑　冯 慧　责任校对　谢卫奋　封面设计　陈益平

出版发行	同济大学出版社　www.tongjipress.com.cn	
	(地址:上海市四平路1239号　邮编:200092　电话:021-65985622)	
经　　销	全国各地新华书店、建筑书店	
排版制作	南京展望文化发展有限公司	
印　　刷	浙江广育爱多印务有限公司	
开　　本	787 mm×1092 mm　1/16	
印　　张	14.25	
字　　数	285 000	
版　　次	2020 年 8 月第 1 版　2020 年 8 月第 1 次印刷	
书　　号	ISBN 978-7-5608-7046-5	
定　　价	67.00 元	

本书若有印装质量问题,请向本社发行部调换　　版权所有　侵权必究

"同济博士论丛"编写领导小组

组　　长：杨贤金　钟志华

副 组 长：伍　江　江　波

成　　员：方守恩　蔡达峰　马锦明　姜富明　吴志强
　　　　　徐建平　吕培明　顾祥林　雷星晖

办公室成员：李　兰　华春荣　段存广　姚建中

"同济博士论丛"编辑委员会

总　主　编：伍　江

副总主编：雷星晖

编委会委员：（按姓氏笔画顺序排列）

丁晓强　万　钢　马卫民　马在田　马秋武　马建新
王　磊　王占山　王华忠　王国建　王洪伟　王雪峰
尤建新　甘礼华　左曙光　石来德　卢永毅　田　阳
白云霞　冯　俊　吕西林　朱合华　朱经浩　任　杰
任　浩　刘　春　刘玉擎　刘滨谊　闫　冰　关佶红
江景波　孙立军　孙继涛　严国泰　严海东　苏　强
李　杰　李　斌　李风亭　李光耀　李宏强　李国正
李国强　李前裕　李振宇　李爱平　李理光　李新贵
李德华　杨　敏　杨东援　杨守业　杨晓光　肖汝诚
吴广明　吴长福　吴庆生　吴志强　吴承照　何品晶
何敏娟　何清华　汪世龙　汪光焘　沈明荣　宋小冬
张　旭　张亚雷　张庆贺　陈　鸿　陈小鸿　陈义汉
陈飞翔　陈以一　陈世鸣　陈艾荣　陈伟忠　陈志华
邵嘉裕　苗夺谦　林建平　周　苏　周　琪　郑军华
郑时龄　赵　民　赵由才　荆志成　钟再敏　施　骞
施卫星　施建刚　施惠生　祝　建　姚　熹　姚连璧

袁万城　莫天伟　夏四清　顾　明　顾祥林　钱梦騄
徐　政　徐　鉴　徐立鸿　徐亚伟　凌建明　高乃云
郭忠印　唐子来　阎耀保　黄一如　黄宏伟　黄茂松
戚正武　彭正龙　葛耀君　董德存　蒋昌俊　韩传峰
童小华　曾国荪　楼梦麟　路秉杰　蔡永洁　蔡克峰
薛　雷　霍佳震

秘书组成员： 谢永生　赵泽毓　熊磊丽　胡晗欣　卢元姗　蒋卓文

总 序

在同济大学110周年华诞之际,喜闻"同济博士论丛"将正式出版发行,倍感欣慰。记得在100周年校庆时,我曾以《百年同济,大学对社会的承诺》为题作了演讲,如今看到付梓的"同济博士论丛",我想这就是大学对社会承诺的一种体现。这110部学术著作不仅包含了同济大学近10年100多位优秀博士研究生的学术科研成果,也展现了同济大学围绕国家战略开展学科建设、发展自我特色,向建设世界一流大学的目标迈出的坚实步伐。

坐落于东海之滨的同济大学,历经110年历史风云,承古续今、汇聚东西,秉持"与祖国同行、以科教济世"的理念,发扬自强不息、追求卓越的精神,在复兴中华的征程中同舟共济、砥砺前行,谱写了一幅幅辉煌壮美的篇章。创校至今,同济大学培养了数十万工作在祖国各条战线上的人才,包括人们常提到的贝时璋、李国豪、裘法祖、吴孟超等一批著名教授。正是这些专家学者培养了一代又一代的博士研究生,薪火相传,将同济大学的科学研究和学科建设一步步推向高峰。

大学有其社会责任,她的社会责任就是融入国家的创新体系之中,成为国家创新战略的实践者。党的十八大以来,以习近平同志为核心的党中央高度重视科技创新,对实施创新驱动发展战略作出一系列重大决策部署。党的十八届五中全会把创新发展作为五大发展理念之首,强调创新是引领发展的第一动力,要求充分发挥科技创新在全面创新中的引领作用。要把创新驱动发展作为国家的优先战略,以科技创新为核心带动全面创新,以体制机制改革激发创新活力,以高效率的创新体系支撑高水平的创新型国家建设。作为人才培养和科技创新的重要平台,大学是国家创新体系的重要组成部分。同济大学理当围绕国家战略目标的实现,作出更大的贡献。

大学的根本任务是培养人才,同济大学走出了一条特色鲜明的道路。无论是本科教育、研究生教育,还是这些年摸索总结出的导师制、人才培养特区,"卓越人才培养"的做法取得了很好的成绩。聚焦创新驱动转型发展战略,同济大学推进科研管理体系改革和重大科研基地平台建设。以贯穿人才培养全过程的一流创新创业教育助力创新驱动发展战略,实现创新创业教育的全覆盖,培养具有一流创新力、组织力和行动力的卓越人才。"同济博士论丛"的出版不仅是对同济大学人才培养成果的集中展示,更将进一步推动同济大学围绕国家战略开展学科建设、发展自我特色、明确大学定位、培养创新人才。

面对新形势、新任务、新挑战,我们必须增强忧患意识,扎根中国大地,朝着建设世界一流大学的目标,深化改革,勠力前行!

万 钢

2017 年 5 月

论丛前言

承古续今,汇聚东西,百年同济秉持"与祖国同行、以科教济世"的理念,注重人才培养、科学研究、社会服务、文化传承创新和国际合作交流,自强不息,追求卓越。特别是近20年来,同济大学坚持把论文写在祖国的大地上,各学科都培养了一大批博士优秀人才,发表了数以千计的学术研究论文。这些论文不但反映了同济大学培养人才能力和学术研究的水平,而且也促进了学科的发展和国家的建设。多年来,我一直希望能有机会将我们同济大学的优秀博士论文集中整理,分类出版,让更多的读者获得分享。值此同济大学110周年校庆之际,在学校的支持下,"同济博士论丛"得以顺利出版。

"同济博士论丛"的出版组织工作启动于2016年9月,计划在同济大学110周年校庆之际出版110部同济大学的优秀博士论文。我们在数千篇博士论文中,聚焦于2005—2016年十多年间的优秀博士学位论文430余篇,经各院系征询,导师和博士积极响应并同意,遴选出近170篇,涵盖了同济的大部分学科:土木工程、城乡规划学(含建筑、风景园林)、海洋科学、交通运输工程、车辆工程、环境科学与工程、数学、材料工程、测绘科学与工程、机械工程、计算机科学与技术、医学、工程管理、哲学等。作为"同济博士论丛"出版工程的开端,在校庆之际首批集中出版110余部,其余也将陆续出版。

博士学位论文是反映博士研究生培养质量的重要方面。同济大学一直将立德树人作为根本任务,把培养高素质人才摆在首位,认真探索全面提高博士研究生质量的有效途径和机制。因此,"同济博士论丛"的出版集中展示同济大学博士研究生培养与科研成果,体现对同济大学学术文化的传承。

"同济博士论丛"作为重要的科研文献资源,系统、全面、具体地反映了同济大学各学科专业前沿领域的科研成果和发展状况。它的出版是扩大传播同济科研成果和学术影响力的重要途径。博士论文的研究对象中不少是"国家自然科学基金"等科研基金资助的项目,具有明确的创新性和学术性,具有极高的学术价值,对我国的经济、文化、社会发展具有一定的理论和实践指导意义。

"同济博士论丛"的出版,将会调动同济广大科研人员的积极性,促进多学科学术交流、加速人才的发掘和人才的成长,有助于提高同济在国内外的竞争力,为实现同济大学扎根中国大地,建设世界一流大学的目标愿景做好基础性工作。

虽然同济已经发展成为一所特色鲜明、具有国际影响力的综合性、研究型大学,但与世界一流大学之间仍然存在着一定差距。"同济博士论丛"所反映的学术水平需要不断提高,同时在很短的时间内编辑出版110余部著作,必然存在一些不足之处,恳请广大学者,特别是有关专家提出批评,为提高同济人才培养质量和同济的学科建设提供宝贵意见。

最后感谢研究生院、出版社以及各院系的协作与支持。希望"同济博士论丛"能持续出版,并借助新媒体以电子书、知识库等多种方式呈现,以期成为展现同济学术成果、服务社会的一个可持续的出版品牌。为继续扎根中国大地,培育卓越英才,建设世界一流大学服务。

伍 江

2017 年 5 月

前 言

　　风-汽车-桥梁系统空间耦合振动是风-桥相互作用、风-汽车相互作用及汽车-桥梁相互作用三方面协调工作的结果,其振动特性决定于自然风特性、车辆动力特性、桥梁振动特性、车辆和桥梁气动特性相互影响等多种因素。在发展完善风-桥相互作用、风-汽车相互作用及汽车-桥梁相互作用的基础上,本书将风、汽车、桥梁三者作为一个相互作用的系统,提出一个较为完善的风-汽车-桥梁系统空间耦合振动分析模型。本书主要研究内容如下:

　　1. 为了进行对现有抖振时域分析理论的实例验证,在杭州湾跨海大桥全桥模型风洞试验中,不仅对抖振位移进行了测量,还通过在塔根布设动态应变片完成了桥塔内力的实测。采用改进的谐波合成方法实现了三维空间脉动风场的模拟,风场模拟时采用了风洞中实测的紊流风速谱。空间相关性是影响桥梁抖振响应的一个重要因素,在杭州湾跨海大桥风洞试验中,对风洞空间相关性进行了测量研究,并在风场模拟时将衰减因子取为实测值。同时,介绍了桥梁结构上的不同风荷载的处理方式,编制了相应的非线性颤抖振动力分析程序,并采用了不同的数值算例进行验证。以杭州湾跨海大桥为例,探讨了桥塔和斜拉索上的脉动风、空间相关性、Sears 函数以及风谱对抖振响应的影响。

2. 对现有车辆的类型进行合理的划分,选择典型车辆进行风洞试验以获得其气动力系数。采用一个更加合理的、符合实际并能较全面考虑众多因素的侧风作用下车辆动力分析模型,在考虑路面粗糙度和车辆悬挂系统的基础上,能够预测行驶在路面上的车辆突然受到侧向阵风的安全性。探讨了路面粗糙度,干、湿、雪、冰路面状况以及车辆悬挂系统对行车安全的影响,获得了侧风作用下典型车辆的安全行车风速标准。此外,对侧风作用下行驶于路面上车辆舒适性进行评价,并对路面粗糙度、平均风速以及车速对车辆驾驶舒适性的影响进行了研究。

3. 将整个汽车-桥梁系统划分为车辆与桥梁两个子系统,引入汽车-桥梁系统几何协调条件和力学平衡关系,采用分离迭代法编制了汽车-桥梁系统空间耦合振动分析程序,并分别采用集中力匀速通过简支梁、弹簧质量系统匀速通过简支梁和江阴长江公路大桥动载试验对程序的可靠性进行了验证;以杭州湾跨海大桥和润扬长江公路大桥为工程实例,运用所编制程序详细研究了车辆数目、车辆间距、不同车道、车辆相向行驶、不同路况以及不同车速时车流通过桥梁时桥梁的动力响应和冲击系数,同时对斜拉桥和悬索桥在车流通过时的振动特征进行了对比分析,得到了一些有益的结论。

4. 为了考虑车轮相对于桥梁的侧向耦合关系,在车轮与桥面之间引入了一个特殊阻尼器,这个阻尼器的阻尼系数依赖于车辆与桥梁的未知运动。在综合考虑汽车-桥梁系统空间耦合关系的基础上,提出一个较为完善的风-汽车-桥梁系统空间耦合分析模型,该模型能够综合考虑桥梁的静风响应、抖振响应、汽车-桥梁耦合振动、风荷载对车辆的影响、系统的时变特性以及结构几何非线性和气动荷载非线性的影响等。运用所编制的程序研究了路面粗糙度、风速以及干、湿、雪、冰路面状况对行驶于桥梁上的车辆安全性的影响,并给出了典型车辆在桥梁上发生事故的临界风速;研究了侧风和桥梁振动对车辆驾驶舒适度的影响以及侧风和车辆移动荷载对桥梁振动的影响。

目 录

总序

论丛前言

前言

第1章 绪论 ·· 1

1.1 风-汽车相互作用研究概况 ·· 3

1.2 车-桥耦合振动研究概况 ··· 5

1.3 桥梁抖振研究概况 ··· 7

1.4 风-车-桥系统耦合振动研究概况 ·· 14

1.5 主要研究内容 ·· 16

第2章 大跨度桥梁非线性颤抖振时域分析 ··· 18

2.1 三维空间脉动风速场的计算机模拟 ·· 19

  2.1.1 改进的谐波合成法 ··· 20

  2.1.2 风参数的确定 ··· 23

  2.1.3 数值算例 ··· 25

2.2 风荷载处理 ··· 27

2.3 非线性颤抖振时程分析 ·· 35
   2.3.1 大跨度桥梁结构的有限元模型 ······························ 35
   2.3.2 结构几何非线性考虑方法 ······································ 36
   2.3.3 动力平衡方程及求解策略 ······································ 38
2.4 程序验证 ·· 40
   2.4.1 具有理想平板断面的简支梁 ···································· 40
   2.4.2 空间非线性静力分析 ·· 43
2.5 杭州湾跨海大桥 ·· 43
   2.5.1 时域颤抖振分析 ·· 43
   2.5.2 风载内力试验与分析 ·· 57
2.6 本章小结 ·· 63

第3章 风—汽车系统相互作用研究 ································ 66

3.1 车型分类及汽车模型风洞气动力测量试验研究 ················ 67
   3.1.1 车型分类 ·· 67
   3.1.2 汽车模型风洞空气动力学试验方法 ························ 68
   3.1.3 汽车模型风洞空气动力学试验与气动力系数修正 ····· 69
3.2 风—汽车系统振动分析理论 ······································ 72
   3.2.1 路面粗糙度模型 ·· 72
   3.2.2 车辆所受风荷载 ·· 74
   3.2.3 车辆分析模型 ·· 75
   3.2.4 车辆运动方程 ·· 77
   3.2.5 风致车辆事故模型的建立 ···································· 86
   3.2.6 汽车行驶舒适性评价方法 ···································· 87
3.3 典型车辆安全性分析 ··· 89
   3.3.1 路面粗糙度对车辆安全性的影响 ··························· 92
   3.3.2 路况对车辆安全性的影响 ···································· 94

3.3.3 车辆悬挂系统对车辆安全性的影响 ·········· 95
　　3.3.4 安全行车标准 ·········· 99
3.4 侧风作用下车辆驾驶舒适性分析 ·········· 101
　　3.4.1 路面粗糙度的影响 ·········· 101
　　3.4.2 车速的影响 ·········· 104
　　3.4.3 风速的影响 ·········· 107
3.5 本章小结 ·········· 110

第4章 汽车-桥梁系统空间耦合振动研究 ·········· 112
4.1 汽车-桥梁系统运动方程 ·········· 113
　　4.1.1 汽车-桥梁系统几何耦合关系 ·········· 114
　　4.1.2 汽车-桥梁系统力学耦合关系 ·········· 116
　　4.1.3 汽车-桥梁系统运动方程求解及程序实现 ·········· 117
　　4.1.4 算例验证 ·········· 118
4.2 杭州湾跨海大桥 ·········· 123
　　4.2.1 桥梁的动力响应及冲击系数 ·········· 123
　　4.2.2 车辆的动力响应以及驾驶舒适性 ·········· 136
4.3 润扬长江公路大桥 ·········· 140
　　4.3.1 粗糙度的影响 ·········· 141
　　4.3.2 车速的影响 ·········· 143
4.4 本章小结 ·········· 144

第5章 风-汽车-桥梁系统空间耦合振动研究 ·········· 146
5.1 风-汽车-桥梁系统运动方程 ·········· 147
　　5.1.1 风-汽车-桥梁系统安全性分析侧向耦合关系 ·········· 147
　　5.1.2 风-汽车-桥梁系统舒适性分析侧向耦合关系 ·········· 148
　　5.1.3 风-汽车-桥梁系统运动方程求解及程序实现 ·········· 149

5.2 杭州湾跨海大桥 151
　　5.2.1 行驶于桥梁上的车辆安全性分析 151
　　5.2.2 行驶于桥梁上的车辆响应与舒适性分析 162
　　5.2.3 侧风、车辆移动荷载对桥梁响应的影响 172
5.3 苏通长江公路大桥 175
　　5.3.1 车辆行驶于路面和桥梁上安全性对比 175
　　5.3.2 行驶在路面与桥梁上典型车辆事故临界风速
　　　　（车速）对比 177
　　5.3.3 侧风作用下车辆行驶于路面上与桥梁上的响应
　　　　对比 180
5.4 本章小结 186

第6章 结语 188

6.1 理论方法上的进步 188
6.2 实际应用结论 190
6.3 需要改进之处和对进一步研究的建议 194

参考文献 195

后记 208

第1章 绪 论

为了满足21世纪我国经济发展的需要,交通部规划了"五纵""七横"的高等级公路骨架网。其中,仅太平洋沿岸的同三线就包含了五个跨海工程,自北向南依次为:渤海湾工程、长江口越江工程、杭州湾通道工程、珠江口伶仃洋工程、琼州海峡工程。为了避免深水基础和海下施工的诸多困难,长大桥梁将成为跨海工程的有力竞争者,同时,也带来了因桥位处大风频袭所导致的风对通行车辆的影响问题。在强风作用下,行驶在振动桥梁上的车辆的安全性和舒适性研究不仅是一个科学问题,同时关于强风作用下关闭交通的临界风速标准的确定更是一个影响广泛的社会问题。如果发生桥梁上大风所导致的行车事故,不仅仅会因车辆破坏、桥梁损毁、人员

图1-1 虎门大桥风致行车安全事故

伤亡、交通中断、货物人员滞留等带来直接和间接的经济损失，还会影响受众的心理，让其出行时另择他路，甚至还会带来极为不良的社会影响。

为了减少大风天气下的交通事故，有关部门已经采取了一些措施，如制定大风天气下的车辆行驶限制车速，以及在自然风达到一定风速等级时关闭交通。目前，车辆行驶的车速限制也好，关闭交通措施也罢，相关指标的确定和决策都缺少量化的数据支撑。如果限制车辆行驶的风速标准制定的过高，就会让车辆在本已不安全的大风环境中行驶，必然会增加行车安全事故发生的几率；反之，过低的限制车辆行驶风速标准，势必又会影响桥梁的通行效率，过多地关闭交通无疑更会造成极大的经济损失，并带来不良的社会影响。故而，通过大风所致车桥系统的动力响应研究，对大风天气下桥梁上通行车辆的行驶安全性及舒适性做出合理的评价是至关重要的。因此，风-汽车-桥梁系统的空间耦合振动研究具有十分重要的理论意义和实用价值。

当大跨度桥梁桥址位于强风频袭地区时，侧向风作用下，当车辆匀速直线通过大跨度桥梁时，风、汽车、桥梁三者间的相互作用主要表现在以下几个方面：① 由于路面粗糙度的存在，高速运动的车辆和柔性的大跨度桥梁间会发生耦合振动。② 脉动风的作用会使桥梁发生抖振，从而影响车桥耦合振动特性。③ 侧向风会使车辆受到横向力和倾覆力矩的作用，从而显著改变车辆的振动特性。④ 车辆在桥面上的存在会改变桥道的气动绕流，桥道断面的气动特性随车辆的到达和离去而改变，整个主梁所受风载随车辆的运行而动态变化。⑤ 车辆处在桥道的气动绕流之中，桥道的几何外形会对桥上车辆的气动荷载产生影响。⑥ 车辆质量沿桥跨的动态分布会改变桥梁结构的振动特性。

为了预测大风天气下行驶在振动桥梁上的车辆的响应，必须建立风-汽车-桥梁系统耦合振动分析框架，以前的大多研究要么基于风对桥梁的影响而未考虑车辆的影响，要么研究车桥耦合振动而未考虑紊流风的作用,或者是研究车辆行驶于路面上,而非桥梁上的安全问题。而本书要建立的风—汽车—桥梁空间耦合振动系统则是在考虑风—桥相互作用、车—桥相互作用和风—车相互作用的基础上,构建涵盖三个作用部分的共同作用系统。

1.1 风—汽车相互作用研究概况

风—汽车相互作用研究主要包括四个方面[15]:① 风险分析——评价风致事故发生的计算方法和可能性,通常采用概率方法,以满足管理部门采用救助或交通管理措施的评定。Baker 首先提出了时域内侧风作用下车辆动力分析的理论模型[16-17],后来发展到可以考虑驾驶行为,并通过努力建立了气动力、轮胎、车体和牵引力共同作用下考虑轮胎位移协调条件的单质点四轮车的六个平衡方程。Baker[18]后来量化了车辆发生翻转、侧滑及旋转事故的临界风速,并估算了发生事故的风险。他们通过收集到的 1990 年 1 月 25 日美国暴风引起的车辆事故数据来校核他们的分析框架及相应的计算程序,发现基于他们分析框架计算出的发生事故的临界风速太高。他们把这种差异归因于缺乏可靠的车辆气动力及气动力矩系数。尽管需要进一步的实验得到可靠的车辆气动力及气动力矩系数,但同样也需要改进他们的理论分析模型。这主要由于其分析框架是基于车辆自重、轮胎力和气动力及气动力矩系数作用下的单质点车辆系统。显而易见,车辆分析模型过于简化,忽略悬挂系统的影响,并未考虑多轮胎设置都是其获得过高临界风速的原因。然而,在其分析模型中,一个影响车辆动力特性的重要因素——路面粗糙度指标的缺失,又是导致这一结果的重要原因,即其分析模型中将竖向加速度假设为零,这样就影响了轮胎接触力,同时导致过高的发生事故的临界风速。因此,有必要提出一个更加复合实际、较全面考虑众多因素的风-车计算模型。② 车辆气动力研究——确定侧风作用下汽车的气动特性以及车辆气动力系数,以便满足风险事故计算的需要。Baker[19]对一个1∶50的牵引车-拖车模型在桥面上运动时横风作用的风洞实验,测试了低紊流度和格栅紊流的情况,发现紊流对于车辆气动力影响很大,特别是在使车辆顶部压力减小进而使升力显著增大方面响应很大,并强调紊流风模拟的重要性。Baker[20]又对横风作用下的车辆气动力和气动力矩的基本规律作了油迹显示技术实验,试着对相关的流体力学作出基本解释,结果发现车辆周围的主要气流是一对形成于拖车上表面的圆锥形的涡流,类似于低层建筑屋顶出现的情况。这些涡对于大气的紊流度是很敏感的。气动力试验也表明车辆气动侧边力的波动主要是由紊流抖振引起的,而升力的波动主要是由于涡脱唤起的不稳定性。Baker在路面车辆侧风作用方面进行了大量的研究,但他的研究主要集中于侧向高度较大的高边车。为研究大风天气对行车安全的影响,获得典型车辆在各种路况条件下的行车安全风速标准,首要的任务就是对现有车辆的类型进行合理的划分,然后通过风洞试验获得典型车辆的气动力系数,以获得风-车模型计算中较为准确的风荷载输入。③ 自然风环境特性分析——确定车辆所行驶场地的自然风环境特性,场地应从桥梁跨越的范围延伸至周边的高速公路网,目的是要反映区域性范围的风环境特性。④ 提高行车安全措施研究。目前,从定性上分析,大风天气下针对所有通行车辆的限速、车流量和车流密度的控制、针对易发生风致行车安全问题车辆的限行等措施都会使车辆发生事故的风险降低。同时研究为提高行车安全风速标准所采取工程措施的有效性,如基于护栏横向防撞系高度和外形的气动优化,基于风障透风率和结构型式等进行风障减风效果研究。但如何将诸多控制指标量化,如何评价行车事故的风险水平,并最终通过控制指标的实施将行车事故的风险降低到可接受的水平,这无疑是桥梁科学管理和决策必须要解决的问题。

第 1 章 绪 论

1.2 车-桥耦合振动研究概况

对于桥梁在移动车辆荷载动力性能和承载能力的最早研究可追溯到 1844 年英国工程师对著名的 Britannnia 桥所做的模型试验。在英国的一些铁路桥梁事故以后，R. Willis[107] 于 1847 年导出了在移动荷载下忽略质量的桥梁的振动方程，并从 1849 年起系统的开始了模型试验。1896 年 G. G. Stockes 获得了 Willis 方程的幂级数解。考虑到中小路矿铁路桥梁的重量和铁路列车荷载相比较小可以忽略，使这一理论结果被近似应用于铁路桥梁。对于大跨度桥梁，1905 年俄国学者 Krylowt & Timoshenko[80] 考虑了忽略车辆荷载质量的移动常量力作用下的梁桥的振动方程，获得了精确解。1911 年 S. Timosennko[81] 和 1928 年 C. E. Inglis[49] 进一步讨论了移动周期作用力的动力响应问题。1941 年李国豪[130]继 Inglis 之后研究了悬索桥在铁路列车荷载作用下的强迫振动问题，以后又研究了拱桥的车辆振动问题。20 世纪 50 年代起，J. M. Biggs 开始用数值积分的方法求解车辆-梁桥系统的动力响应取得成功，并且理论计算与现场实测相当一致，证明了此方法的可靠性。

尽管 60 年代以前的古典车辆振动分析理论对于弄清机理，揭示激振的主要原因等有重要的贡献，但由于车辆和桥梁耦合的振动系统的本身复杂性，古典车辆振动分析理论无法从理论上解决各种激振源的随机性。

1960 年，R. K. Wen[86] 假定桥梁动力挠曲线的形状与静力曲线相似，并考虑路面的不平顺影响，用能量法研究了两轴车辆(汽车)的过桥问题。从 70 年代开始，车桥动力相互作用分析的研究突破了传统框架，进入了系统动力学研究阶段。

由于计算机和有限元法的问世,自70年代起的现代车辆振动分析理论以考虑更加接近真实的车辆模型和将桥梁理想化为多质量的有限元或有限条理论为主要特点,同时着重研究公路桥梁的不平整对荷载动力效应的影响。

一种研究方法为把车桥耦合问题处理成两种不同的运动方程系统[37,46,50,83,87,132],一个用于桥梁计算,另一个用于车辆计算,并通过迭代过程来考虑车辆与桥梁的连接状况。为研究三维的车-桥耦合振动系统,首先要先形成车辆以及桥梁的刚度矩阵、质量矩阵、阻尼矩阵和力矢量矩阵,然后通过车辆与桥梁的接触点将两个系统耦合起来。先前许多研究者采用两个运动方程来处理这个问题,一个为车辆运动方程,另一个为桥梁运动方程,然后通过迭代考虑接触条件。在这个迭代过程里必须首先假定接触点位移,通过求解车辆运动方程来解出车桥相互作用力,再通过这个相互作用力来求解桥梁的运动方程来得到改进后的接触点位移。当两个循环迭代所得到所有接触点的位移充分接近时迭代终止。这种方法的好处是两组方程中的动力特性矩阵能在求解过程中一直保持一致。

另一种方式是用直接积分法求解耦合车桥系统运动方程,能得出没有迭代过程的时程结果。这种方法的主要缺点是运动方程是与时间相关的,在每个时间步内,运动方程的特性矩阵均需要重新生成。为了提高计算效率,可以采用模态叠加的方法[59,88,90,145]。在耦合车桥系统矢量中包含有桥梁的模态成分和车辆的物理成分,可使耦合系统的自由度显著降低。这种方法的缺点是必须通过模态分析找出桥梁的真实频率和模态形状,而且高阶频率引起的局部变形是难以预测的。

比较新的一种研究方法叫做压缩法。这种方法主要特点是车辆所有的自由度,通过Guyan法或动态压缩法,压缩到与桥梁自由度相关。但是用之来分析以驾驶者和乘客的舒适度为指标的车辆振动是比较困难的。

Yang 和 Yau[91-94]采用有限差分公式来压缩支在弹簧上的质量(车辆模型)到桥梁相应的位置上,这样桥梁的位移就可以用来表示车辆的位移,但是随着模拟的更接近实际,带来了用桥梁位移表示的车辆位移增量的表达式是越来越难推导。

W. H. Guo,Y. L. Xu[38]提出了全用计算机集成的分析方法,能处理斜拉桥上行驶各种车辆的情况,并能考虑路面的粗糙度和车辆进出桥梁时的状况。但是运动方程也是耦合的,不可避免地要在每个时间步形成新的各个矩阵。

1.3 桥梁抖振研究概况

桥梁结构的抖振现象可大致分为三类[5],即有结构物自身尾流引起的抖振、其他结构物特征紊流引起的抖振和自然风中的脉动成分引起的抖振。在这三者之中,大气中脉动风引起的抖振响应占主要地位,因而通常所说的桥梁抖振分析理论主要是针对大气紊流引起的抖振。近四十多年来,国内外学者对大气紊流引起的桥梁结构抖振响应进行了大量的研究,概括起来,主要有三种,即 Y. K. Lin 随机抖振理论、Davenport 抖振理论、Scanlan 颤抖振理论。Y. K. Lin 以随机理论为基础,首先提出了用 Ito 随机微分方程来研究桥梁结构在紊流作用下的随机稳定性问题,继而建立了桥梁抖振的随机分析方法[95-98]。Y. K. Lin 将自激力系数做为时变随机系数考虑,在某些方面是对 Scanlan 理论中自激力为常数的分析方法的修正。Y. K. Lin 随机抖振理论着重研究紊流对结构的颤振稳定的影响。1962 年,Davenport 将 Sears 函数和 Liepmann 的机翼抖振理论应用到桥梁结构的抖振响应分析中[1],该理论以 Davenport 脉动风谱为基础,提出了修正静力三分力的气动导纳概念,建立用气动导纳表示的抖振力功率谱密度。基于随机振动理论,采用振型分解法求得结构水平、垂直等响应的均方差,最后用峰值系数建立响应方差与结构最大抖振响应的关系[1-2]。Davenport 抖振理论贡献主要在于提出了气动导纳的概念,从而使抖振力计算模型更加符合实际情况。对于自激力,该理论只考虑了气动阻尼的影响而忽略了气动刚度的影响以及气动耦合效应。Scanlan 在颤振导数试验方法与脉动风谱统计方法的基础上,建立了脉动风作用下悬索桥、斜拉桥抖振响应分析的 Mode-by-Mode 方法[62-63],以后又经 Anurag Jain、Nicholas P. Jones、Hiroshi Katsuchi 等将其发展为多振型耦合抖振理论[8-9,47],该理论较全面地考虑了气动阻尼与气动刚度对桥梁抖振响应的影响,即考虑了自激力对抖振的影响,因而称为颤抖振理论。Scanlan 没有考虑气动导纳的影响,后 Hiroshi Katsuchi 对其进行考虑气动导纳影响的修正,并将其应用到明石海峡桥(AKASHI‐KAIKYO)的抖振响应分析中[47-48]。

Davenport 抖振力模型用阻力、升力与升力矩表示如下:

$$D_b(t) = \frac{1}{2}\rho U^2 B \left(2C_D \frac{u(t)}{U} + C'_D \frac{w(t)}{U}\right) \qquad (1-1a)$$

$$L_b(t) = \frac{1}{2}\rho U^2 B \left(2C_L \frac{u(t)}{U} + (C'_L + C_D) \frac{w(t)}{U}\right) \qquad (1-1b)$$

$$M_b(t) = \frac{1}{2}\rho U^2 B^2 \left(2C_M \frac{u(t)}{U} + C'_M \frac{w(t)}{U}\right) \qquad (1-1c)$$

式中,ρ 为空气密度;C_L,C_D,C_M 分别为升力、阻力与升力矩系数;C'_L,C'_D,C'_M 分别为升力、阻力、升力矩系数对攻角 α 的导数,这些都可在风洞试验室由测力试验测得;U 为平均风速,u,w 分别为水平向及垂直向的脉动风速。

Scanlan 等通过基于试验的自激力模型来修正结构的刚度矩阵与阻尼矩阵,在 Davenport 抖振模型的基础上进一步考虑了结构与气流之间的相互影响。其自激力表达式如下:

$$L_{se}(t) = \frac{1}{2}\rho U^2 (2B)\left(KH_1^* \frac{\dot{h}}{U} + KH_2^* \frac{B\dot{\alpha}}{U} + K^2 H_3^* \alpha + K^2 H_4^* \frac{h}{B}\right.$$

$$\left. + KH_5^* \frac{\dot{p}}{U} + K^2 H_6^* \frac{p}{B}\right) \tag{1-2a}$$

$$D_{se}(t) = \frac{1}{2}\rho U^2 (2B)\left(KP_1^* \frac{\dot{p}}{U} + KP_2^* \frac{B\dot{\alpha}}{U} + K^2 P_3^* \alpha + K^2 P_4^* \frac{p}{B}\right.$$

$$\left. + KP_5^* \frac{\dot{h}}{U} + K^2 P_6^* \frac{h}{B}\right) \tag{1-2b}$$

$$M_{se}(t) = \frac{1}{2}\rho U^2 (2B^2)\left(KA_1^* \frac{\dot{h}}{U} + KA_2^* \frac{B\dot{\alpha}}{U} + K^2 A_3^* \alpha + K^2 A_4^* \frac{h}{B}\right.$$

$$\left. + KA_5^* \frac{\dot{p}}{U} + K^2 A_6^* \frac{p}{B}\right) \tag{1-2c}$$

其中，ρ 为空气密度；U 为平均风速；$B = 2b$ 为桥面宽度；$K = \omega B/U$，为折减频率，ω 为振动圆频率；h，p，α 分别为主梁的竖向、横向和扭转位移；上点标表示对时间的偏导数；H_i^*，P_i^*，A_i^*（$i = 1 \sim 6$）是颤振导数，均为折减频率 K 的函数，与桥梁断面的几何构形和来流有关。

基于频域内的抖振响应方差具体求解方法有 SRSS[69] 法、CQC 法和虚拟激励法[52,99,133] 三种。SRSS 法忽略了模态与模态之间的耦合效应，因而与 CQC 法相比，其计算量大大减小，但随着桥梁跨度的增大和断面的流线化，在大气来流的作用下将使得桥梁结构的振动频率更加接近且振动模态相互耦合，这种模态气动耦合效应将显著地影响大跨度桥梁的抖振响应。有研究表明，忽略模态气动耦合效应的传统抖振分析方法的结果将明显偏低。CQC 法考虑模态与模态之间的耦合，是一种精确的计算方法，一般来说其计算量相当大，但丁泉顺[74] 基于结构的固有模态坐标，提出了用于大跨度桥梁耦合抖振响应分析的有限元 CQC 方法，可以考虑自然风的任意风谱和空间相关性以及桥梁结构抖振响应的多模态和模态耦合效应，且计算效率较高；虚拟激励法与 CQC 法及 SRSS 法相比，其求解效率大大提高，而精度却是与CQC法完全相同。

Davenport抖振理论与Scanlan颤抖振理论是基于固有模态的频域分析方法,对于线性结构,这些方法都是简单实用而高效的方法,因而长期以来大跨度桥梁结构的抖振响应分析都是在频域内进行的。频域分析方法的局限性在于不能考虑结构的非线性因素以及气动力非线性因素。因此,有必要寻找一种行之有效的方法来尽可能全面地研究和分析这些因素的影响。从研究方法本身的角度来说,时域分析方法不失为一个有力的研究工具。Y. K. Lin[95-98]、Bucher & Lin[22-25]等用随机振动稳定性方法研究紊流对桥梁颤振稳定性和随机抖振响应的影响时就是基于了时域的分析方法。由于该方法的数学复杂性和对大气紊流模型的理想简化,因而应用非常有限。Agar[10]开始研究均匀流场中桥梁结构的颤振问题时,也尝试了时域的分析方法,终因计算上的原因而放弃了该方面的研究。

随着计算机软硬件技术的飞速发展,使计算速度和计算量的问题将越来越容易解决,许多以前无法计算的问题现在变得已非常简单。在此形势下,时域分析方法的优势也就开始表现出来而成为各种工程领域研究中的新兴方向之一。

针对悬索桥的颤振问题,Scanlan[66]将Wagner[74]在航空中提出的经典阶跃函数(indicial function)的概念引入到桥梁中,提出了用阶跃函数来描述在任意运动时作用于桥梁节段的气动力表达式。其最终表达可以写成(以纯扭转运动为例):

$$M_\alpha = \frac{1}{2}\rho U^2 (2B^2) \frac{dC_M}{d\alpha} \left[X_{M\alpha} \dot{\alpha}(s) + \int_0^s \Phi_{M0}(s-\tau) \dot{\alpha}(\tau) d\tau \right] \quad (1-3)$$

其中,$s = Ut/B$ 为无量纲时间;

$\dfrac{dC_M}{d\alpha}$ 为静力扭转系数对扭转角的导数;

$X_{M\alpha}$ 为待定系数;

$\Phi_{M0}(s)$ 为气动力阶跃函数,该阶跃函数在航空中可以用 Wagner 函数表示。

在桥梁分析中,Scanlan 先仿照 Wagner 函数构造了阶跃函数表达形式如下(以 $\Phi_{M0}(s)$ 为例):

$$\Phi_{M0}(s) = 1 + C_1 e^{C_2 s} + C_3 e^{C_4 s} \qquad (1-4)$$

其中,C_1,C_2,C_3,C_4 为待定系数。

式(1-3)同样满足均匀流下结构作简谐振动的情形,因而均匀流中式(1-3)与式(1-2)是等价的。根据这一关系,运用最小二乘拟合技术,便可确定这五个待定系数,从而得到式(1-3)的具体表达形式。与之类似,可以获得弯扭耦合运动情况下的气动力计算公式。

用阶跃函数表达气动力的一个优点在于它是纯时域的表达式,因此它既可以通过变换应用到频域分析,也可直接用于时域求解。事实上,Scanlan 提出阶跃函数的初衷在于使之与时域化的抖振力相配合,用于求解抖振响应。因为在实际抖振情况下,式(1-2)表达的线性自激力从实际上讲是不成立的(因为没有一个确定的频率)。从理论上讲,只要我们能获得各自由度上的颤振导数,则对应自由度对气动力的贡献都可用阶跃函数的形式来表达。然而由于 Wagner 函数自身的一些特点,致使气动力耦合项的阶跃函数表达式的确定比较困难。因而在 Scanlan 的例子中他仅分析了单自由度扭转的情况。

参考阶跃函数表达气动力的思想,Bucher & Lin[25] 和 Li & Lin[60] 提出了一种以单位脉冲响应函数表示的自激力模型,利用该模型可以完善地描述三个方向的耦合气动力。其基本表达式如下(以弯扭耦合为例):

$$\left. \begin{aligned} L_{se}(t) &= L_h(t) + L_\alpha(t) = \int_{-\infty}^{t} f_{Lh}(t-\tau)h(\tau)\mathrm{d}\tau + \int_{-\infty}^{t} f_{L\alpha}(t-\tau)\alpha(\tau)\mathrm{d}\tau \\ M_{se}(t) &= M_h(t) + M_\alpha(t) = \int_{-\infty}^{t} f_{Mh}(t-\tau)h(\tau)\mathrm{d}\tau + \int_{-\infty}^{t} f_{M\alpha}(t-\tau)\alpha(\tau)\mathrm{d}\tau \end{aligned} \right\}$$

$$(1-5)$$

式中，$f_{Lh}(t-\tau)$，$f_{L\alpha}(t-\tau)$，$f_{Mh}(t-\tau)$，$f_{M\alpha}(t-\tau)$ 分别为对应自由度方向的单位脉冲响应函数。在准定常气动力理论的基础上，Lin 借助于航空中非定常气动力的 Roger 有理函数，推导出了如下的气动力表达式

$$M_a(t) = \rho U^2 B^2 \left[C_1 \alpha(t) + C_2 \frac{B}{U} \dot{\alpha}(t) + \sum_{k=3}^n C_k \int_{-\infty}^t e^{\frac{d_k U}{B}(t-\tau)} \dot{\alpha}(t) \mathrm{d}\tau \right]$$

(1-6)

式中，C_1，C_2，C_k，d_k 为待定系数，可通过对实测颤振导数的拟合确定。

从本质上来说，用脉冲响应函数表达的气动力公式与阶跃函数表达的气动力公式是一致的。但利用脉冲响应函数表达式时，研究人员可以容易地寻找到全面描述耦合气动力的具体表达形式。当时，Lin 提出用脉冲响应函数描述自激力的目的是为了研究紊流对桥梁颤振的影响。后来，在用时域分析方法研究桥梁结构的颤抖振问题时，不少学者都沿用了这种自激力的处理方式。

Kovacs[55]对挪威主跨为 425 m 的 Helgeland 桥风振响应进行了时程分析，开辟了桥梁风振响应分析的新思路。他在分析中用了一种简化的谐波合成法(WAWS)模拟作用于桥梁上的脉动风速，并且认为用相对速度计算的脉动风压可以描述气动阻尼对结构气动响应的影响。在此基础上，Kovacs 还较为细致地考虑了结构中钢筋混凝土的材料非线性和开裂情形，对桥梁结构进行了风载下的极限状态分析。

Boonyapinyo & Miyata[30]采用了 Roger 形式的非定常气动自激力模型，对主跨 1 991 m 的明石海峡大桥(Akashi Kaikyo Bridge)进行了抖振时程分析。他应用了一种多维的自回归滑动平均(ARMA)模型模拟桥梁上的随机风速，同时综合了状态空间方法计算桥梁结构的抖振时程响应。由于基于结构的固有模态坐标，他忽略结构非线性对动力响应的影响，仅考虑了该桥的静风非线性效应。Chen & Matsumoto[32-33]采用了一种自回归模型生成桥面主梁上的随机脉动风速，并将气动自激力、抖振力、气动导纳

和联合接受函数都表示成有理函数形式。他也主要是从模态坐标方面讨论了桥梁结构颤振和抖振响应的时域分析问题，并将时域分析的结果与频域结果进行了比较。

基于 Bucher & Lin[25]和 Li & Lin[60]提出的自激力时域模型，近几年，一些学者从时域的角度研究了大跨度桥梁结构的颤抖振响应问题。我国学者周述华[147]、刘春华[134]、曹映泓[119]和丁泉顺[120]对大跨度桥梁结构非线性颤抖振时域分析进行了较为深入的研究。周应用自回归（AR）模型模拟桥梁上的随机脉动风速，抖振力按 Davenport 的准定常理论公式计算并考虑了气动导纳的修正。对于自激力，他采用了 Scanlan 提出的阶跃函数表达式并且忽略了耦合项的影响。在刘的研究中，互相关随机风速的模拟沿用了 Kovacs 的简化谐波合成法。抖振力的计算也按考虑气动导纳修正的 Davenport 理论公式进行，但自激力则采用的是 Lin 的脉冲响应函数表达式。他推导了水平、竖向和扭转三个方向的耦合自激力，但在非线性动力响应分析时未考虑气动耦合项。曹应用特殊情况下谱矩阵的显式分解，大大提高了谐波合成法的效率，成功地模拟了大跨度桥梁沿水平主梁的脉动风速。在非线性抖振时程分析中，他考虑了自激力气动耦合项的影响。但由于改进后的随机模拟方法无法模拟三维空间的脉动风速，因而他的研究仅限于对桥面主梁来进行，不能分析桥梁其他各部分的紊流效应。丁首先通过对谱分解矩阵引入插值近似，减少谱分解的次数，改进了平稳高斯随机过程模拟的谐波合成方法，从而提高计算效率，并节省内存花费。并通过对比改进的谐波合成法与 AR(p)线性滤波法发现，改进方法不但模拟随机样本的精度明显比高于 AR(p)线性滤波法，而且具有更快的计算速度，适合于大跨度桥梁三维空间脉动风场的模拟。其次，讨论了桥梁结构上风荷载在时域中的处理问题和在风荷载作用下桥梁结构的非线性颤抖振时程分析问题。从时域的角度较为全面地分析和研究大跨度桥梁的颤抖振问题，考虑缆索和桥塔上的脉动风荷载，结构的几何非线性和气动荷载非线性等因素的影响。

1.4 风—车—桥系统耦合振动研究概况

风—车—桥系统耦合振动的大部分研究正在进行或刚刚起步[15],最初进行的风—车—桥系统耦合振动研究主要集中于铁路桥梁,葛玉梅[121]以芜湖长江大桥及高速列车为例,对车—桥系统进行了节段模型风洞试验研究。通过试验确定了桥上有车时,桥本身的气动力参数,以及列车在桥上时,列车本身的气动力参数,用计算机模拟了列车与桥梁所受的风荷载,桥梁和车辆的静风荷载采用三分力表达,脉动荷载采用 Scanlan 的准定常表达,采用时域积分法对风作用下斜拉桥的车—桥耦合振动进行了分析[122]。分析中模拟的脉动风场未考虑空间相关性,风荷载中未考虑自激力的影响。

郭向荣、曾庆元[123]提出一种在风荷载作用下对列车桥梁时变系统空间振动响应进行仿真计算的方法。针对京沪高速铁路南京长江斜拉桥方案。考虑脉动风沿桥梁纵向的空间相关性,随机模拟出沿桥跨若干点处的风速时程曲线,采用时域分析法对脉动风作用下高速列车通过该桥时的车桥时变系统动力响应进行较详细的分析。从安全性与舒适性两方面计算分析该桥列车行车的临界风速,得出了该桥能确保安全与舒适行车的预警风速和能确保安全行车的封闭桥梁风速。但分析中未模拟主梁的竖向脉动风速场,且桥梁风荷载中也未考虑自激力的作用,此外,桥梁和车辆的气动参数未考虑桥梁和车辆间相互的气动影响。

夏禾、Y. L. Xu 等[146]对香港青马大桥在风和列车荷载同时作用下的振动特性进行了分析,分析中基于模拟的脉动风速场,得到桥梁的模态抖振风力和模态自激风力,较真实地模拟了桥梁的风致振动,采用模态综合法求解车桥动力响应,研究了桥梁风致振动对车桥耦合振动特性的影响。因列车从加筋梁内部通过,故未考虑风对列车的作用,此外,采用基于振型函数的模态综合法难以考虑桥上列车质量动态分布引起的结构自振特性的变化以及多种非线性因素的影响。郭薇薇、夏禾、Y. L. Xu[124]根据实测空气动力参数和颤振导数模拟产生抖振力和自激力时域随机风荷载作为输入激励,建立了风-列车-桥梁体系动力分析模型,以武汉天兴洲大跨度悬索桥方案为例,分析了风作用下桥梁和车辆的动力响应。

李永乐[131]将风、高速列车、桥梁三者作为一个相互作用的系统,提出了一种较为完善的风-车-桥系统非线性空间耦合分析模型。该模型综合考虑了桥梁的抖振响应、车-桥耦合振动、桥梁静风位移对轨道不平顺的影响、风荷载对车辆的影响、车辆经过时对桥梁气动参数的影响、桥梁绕流对车辆气动性能的影响、结构非线性和气动非线性的影响等。该模型较真实地反映了风与车辆及桥梁间的气动耦合关系、车辆和桥梁间的几何耦合关系和力学耦合关系。

已经开展的风-汽车-桥梁系统耦合振动主要研究成果有,W. H. Guo,Y. L. Xu[89,100-101]提出了时域内分析侧风作用下车辆与斜拉桥耦合振动系统分析框架,首先采用了一个更加合理的、符合实际并能较全面考虑众多因素的侧风作用下车辆动力分析模型。与传统的汽车-桥梁相互作用不同,引入了一个特殊阻尼器,用来考虑车辆轮胎与桥面侧向可能发生的侧滑,阻尼器的阻尼系数依赖于车桥系统的未知运动有关。通过对给定的路面粗糙度功率谱进行逆傅立叶变换来模拟随机路面粗糙度,采用全计算机集成的方法组集了侧风作用下具有特殊阻尼器的汽车-桥梁运动方程。

C. S. Cai,S. R. Chen[35,76]也提出了一种侧风作用下车辆与桥梁耦合振动系统分析框架。这个风-汽车-桥梁分析模型在处理车桥系统位移协调条件时假定车轮与桥面之间始终保持接触,车轮与桥面之间不存在侧向相对运动。这样的分析模型可以预测桥梁各个方向的响应,而对于车辆,仅能分析竖向、摇头和点头方向的响应。风-汽车-桥梁耦合振动分析中得到的车辆竖向、摇头和点头方向的动力响应将被用在局部事故分析模型中而车辆的侧向和偏转响应也将在局部事故分析模型中计算得到。局部事故分析模型主要集中于摩擦力作用和车辆与桥梁侧向相对运动的模拟。桥梁侧向振动对车辆动力响应的影响主要通过将桥梁侧向加速度作为基础激励对车辆模型进行输入，如同地震波的激励。

正是由于上述富有成效的研究，使风-车-桥系统耦合振动研究中的各个关键环节不断完善和发展，也给作者的研究给予了很大启发和帮助，如本研究中的两轴和三轴车辆模型正是基于 W. H. Guo, Y. L. Xu[89,100-101]所发展的能够考虑车轮与路（桥）面侧滑的车辆模型。

1.5　主要研究内容

第 1 章简要回顾了风-车相互作用、车桥耦合振动、大跨度桥梁抖振频域、时域分析以及风-车-桥系统耦合振动研究概况。

第 2 章侧重于对现有抖振时域理论的实例验证。在杭州湾跨海大桥全桥模型风洞试验中，对抖振位移和桥塔内力进行了实测。采用改进的谐波合成方法实现了三维空间脉动风场的模拟，风场模拟时采用风洞实测的风谱和空间相关系数。将试验值与计算值进行了对比并进行了详细的参数分析，从中得出一些结论。

第 3 章首先介绍了箱式货车、桑塔纳、一汽佳宝风洞测力试验。然后详细介绍了风-汽车相互作用理论：针对两轴四轮、三轴六轮车辆，考虑车辆轮胎与地面之间侧向位移的独立自由度，分别建立了 17 个和 23 个自由度的空间分析模型，推导了车辆系统的运动方程。将路面粗糙度假设为零均值平稳高斯随机过程，采用逆傅立叶变换模拟了路面粗糙度样本。在综合考虑路面粗糙度、车辆所受风荷载和车辆悬挂系统的基础上，编制了风-汽车相互作用分析程序，分别给出了风致车辆事故模型和汽车行驶平顺性评价方法。研究了路面粗糙度、车辆悬挂系统以及雨、雾、冰、雪等主要路面状况对行车安全的影响,获得了侧风作用下典型车辆的安全行车风速标准。此外,也对侧风作用下行驶在道路上车辆的驾驶舒适性以及路面粗糙度、平均风速以及车速对驾驶舒适性的影响进行了研究。

第 4 章采用分离迭代法编制了汽车-桥梁系统空间耦合振动分析程序,通过算例验证了程序的可靠性。以杭州湾跨海大桥为例,运用所编制的程序详细研究了车辆数目、车辆间距、不同车道、车辆相向行驶、不同路况以及不同车速时车流通过桥梁时桥梁的动力响应和冲击系数,并对车辆通过桥梁的舒适性进行了评价。此外,还研究了不同路况和不同车速下车流通过润扬长江公路大桥时桥梁的动力响应和冲击系数,并对斜拉桥和悬索桥在车流通过时的振动特征进行了对比分析。

第 5 章在引入车轮与桥面接触处侧向耦合关系基础上,提出了一种较为完善的风-汽车-桥梁系统空间耦合振动分析模型编制了相应程序,运用所编制的程序研究了路面粗糙度、风速以及雨、雪、冰、雾天气状况对行驶于桥梁上的车辆安全性的影响,并给出了典型车辆在桥梁上和路面上发生事故的临界风速对比情况;研究了侧风和桥梁振动对车辆驾驶舒适度的影响以及侧风和车辆移动荷载对桥梁振动的影响。

第 6 章总结了本书在理论方法和实际应用方面的成果,对将来有待进一步研究的问题给出建议。

第2章
大跨度桥梁非线性颤抖振时域分析

大跨度桥梁风致抖振涉及的因素较多，其理论分析较为复杂，虽然国内外一些学者对大跨度桥梁抖振分析都进行了较为深入的研究，但真正用于实桥并同时与风洞模型试验实测位移响应进行比较的还不多见。抖振内力分析是抖振分析的一个重要方面，目前对抖振内力的理论研究以及实验室实测均较少，而计算结果与风洞模型试验实测内力响应进行对比的更是没有。为了进行对现有抖振分析理论的实例验证，在杭州湾跨海大桥全桥模型风洞试验中，不仅对抖振位移进行了测量，还通过在塔根布设动态应变片完成了桥塔内力的实测。

大跨度桥梁抖振时域分析可以划分为以下三个环节：桥梁风场的模拟、气动力表达、抖振响应计算。由于时域内风场模拟的限制，以往的抖振时域分析中通常仅模拟主梁风场，本书研究抖振时域分析中将全面模拟主梁、桥塔及斜拉索风场。风场模拟时最重要的参数包括脉动风谱的选取和空间相关性的确定。为了对比试验结果与计算值，计算时以风洞中实测的风参数作为输入，风场模拟的风谱均是以风洞实验室实测脉动风谱为目标谱，空间相关性是影响桥梁抖振响应的一个重要因素。《公路桥梁抗风设计规范》指出，衰减因子 λ 的范围为 7~20，抗风设计中一般偏保守地取为 $\lambda=7$。在杭州湾跨海大桥风洞试验中，对风洞空间相关性进行了测量研究,并在风场模拟时分别将衰减因子 λ 取为实测值、7 以及 20,探讨了空间相关性对抖振响应的影响。抖振力的表达关键在于气动导纳函数的确定,自从 Sears 在 20 世纪 40 年代建立了气动导纳概念之后,抖振分析都是在准定非常理论基础上以 Sears 函数气动导纳函数为计算准则的,但是在实际工程中发现,真实的抖振响应与预测值之间存在无法忽视的误差,但这种误差究竟有多大,计入 Sears 函数对桥梁各分量响应(如主梁竖向、侧向、扭转 RMS 响应)的影响是否有所差异,本书将进行深入研究。

2.1 三维空间脉动风速场的计算机模拟

获得作用于桥梁上脉动风速信息是对桥梁进行风振分析的首要步骤。由于获得现场实测多点脉动风速的数据非常困难,通常借助计算机模拟技术来仿真脉动风速时程信号。目前发展的 Monte-Carlo 随机变量模拟技术可以有效地解决脉动风波模拟问题。运用 Monte-Carlo 方法模拟多变量随机过程主要有两类方法。一类是谐波合成法(WAWS),另一类是基于线性滤波器转换随机数的模拟方法(AR,ARMA)。本书采用精度较高、稳定性较强的 WAWS 方法。WAWS 方法的发展经历以下几个阶段,Shinozuka[77-79]将 WAWS 方法从最初仅能模拟一维单变量平稳高斯随机过程,发展至可模拟多变量、非平稳高斯过程;Yang[104-105]把快速 FFT 变换技术融入模拟过程,大大地提高了模拟效率;Deodatis[37]提出了频率双索引的概念,改善了模拟精度,并模拟了各态历经的多变量平稳高斯随机过程。曹映泓[119]在一维等距风场网格内解析地推导了风谱密度矩阵的 Cholesky 显式分解,有效地模拟了大跨度桥梁主梁一维线状的脉动风速。丁泉顺[120]通过对现有谐波合成法进行改进,提高谐波合成法的计算效率,成功实现了大跨度桥梁三维空间脉动风场的模拟。以下介绍改进谐波合成法的计算原理。

2.1.1 改进的谐波合成法

考虑一个零均值的一维 n 变量平稳高斯随机过程 $\{f_j^0(t)\}$ ($j=1$, 2, $\cdots$, n)，其互相关函数矩阵为

$$\mathbf{R}^0(\tau) = \begin{bmatrix} R_{11}^0(\tau) & R_{12}^0(\tau) & \cdots & R_{1n}^0(\tau) \\ R_{21}^0(\tau) & R_{22}^0(\tau) & \cdots & R_{2n}^0(\tau) \\ \vdots & \vdots & \ddots & \vdots \\ R_{n1}^0(\tau) & R_{n2}^0(\tau) & \cdots & R_{nn}^0(\tau) \end{bmatrix} \qquad (2-1)$$

互谱密度矩阵为

$$\mathbf{S}^0(\omega) = \begin{bmatrix} S_{11}^0(\omega) & S_{12}^0(\omega) & \cdots & S_{1n}^0(\omega) \\ S_{21}^0(\omega) & S_{22}^0(\omega) & \cdots & S_{2n}^0(\omega) \\ \vdots & \vdots & \ddots & \vdots \\ S_{n1}^0(\omega) & S_{n2}^0(\omega) & \cdots & S_{nn}^0(\omega) \end{bmatrix} \qquad (2-2)$$

且互相关函数矩阵的元素与互谱密度矩阵的元素存在如下 Wiener-Khintchine 关系式

$$S_{jk}^0(\omega) = \frac{1}{2\pi} \int_{-\infty}^{\infty} R_{jk}^0(\tau) e^{-i\omega\tau} \mathrm{d}\tau \qquad (2-3\mathrm{a})$$

$$R_{jk}^0(\tau) = \int_{-\infty}^{\infty} S_{jk}^0(\omega) e^{i\omega\tau} \mathrm{d}\omega \qquad (2-3\mathrm{b})$$

根据 Shinozuka 和 Deodatis 的研究，随机过程 $\{f_j^0(t)\}$ 的样本 $\{f_j(t)\}$ 可以用下式进行模拟

$$f_j(t) = 2\sqrt{\Delta\omega} \sum_{m=1}^{j} \sum_{l=1}^{N} \mid H_{jm}(\omega_{ml}) \mid \cos(\omega_{ml}t - \theta_{jm}(\omega_{ml}) + \phi_{ml})$$

(2-4)

其中,ω_{ml} 为双索引频率,定义如下:

$$\omega_{ml} = (l-1)\Delta\omega + \frac{m}{n}\Delta\omega \ (l = 1, 2, \cdots, N)$$

(2-5)

$H_{jm}(\omega_{ml})$ 为 $\mathbf{S}^0(\omega_{ml})$ 的 Cholesky 分解矩阵 $\mathbf{H}(\omega_{ml})$ 中的元素,即

$$\mathbf{S}^0(\omega_{ml}) = \mathbf{H}(\omega_{ml})\mathbf{H}^{T*}(\omega_{ml})$$

(2-6)

$\theta_{jm}(\omega_{ml})$ 为 $H_{jm}(\omega_{ml})$ 的复角,由下式给出

$$\theta_{jm}(\omega_l) = \tan^{-1}\left\{\frac{\mathrm{Im}[H_{jm}(\omega_l)]}{\mathrm{Re}[H_{jm}(\omega_l)]}\right\}$$

(2-7)

为了避免模拟结果的失真现象,时间增量必须满足以下关系式

$$\Delta t \leqslant \frac{2\pi}{2\omega_{up}}$$

(2-8)

式(2-4)模拟的随机过程的周期为

$$T_0 = \frac{2\pi n}{\Delta\omega} = \frac{2\pi nN}{\omega_{up}}$$

(2-9)

可以证明,式(2-4)模拟随机过程的集综均值为零,集综相关函数和功率谱密度随 $N \to \infty$ 而收敛到目标相关函数和功率谱密度。而且,Deodatis[37]给出了其均值和相关函数的各态历经性的证明,即当 $T = T_0$ 时,该模拟随机过程的时间均值和时间相关函数分别等于集综均值和集综相关函数。

由于 $\mathbf{H}(\omega)$ 是 ω 的函数,由式(2-4)可知,对每个频率点 ω_{ml} 都要进行一次 $\mathbf{S}^0(\omega)$ 的 Cholesky 分解,其计算量是相当大的,且需要太多的内存。

通过对 $\mathbf{H}(\omega)$ 的分析发现,$\mathbf{H}(\omega)$ 的各元素均随频率连续地变化[120]。这样就可以选取适当的插值近似来减少对 $\mathbf{S}^0(\omega)$ 的分解次数。最常用的两种插值方法是:线性插值和三次拉格朗日多项式插值。线性插值由于其精度相对较差,因而要求更多频率点的谱分解,这就造成更多计算机内存的需要。因此,应用线性插值必须首先考虑内存问题。拉格朗日插值方法是用一个 n 次多项式去拟合一个函数 $f(x)$,随着多项式方次 n 的增加,不仅增加了计算量,而且会带来很大的误差,因此,n 不宜太大。三次拉格朗日多项式插值的插值方程为

$$\widetilde{H}_{jk}(\omega) = \sum_{l=i-1}^{i+2} H_{jk}(\omega_l) L_l(\omega) \qquad (2-10)$$

其中,$L_l(\omega)$ 为拉格朗日插值函数。

运用 $\mathbf{H}(\omega)$ 的插值近似之后,脉动风速样本的模拟公式变为

$$f_j(t) = \sqrt{2\Delta\omega} \sum_{m=1}^{j} \sum_{l=1}^{N} \widetilde{H}_{jm}(\omega_{ml}) \cos(\omega_{ml} t + \phi_{ml}) \qquad (2-11)$$

同样可以证明,用上式模拟的脉动风速样本仍保持各态历经性,且随 $N \to \infty$ 而收敛到目标功率谱。

运用 FFT 技术可以大大地减少风场模拟的计算量,进一步提高计算效率。类似于 Deodatis 的推导,我们可以将式(2-11)改写为如下形式:

$$f_j(p\Delta t) = \text{Re}\left\{ \sum_{m=1}^{j} G_{jm}(q\Delta t) \exp\left[i\left(\frac{m\Delta\omega}{n}\right)(p\Delta t) \right] \right\} \qquad (2-12)$$

$$p = 0, 1, \cdots, 2N \times n - 1, \quad j = 1, 2, \cdots, n$$

其中,q 是 $p/(2N)$ 的余数,$q = 0, 1, \cdots, 2N-1$。

$G_{jm}(q\Delta t)$ 由下式给出,可用 FFT 进行计算

$$G_{jm}(q\Delta t) = \sum_{l=0}^{2N-1} B_{jm}(l\Delta\omega) \exp\left(i l q \frac{\pi}{M} \right) \qquad (2-13)$$

其中，

$$B_{jm}(l\Delta\omega) = \begin{cases} \sqrt{2\Delta\omega}\,\widetilde{H}_{jm}\left(l\Delta\omega + \dfrac{m\Delta\omega}{n}\right)\exp(i\phi_{ml}) & 0 \leqslant l < N \\ 0 & N \leqslant l < M \end{cases}$$

(2-14)

以上的目标功率谱均为单边功率谱，与实际风工程中给出的功率谱保持一致。

2.1.2 风参数的确定

风洞试验实测的横向脉动风谱和竖向脉动风谱采用式(2-15)进行拟合，实测与拟合的脉动风谱对比图见图2-1和图2-2。根据风洞实测横向和竖向脉动风谱拟合得到的 a,b,m 分别为374.9,49.7,0.99和8.798, 3.11,0.91。

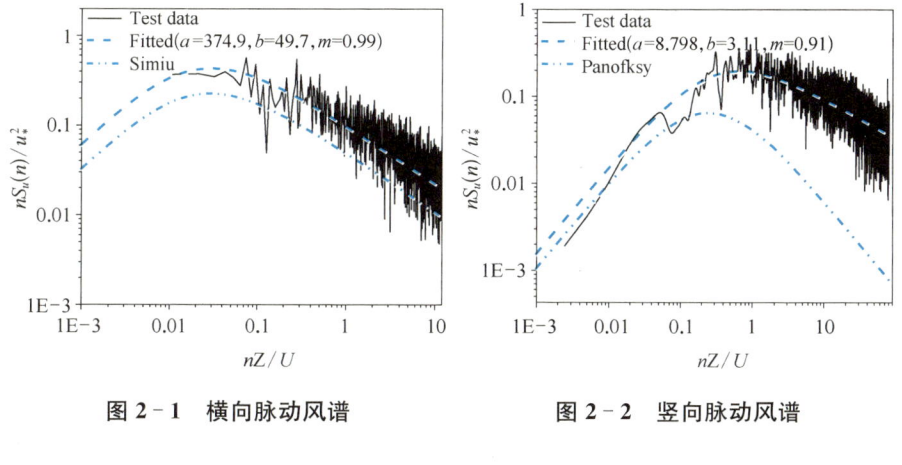

图2-1 横向脉动风谱　　图2-2 竖向脉动风谱

$$nS_a/u_*^2 = af/(1+bf)^{cm} \tag{2-15}$$

式中，下标 a 可以是 u,v 或 w，分别代表紊流风的横桥向、顺桥向和竖向的脉动分量；a,b,m 是根据风洞实测功率谱密度采用非线性最小二乘拟合得到的参数;$c = 5/3$。

其中,$f = \dfrac{nz}{U(z)}$,为相似律坐标;z 为离地面的高度;$U(z)$ 为高度 z 处的平均风速;

$$u_* = \dfrac{KU(z)}{\ln\left(\dfrac{z}{z_0}\right)}$$,为摩擦风速,与地面粗糙长度相关;$K \approx 0.4$;z_0 为地面粗糙长度。

相关函数通常用指数衰减函数表示[70]

$$\textit{Co-coherence} = \dfrac{S_{uu}^C(x_1, x_2, f)}{\sqrt{S_{uu}(x_1, f)S_{uu}(x_2, f)}} = \exp\left(-\lambda \dfrac{fD}{U}\right)$$

(2-16)

式中,$S_{uu}(x_1, f)$ 为横桥向脉动分量 u 在 x_1 处的功率谱;$S_{uu}^C(x_1, x_2, f)$ 横桥向脉动分量 u 在 x_1 与 x_2 互谱的实部,λ 衰减系数,f 为频率,D 为 x_1 与 x_2 之间的距离,U 为平均风速。

表 2-1 风洞实测衰减因子 λ

风速/m·s^{-1} \ 空间距离	1.12 m	2.24 m	3.39 m	4.54 m
4	11.5	11.2	10.8	11.0
6	13.0	12.7	12.3	12.0
8	14.7	13.0	12.5	12.7
10	15.7	15.3	14.9	14.8

风洞试验过程中,采用热线风速仪进行了相关性的测量,热线风速仪相对于全桥模型的布置位置如图 2-3 所示。由式(2-16)可以看出,相关函数是频率 f 和空间距离 D 的函数。在测量过程中,D 分别取为 1.12 m、2.24 m、3.39 m 及 4.54 m,测量不同风速下两测点的相关函数,然后根据

式(2-16)对 λ 进行了最小二乘拟合。最小二乘拟合得到的 λ 范围在 10.8 至 15.7 之间,平均值为 12.9。风洞实测衰减因子 λ 随风速变化情况见图 2-4,由图 2-4 可知:1) 风洞模拟紊流场的空间相关性在不同风速下以及不同间距 D 时存在一定的差异。2) 随着风速的增加,衰减因子 λ 总体上不断增大。

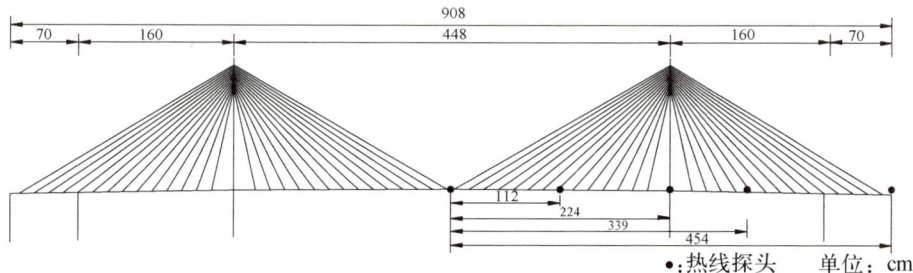

图 2-3　热线风速仪空间布置

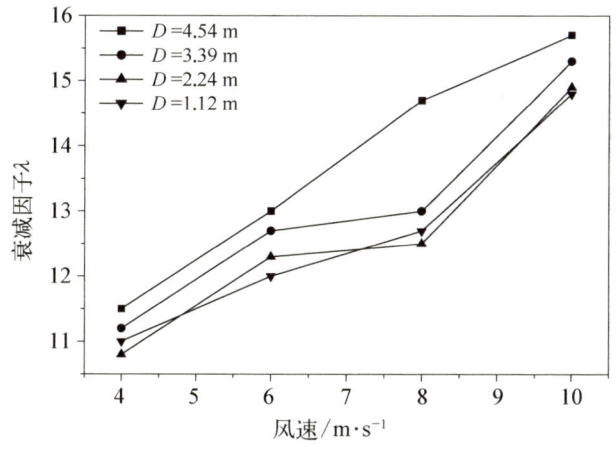

图 2-4　风洞实测衰减因子 λ

2.1.3　数值算例

利用改进的谐波合成法模拟了杭州湾跨海大桥各结点(图 2-5)的水平脉动风速时程,并在风场模拟时采用洞实测谱和空间相关系数。模拟参

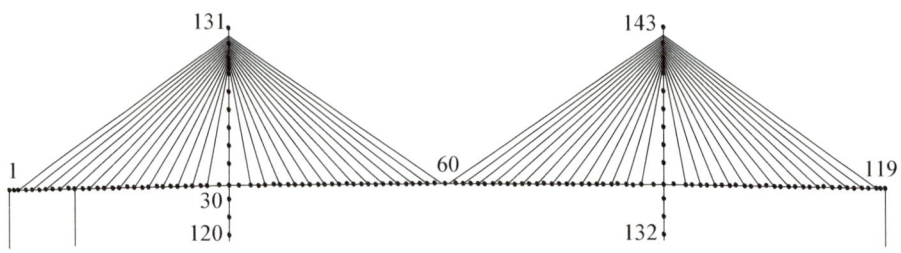

图 2-5 杭州湾跨海大桥风速模拟点示意

数主要参数:$K = 0.4$,$z_0 = 0.03$,$U(55.41) = 40 \text{ m/s}$;截止频率 $\omega_{up} = 4\pi(\text{rad/s})$。

图 2-6 给出了点 120(塔根)和点 131(塔顶)处水平风速时程。图 2-7 给出了点 120、点 30(左侧塔梁联接位置处)和点 131 处的功率谱。图 2-8 给出了相干系数对比。图 2-9 给出了点 30 的自相关函数以及点 120 和点 30 的互相关函数。由图可以看出模拟的功率谱、相干系数、相关函数与相应的目标值吻合较好。

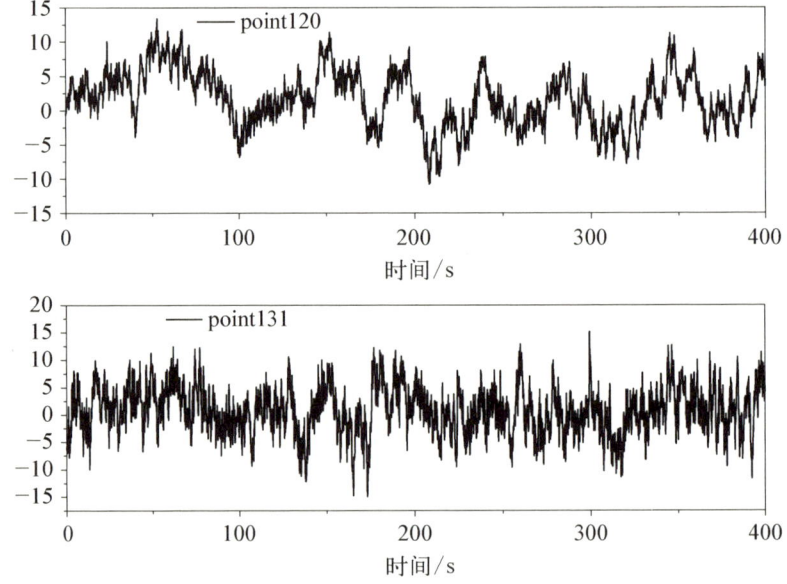

图 2-6 模拟的脉动风速典型样本

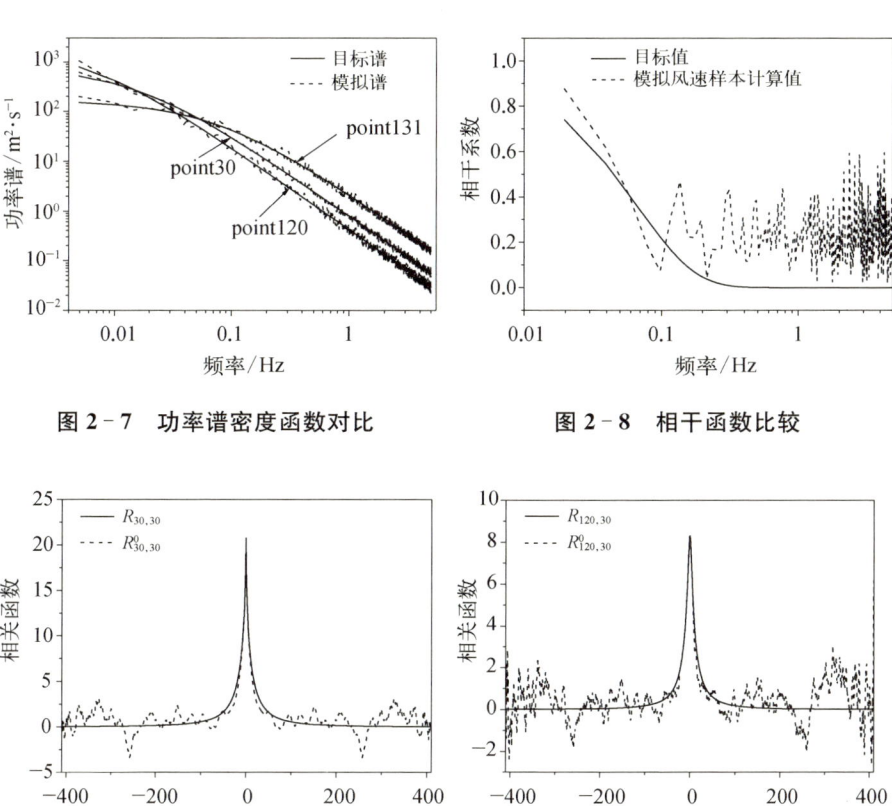

图 2-7 功率谱密度函数对比　　　　图 2-8 相干函数比较

图 2-9 模拟风速的相关函数与目标相关函数比较

2.2 风荷载处理

作用于桥梁结构各部分的风荷载可处理为三部分：平均风引起的静风力、脉动风引起的抖振力和气动耦合产生的自激力。其中，静风力荷载根据节段模型试验获得的静力三分力系数确定；抖振力荷载按 Scanlan 的准定常气动公式计算，并考虑了气动导纳的修正；自激力的计算采用 Lin 提出的脉冲响应函数表达的气动力公式。

在风轴系中,桥梁结构单位展长的静风升力、阻力和扭矩可以表示如下:

$$L_{st} = C_L(\alpha)qB \qquad (2-17a)$$

$$D_{st} = C_D(\alpha)qB \qquad (2-17b)$$

$$M_{st} = C_M(\alpha)qB^2 \qquad (2-17c)$$

其中,$q = \frac{1}{2}\rho U^2$,为气流动压,ρ 为空气密度;B 为桥梁截段的参考长度,对于主梁一般取为桥面宽度,缆索则为其直径;$C_L(\alpha)$,$C_D(\alpha)$ 和 $C_M(\alpha)$ 分别为风轴系中的静风升力、阻力和扭矩系数,α 为气流的攻角。静力三分力系数随攻角而变化,其值一般由节段模型风洞试验获得。

桥梁结构单位展长的抖振力可按以下公式进行计算[52,61,64]

$$L_b = \frac{1}{2}\rho U^2 B \left[2C_L(\alpha)\chi_{Lu}\frac{u}{U} + (C'_L(\alpha) + C_D(\alpha))\chi_{Lw}\frac{w}{U} \right] \qquad (2-18a)$$

$$D_b = \frac{1}{2}\rho U^2 B \left[2C_D(\alpha)\chi_{Du}\frac{u}{U} + C'_D(\alpha)\chi_{Dw}\frac{w}{U} \right] \qquad (2-18b)$$

$$M_b = \frac{1}{2}\rho U^2 B^2 \left[2C_M(\alpha)\chi_{Mu}\frac{u}{U} + C'_M(\alpha)\chi_{Mw}\frac{w}{U} \right] \qquad (2-18c)$$

式中,C_L,C_D 和 C_M 分别为桥梁断面升力、阻力和扭矩的静风力系数(参考长度均为桥面宽度 B);$C'_L = \mathrm{d}C_L/\mathrm{d}\alpha$,$C'_D = \mathrm{d}C_D/\mathrm{d}\alpha$ 和 $C'_M = \mathrm{d}C_M/\mathrm{d}\alpha$;$\chi_{Lu}$,$\chi_{Lw}$,$\chi_{Du}$,$\chi_{Dw}$,$\chi_{Mu}$,$\chi_{Mw}$ 为气动导纳函数,它们依赖于桥面的几何构形,且随折减风速而变化;u 和 w 分别为紊流脉动风速的纵向和竖向分量。

Sears[75] 导出了平板气动导纳的复变函数表达式。但由于 Sears 的函数表达非常复杂,不便应用。为此,Liepmann[58] 给出了一个简化的表达式来足够精确地表示平板的气动导纳

$$|\varphi(k)|^2 = \frac{1}{1+2\pi k} = \frac{1}{1+\dfrac{\pi \omega B}{U}} \qquad (2-19)$$

目前在没有适用于桥梁断面的气动导纳情况下,研究人员暂时取平板的 Liepmann 近似公式来做粗略估计。

对于索塔,通常只考虑抖振阻力[9],在单位长度的索塔塔柱上,抖振阻力可表达为

$$D_t = \rho U B_t C_{D,t} u \qquad (2-20)$$

式中,$C_{D,t}$ 为桥塔断面阻力系数,B_t 为索塔塔柱在迎风面上的投影宽度。

对于斜拉索,计算中未考虑索的振动,只考虑抖振阻力,在单位长度的斜拉索上,抖振阻力可表达为

$$D_c = \rho U B_c C_{D,c} u \qquad (2-21)$$

式中,$C_{D,c}$ 为斜拉索断面阻力系数,B_c 为斜拉索在迎风面上的投影宽度。

桥梁断面的自激力可表示为如下的复数形式

$$\left. \begin{aligned} L_{se}(t) &= \omega^2 \rho B^2 [C_{Lh}(v)h(t) + C_{Lp}(v)p(t) + BC_{L\alpha}(v)\alpha(t)] \\ D_{se}(t) &= \omega^2 \rho B^2 [C_{Dh}(v)h(t) + C_{Dp}(v)p(t) + BC_{D\alpha}(v)\alpha(t)] \\ M_{se}(t) &= \omega^2 \rho B^2 [BC_{Mh}(v)h(t) + BC_{Mp}(v)p(t) + B^2 C_{M\alpha}(v)\alpha(t)] \end{aligned} \right\}$$

$$(2-22)$$

式中,$C_{rs}(r=D, L, M; s=h, p, \alpha)$ 为复的自激力系数,并将其变量换为折减风速($v = 2\pi/K$)。由于该式中的颤振导数与振动频率有关,因而上式不能直接应用于时域分析。随着结构和气动非线性风振问题以及紊流作用下颤振分析的必要,时域方法也成为必要途径之一,因此就必须寻找纯粹时域化的自激力表达式。

Lin[60,95]从脉冲响应函数的概念出发,提出了用脉冲响应函数来表示

自激力的时域表达式。这里将它扩展为包含竖弯、侧弯和扭转三个方向的自激力表达式

$$\left.\begin{aligned}
L_{se}(t) &= L_h(t) + L_p(t) + L_a(t) \\
&= \int_{-\infty}^{t} f_{Lh}(t-\tau)h(\tau)d\tau \\
&\quad + \int_{-\infty}^{t} f_{Lp}(t-\tau)p(\tau)d\tau \\
&\quad + \int_{-\infty}^{t} f_{La}(t-\tau)\alpha(\tau)d\tau \\
D_{se}(t) &= D_h(t) + D_p(t) + D_a(t) \\
&= \int_{-\infty}^{t} f_{Dh}(t-\tau)h(\tau)d\tau \\
&\quad + \int_{-\infty}^{t} f_{Dp}(t-\tau)p(\tau)d\tau \\
&\quad + \int_{-\infty}^{t} f_{Da}(t-\tau)\alpha(\tau)d\tau \\
M_{se}(t) &= M_h(t) + M_p(t) + M_a(t) \\
&= \int_{-\infty}^{t} f_{Mh}(t-\tau)h(\tau)d\tau \\
&\quad + \int_{-\infty}^{t} f_{Mp}(t-\tau)p(\tau)d\tau \\
&\quad + \int_{-\infty}^{t} f_{Ma}(t-\tau)\alpha(\tau)d\tau
\end{aligned}\right\} \quad (2-23)$$

式中,各积分号内的第一项就是对应的脉冲响应函数(共有 9 个)。在简谐振动时,式(2-23)和式(2-22)是等价的。根据这一等价关系,可以确定式(2-23)中脉冲响应函数的具体表达式。

对式(2-22)和式(2-23)的等号两边作 Fourier 变换,由式(2-22)可得

$$L_{se}(\omega) = \omega^2 \rho B^2 [C_{Lh}(v)h(\omega) + C_{Lp}(v)p(\omega) + BC_{La}(v)\alpha(\omega)] \left.\begin{array}{l}\\\\\\\end{array}\right\}$$
$$D_{se}(\omega) = \omega^2 \rho B^2 [C_{Dh}(v)h(\omega) + C_{Dp}(v)p(\omega) + BC_{Da}(v)\alpha(\omega)]$$
$$M_{se}(\omega) = \omega^2 \rho B^2 [BC_{Mh}(v)h(\omega) + BC_{Mp}(v)p(\omega) + B^2 C_{Ma}(v)\alpha(\omega)]$$
$$(2-24)$$

由式(2-23)可得

$$\begin{aligned}L_{se}(\omega) &= L_h(\omega) + L_p(\omega) + L_a(\omega) \\ &= F_{Lh}(\omega)h(\omega) + F_{Lp}(\omega)p(\omega) + F_{La}(\omega)\alpha(\omega) \\ D_{se}(\omega) &= D_h(\omega) + D_p(\omega) + D_a(\omega) \\ &= F_{Dh}(\omega)h(\omega) + F_{Dp}(\omega)p(\omega) + F_{Da}(\omega)\alpha(\omega) \\ M_{se}(\omega) &= M_h(\omega) + M_p(\omega) + M_a(\omega) \\ &= F_{Mh}(\omega)h(\omega) + F_{Mp}(\omega)p(\omega) + F_{Ma}(\omega)\alpha(\omega)\end{aligned} \quad (2-25)$$

比较式(2-24)和式(2-25)的对应部分,得

$$\left.\begin{aligned}F_{Lh}(\omega) &= \rho B^2 \omega^2 [H_4^*(v) + iH_1^*(v)] \\ F_{Lp}(\omega) &= \rho B^2 \omega^2 [H_6^*(v) + iH_5^*(v)] \\ F_{La}(\omega) &= \rho B^3 \omega^2 [H_3^*(v) + iH_2^*(v)] \\ F_{Dh}(\omega) &= \rho B^2 \omega^2 [P_6^*(v) + iP_5^*(v)] \\ F_{Dp}(\omega) &= \rho B^2 \omega^2 [P_4^*(v) + iP_1^*(v)] \\ F_{Da}(\omega) &= \rho B^3 \omega^2 [P_3^*(v) + iP_2^*(v)] \\ F_{Mh}(\omega) &= \rho B^3 \omega^2 [A_4^*(v) + iA_1^*(v)] \\ F_{Mp}(\omega) &= \rho B^3 \omega^2 [A_6^*(v) + iA_5^*(v)] \\ F_{Ma}(\omega) &= \rho B^4 \omega^2 [A_3^*(v) + iA_2^*(v)]\end{aligned}\right\} \quad (2-26)$$

由于颤振导数可通过试验获得,因而从理论上讲,对式(2-26)作 Fourier 变换就可以得到脉冲响应函数的表达式。但是,一方面从试验提取的颤振导数所覆盖的频率范围非常有限,缺乏低频部分的颤振导数;另一方面即便有完整的颤振导数数据,其 Fourier 变换实际上由一系列离散数据组成,很不方便应用。因此必须寻找脉冲响应函数的近似表达式。

在经典的机翼理论中,非定常气动力的频率响应函数常用 Roger 形式的有理函数来近似描述。Lin[60,95]将这一有理函数推广到桥梁中来,获得了桥梁断面非定常气动力传递函数的一种可能的近似表达式如下(以 $F_{Ma}(\omega)$ 为例):

$$F_{Ma}(\omega) = \rho U^2 B^2 \left[C_1 + iC_2 \frac{B\omega}{U} + \sum_{k=3}^{n} C_k \frac{i\omega}{d_k \frac{U}{B} + i\omega} \right] \quad (2-27)$$

式中,$C_1 \cdots C_n$,$d_3 \cdots d_n$ 为无量纲的待定系数,且它们均与频率无关;第一项表示由位移项引起的气动力;第二项表示由速度项引起的气动力;第三项用于描述滞后于速度项的气动力非定常部分,$n-2$ 为非定常项的数目,其中 $d_k > 0$。由于加速度项引起的气动力部分较小,通常被忽略。

由于从试验提取的颤振导数是以折减风速 $v = \frac{2\pi U}{B\omega}$ 的函数方式给出的。为方便起见,将它代入式(2-27)消去其中的 ω,得

$$F_{Ma}(v) = \rho U^2 B^2 \left[C_1 + iC_2 \frac{2\pi}{v} + \sum_{k=3}^{n} C_k \frac{4\pi^2 + i2\pi d_k v}{d_k^2 + 4\pi^2} \right] \quad (2-28)$$

这样,式(2-26)的最后一式可以写为

$$C_1 + iC_2 \frac{2\pi}{v} + \sum_{k=3}^{n} C_k \frac{4\pi^2 + i2\pi d_k v}{d_k^2 + 4\pi^2} = \frac{4\pi^2}{v^2} [A_3^*(v) + iA_2^*(v)]$$

$$(2-29)$$

由上式两端实部和虚部分别相等可以得出如下关系式

$$\left.\begin{array}{l}\dfrac{C_1 v^2}{4\pi^2}+\sum\limits_{k=3}^{n}\dfrac{C_k v^2}{d_k^2 v^2+4\pi^2}=A_3^*(v)\\[2mm] \dfrac{C_2 v}{2\pi}+\sum\limits_{k=3}^{n}\dfrac{C_k d_k v^3}{2\pi d_k^2 v^2+8\pi^3}=A_2^*(v)\end{array}\right\} \quad (2-30)$$

根据式(2-30)并利用最小二乘法就可以得到传递函数 $F_{Ma}(\omega)$ 的待定系数 $C_1 \cdots C_n, d_3 \cdots d_n$ 的估计值了。类似地可以得出 $F_{Lh}(\omega)$，$F_{Lp}(\omega)$，$F_{La}(\omega)$，$F_{Dh}(\omega)$，$F_{Dp}(\omega)$，$F_{Da}(\omega)$，$F_{Mh}(\omega)$，$F_{Mp}(\omega)$ 的近似表达式及其对应得待定系数。由于颤振导数识别方面的困难，一般只有 6~8 个颤振导数可用，实际计算时对于没有颤振导数数据的传递函数待定系数设为零处理。

对式(2-27)作 Fourier 变换就可以得到式(2-23)中脉冲响应函数的表达式为

$$f_{Ma}(t)=\rho U^2 B^2 \Big[C_1\delta(t)+C_2\dfrac{B}{U}\dot{\delta}(t)+\delta(t)\sum_{k=3}^{n}C_k$$

$$-\sum_{k=3}^{n}C_k d_k\dfrac{U}{B}\exp\Big(-\dfrac{d_k U}{B}t\Big)\Big] \quad (2-31)$$

将上式代入式(2-23)中可得出 $M_a(t)$ 的表达式

$$M_a(t)=\rho U^2 B^2 \Big[\Big(C_1+\sum_{k=3}^{n}C_k\Big)\alpha(t)+C_2\dfrac{B}{U}\dot{\alpha}(t)$$

$$-\sum_{k=3}^{n}C_k d_k\dfrac{U}{B}\int_{-\infty}^{t}e^{-\frac{d_k U}{B}(t-\tau)}\alpha(\tau)\mathrm{d}\tau\Big] \quad (2-32)$$

对上式中的积分项进行一次分步积分可以得到 $M_a(t)$ 的最终表达式如下

$$M_\alpha(t) = \rho U^2 B^2 \left[C_1 \alpha(t) + C_2 \frac{B}{U} \dot{\alpha}(t) + \sum_{k=3}^{n} C_k \int_{-\infty}^{t} e^{-\frac{d_k U}{B}(t-\tau)} \dot{\alpha}(t) \mathrm{d}\tau \right]$$

(2-33)

式中,第一项为气动刚度项;第二项为气动阻尼项;第三项表示与运动历史相关的非线性项。

类似于对 $M_\alpha(t)$ 的推导,可以得到 $L_h(t)$, $L_p(t)$, $L_\alpha(t)$, $D_h(t)$, $D_p(t)$, $D_\alpha(t)$, $M_h(t)$, $M_p(t)$ 的表达式和对应的待定系数。为了统一它们的表达式,对 $M_\alpha(t)$ 进行了改写。近似地取 $n=2$,将其中的六个系数定义为向量 $\mathbf{C}_{M\alpha}$,并考虑到 $t<0$ 时的位移和速度均为 0,则式(2-32)可以改写为

$$M_\alpha(t) = B^2 F(\mathbf{C}_{M\alpha}, \alpha, t)$$

(2-34)

其中,

$$F(\mathbf{C}_{M\alpha}, \alpha, t) = \rho U^2 \left[C_1 \alpha(t) + C_2 \frac{B}{U} \dot{\alpha}(t) + C_3 \int_0^t e^{-\frac{d_3 U}{B}(t-\tau)} \dot{\alpha}(\tau) \mathrm{d}\tau \right.$$
$$\left. + C_4 \int_0^t e^{-\frac{d_4 U}{B}(t-\tau)} \dot{\alpha}(\tau) \mathrm{d}\tau \right]$$

(2-35)

类似地对其他 8 个分力进行改写可以得到与式(2-34)和式(2-35)相似的表达式。因此对这 9 个分力可以统一定义

$$F(\mathbf{C}_x, x, t) = \rho U^2 \left[C_1 x(t) + C_2 \frac{B}{U} \dot{x}(t) + C_3 \int_0^t e^{-\frac{d_3 U}{B}(t-\tau)} \dot{x}(\tau) \mathrm{d}\tau \right.$$
$$\left. + C_4 \int_0^t e^{-\frac{d_4 U}{B}(t-\tau)} \dot{x}(\tau) \mathrm{d}\tau \right]$$

(2-36)

其中,x 分别表示 Lh, Lp, $L\alpha$, Dh, Dp, $D\alpha$, Mh, Mp 和 $M\alpha$ 共 9 个分力及其该方向的位移,而向量 $\mathbf{C}_x$ 则代表各分力对应的六个待定系数,即 $\mathbf{C}_x = \{C_1, C_2, C_3, d_3, C_4, d_4,\}^\mathrm{T}$。这样的向量共有 9 个。其对应的待定系

数则共有 $9 \times 6 = 54$ 个。实际计算中,为节省内存并减少计算量,一般是将式(2-36)中的卷积转化为递推公式进行计算。

一旦各传递函数的待定系数已确定,则可按下式计算自激升力、阻力和扭矩

$$\left.\begin{aligned} L_{se}(t) &= F(\mathbf{C}_{Lh}, h, t) + F(\mathbf{C}_{Lp}, p, t) + BF(\mathbf{C}_{L\alpha}, \alpha, t) \\ D_{se}(t) &= F(\mathbf{C}_{Dh}, h, t) + F(\mathbf{C}_{Dp}, p, t) + BF(\mathbf{C}_{D\alpha}, \alpha, t) \\ M_{se}(t) &= BF(\mathbf{C}_{Mh}, h, t) + BF(\mathbf{C}_{Mp}, p, t) + B^2 F(\mathbf{C}_{M\alpha}, \alpha, t) \end{aligned}\right\}$$

(2-37)

2.3 非线性颤抖振时程分析

本节首先介绍大跨度桥梁结构有限元分析模型的建立,其次论述结构几何非线性分析方法和颤抖振分析的动力方程及求解策略。

2.3.1 大跨度桥梁结构的有限元模型

目前应用较多的大跨度桥梁主梁的计算模型主要有三种:鱼骨式、双梁式和三梁式,它们各具特色。其中鱼骨式模型适用于扭转刚度较大的闭口箱形截面主梁。它把桥面系的刚度(竖向挠曲刚度、横向挠曲刚度、扭转刚度)和质量(平动质量和转动质量)都集中在中间节点上,节点和拉索之间采用刚臂连接或处理为主从关系。该模型的优点是主梁的刚度和质量模拟较准确,但横梁的刚度和主梁的翘曲刚度反映不足。双梁式模型将主梁的竖向刚度平均分配给两个边主梁以保持竖向刚度的等效,这样可以近似地考虑主梁约束扭转的贡献,适合于开口或半闭口截面的主梁。该模型的缺点是对侧向刚度和约束扭转刚度的模拟不准确。三梁式模型由桥轴

线上的中梁和位于索面处的两个边梁以及横梁共同组成，通过适当的刚度和质量分配来满足等效条件。该模型力学性能较好，但其单元较多，计算量大，主要用于具有开口断面的主梁。

2.3.2 结构几何非线性考虑方法

大跨度桥梁结构的几何非线性因素主要来源于三个方面：缆索垂度效应、结构初应力和结构大位移的影响。

在斜拉桥中，通常采用 Earnst 等效弹性模量的公式来考虑自重引起的斜拉索垂度效应

$$E_{eq} = \frac{E_0}{1 + \dfrac{(\gamma l)^2 A E_0}{12 T^3}} \quad (2-38)$$

其中，E_0 为拉索本身弹性模量；γ 为单位长度拉索的重量；T 为轴向拉力；l 为拉索在水平方向的投影长度；A 为索的面积。

由于本书用杆梁体系来建立结构的计算模型，故只需考虑杆单元和梁单元的几何非线性即可。这里首先考虑杆梁单元的几何非线性刚度矩阵。

由于杆的几何非线性刚度矩阵非常简单，兹不赘述。对于梁的几何非线性刚度矩阵，很多学者进行过推导，这里根据本书的需要仅给出最简单的介绍。对于空间梁单元，其按 U.L.(Updated Lagrange)列式的切线刚度矩阵为

$$[k^e] = [k_0^e] + [k_\sigma^e] \quad (2-39)$$

其中，$[k_0^e]$ 为大家熟知的小位移线性刚度矩阵，$[k_\sigma^e]$ 为初应力矩阵。

梁单元的显式初应力矩阵为

$$[k_\sigma^e] = $$

$$
\begin{bmatrix}
\dfrac{N}{l} & & & & & & & & & & & \\[4pt]
\dfrac{\Delta M_z}{l^2} & \dfrac{6N}{5l} & & & & & & & & & & \\[4pt]
\dfrac{\Delta M_y}{l^2} & 0 & \dfrac{6N}{5l} & & & \text{对} & \quad \text{称} & & & & & \\[4pt]
0 & -\dfrac{\bar M_y}{l} & \dfrac{\bar M_z}{l} & 0 & & & & & & & & \\[4pt]
\dfrac{M_{yi}}{l} & 0 & -\dfrac{N}{10} & \dfrac{\Delta M_z}{12} & \dfrac{2Nl}{15} & & & & & & & \\[4pt]
-\dfrac{M_{yz}}{l} & \dfrac{N}{10} & 0 & -\dfrac{\Delta M_y}{12} & 0 & \dfrac{2Nl}{15} & & & & & & \\[4pt]
-\dfrac{N}{l} & -\dfrac{\Delta M_z}{l^2} & -\dfrac{\Delta M_y}{l^2} & 0 & -\dfrac{M_{yi}}{l} & \dfrac{M_{zi}}{l} & \dfrac{N}{l} & & & & & \\[4pt]
-\dfrac{\Delta M_z}{l^2} & -\dfrac{6N}{5l} & 0 & \dfrac{\bar M_y}{l} & 0 & -\dfrac{N}{10} & \dfrac{\Delta M_z}{l^2} & \dfrac{6N}{5l} & & & & \\[4pt]
-\dfrac{\Delta M_y}{l^2} & 0 & -\dfrac{6N}{5l} & -\dfrac{\bar M_z}{l} & \dfrac{N}{10} & 0 & \dfrac{\Delta M_y}{l^2} & 0 & \dfrac{6N}{5l} & & & \\[4pt]
0 & \dfrac{\bar M_y}{l} & -\dfrac{\bar M_z}{l} & 0 & -\dfrac{\Delta M_z}{12} & \dfrac{\Delta M_y}{12} & 0 & -\dfrac{\bar M_y}{l} & \dfrac{\bar M_z}{l} & 0 & & \\[4pt]
-\dfrac{M_{yj}}{l} & 0 & -\dfrac{N}{10} & -\dfrac{\Delta M_z}{12} & \dfrac{Nl}{30} & 0 & \dfrac{M_{yj}}{l} & 0 & \dfrac{N}{10} & \dfrac{\Delta M_z}{12} & \dfrac{2Nl}{15} & \\[4pt]
\dfrac{M_{yz}}{l} & \dfrac{N}{10} & 0 & \dfrac{\Delta M_y}{12} & 0 & \dfrac{Nl}{30} & -\dfrac{M_{yz}}{l} & -\dfrac{N}{10} & 0 & -\dfrac{\Delta M_y}{12} & 0 & \dfrac{2Nl}{15}
\end{bmatrix}
$$

(2-40)

U.L. 列式的特点是局部坐标原点随单元的运动而变化,在单元变形后位置的基础上计算单元的位移和刚度。故在实施中又称为拖动坐标法,本书用这种方法来反映大位移的影响。

2.3.3 动力平衡方程及求解策略

根据结构动力学和有限元的理论,在 t_i 时刻桥梁结构动力平衡方程的一般形式为

$$\mathbf{M}\ddot{\mathbf{X}}(t_i) + \mathbf{C}\dot{\mathbf{X}}(t_i) + \mathbf{R}(t_i) = \mathbf{F}(t_i) \qquad (2-41)$$

式中,$\mathbf{F}(t_i)$ 表示 t_i 时刻结构上外荷载产生的等效节点力,此时它包括自重、静风力、抖振力和自激力等;$\mathbf{R}(t_i)$ 表示 t_i 时刻结构的等效节点抗力,是节点位移的函数,对于结构线性分析而言,$\mathbf{R}(t_i) = \mathbf{K}_T \mathbf{X}(t_i)$,$\mathbf{K}_T$ 为结构的切向刚度矩阵;阻尼矩阵 $\mathbf{C}$ 为正交瑞利形式。

在 $t_i + \Delta t$ 时刻桥梁结构的非线性动力平衡方程为

$$\mathbf{M}\ddot{\mathbf{X}}(t_i+\Delta t) + \mathbf{C}\dot{\mathbf{X}}(t_i+\Delta t) + \mathbf{R}(t_i+\Delta t) = \mathbf{F}(t_i+\Delta t) \qquad (2-42)$$

同时考虑结构几何非线性和气动荷载非线性时,用 Newmark-β 方法求解上述非线性动力平衡方程的过程。

Newmark-β 方法的差分格式如下[69,119-120]

$$\ddot{\mathbf{X}}(t_i+\Delta t) = \frac{1}{\alpha \Delta t^2}[\mathbf{X}(t_i+\Delta t) - \mathbf{X}(t_i)]$$

$$-\frac{1}{\alpha \Delta t}\dot{\mathbf{X}}(t_i) - \left(\frac{1}{2\alpha}-1\right)\ddot{\mathbf{X}}(t_i) \qquad (2-43\text{a})$$

$$\dot{\mathbf{X}}(t_i+\Delta t) = \frac{\beta}{\alpha \Delta t}[\mathbf{X}(t_i+\Delta t) - \mathbf{X}(t_i)] - \left(\frac{\beta}{\alpha}-1\right)\dot{\mathbf{X}}(t_i)$$

$$-\frac{\Delta t}{2}\left(\frac{\beta}{\alpha}-2\right)\ddot{\mathbf{X}}(t_i) \qquad (2-43\text{b})$$

这里取参数 $\alpha = 0.25$ 和 $\beta = 0.5$,即相当于常加速度方法。

令 $a_0 = \dfrac{1}{\alpha \Delta t^2}$,$a_2 = \dfrac{1}{\alpha \Delta t}$,$a_3 = \dfrac{1}{2\alpha} - 1$ 及

$$a_1 = \frac{\beta}{\alpha \Delta t}, \quad a_4 = \frac{\beta}{\alpha} - 1, \quad a_5 = \frac{\Delta t}{2}\left(\frac{\beta}{\alpha} - 2\right) \tag{2-44}$$

$$\Delta \mathbf{X}(t_i) = \mathbf{X}(t_i + \Delta t) - \mathbf{X}(t_i) \tag{2-45}$$

则方程(2-43a)和方程(2-43b)可简写成

$$\ddot{\mathbf{X}}(t_i + \Delta t) = a_0 \Delta \mathbf{X}(t_i) - a_2 \dot{\mathbf{X}}(t_i) - a_3 \ddot{\mathbf{X}}(t_i) \tag{2-46a}$$

$$\dot{\mathbf{X}}(t_i + \Delta t) = a_1 \Delta \mathbf{X}(t_i) - a_4 \dot{\mathbf{X}}(t_i) - a_5 \ddot{\mathbf{X}}(t_i) \tag{2-46b}$$

将式(2-46a)、式(2-46b)代入式(2-42)得

$$\mathbf{M}[a_0 \Delta \mathbf{X}(t_i) - a_2 \dot{\mathbf{X}}(t_i) - a_3 \ddot{\mathbf{X}}(t_i)] + \mathbf{C}[a_1 \Delta \mathbf{X}(t_i) - a_4 \dot{\mathbf{X}}(t_i) - a_5 \ddot{\mathbf{X}}(t_i)]$$
$$+ \mathbf{R}(t_i + \Delta t) = \mathbf{F}(t_i + \Delta t) \tag{2-47}$$

该方程仅包含位移增量 $\Delta \mathbf{X}(t_i)$。现假设 t_i 至 $t_i + \Delta t$ 时刻结构是线性的,则有

$$\mathbf{R}(t_i + \Delta t) - \mathbf{R}(t_i) = \mathbf{K}_T(t_i) \Delta \mathbf{X}^{(0)}(t_i) \tag{2-48}$$

将它代入上式得

$$[a_0 \mathbf{M} + a_1 \mathbf{C} + \mathbf{K}_T(t_i)] \Delta \mathbf{X}^{(0)}(t_i) = \mathbf{F}(t_i + \Delta t) + \mathbf{M}[a_2 \dot{\mathbf{X}}(t_i) + a_3 \ddot{\mathbf{X}}(t_i)]$$
$$+ \mathbf{C}[a_4 \dot{\mathbf{X}}(t_i) + a_5 \ddot{\mathbf{X}}(t_i)] - \mathbf{R}(t_i) \tag{2-49}$$

由于上述假设的存在,从式(2-48)求出的位移增量 $\Delta \mathbf{X}^{(0)}(t_i)$ 并非真实解。为了得到位移增量的真实解,需要进行平衡迭代。在第 i 个时间步内,用修正的 Newton-Raphson 法迭代求解 $\Delta \mathbf{X}(t_i)$ 的计算步骤如下:

(1) 形成新的切向刚度矩阵,修正有效刚度矩阵 $\hat{\mathbf{K}} = \mathbf{K}_T + a_0 \mathbf{M} + a_1 \mathbf{C}$,并对 $\hat{\mathbf{K}}$ 进行三角分解:$\hat{\mathbf{K}} = \mathbf{L}\mathbf{D}\mathbf{L}^T$

(2) 计算节点等效荷载,确定有效荷载矢量:

$$\hat{\mathbf{F}}(t_i + \Delta t) = \mathbf{F}(t_i + \Delta t) + \mathbf{M}[a_2 \dot{\mathbf{X}}(t_i) + a_3 \ddot{\mathbf{X}}(t_i)]$$
$$+ \mathbf{C}[a_4 \dot{\mathbf{X}}(t_i) + a_5 \ddot{\mathbf{X}}(t_i)] - \mathbf{R}(t_i) \tag{2-50}$$

(3) 求解位移增量:

$$\mathbf{LDL}^T \Delta \mathbf{X}^{(0)}(t_i) = \hat{\mathbf{F}}(t_i + \Delta t) \qquad (2-51)$$

(4) 设 $k=0$,进行平衡迭代

(a) $k = k+1$

(b) 计算第 $k-1$ 次的加速度、速度和位移的近似值

$$\ddot{\mathbf{X}}^{(k-1)}(t_i + \Delta t) = a_0 \Delta \mathbf{X}^{(k-1)}(t_i) - a_2 \dot{\mathbf{X}}(t_i) - a_3 \ddot{\mathbf{X}}(t_i) \qquad (2-52a)$$

$$\dot{\mathbf{X}}^{(k-1)}(t_i + \Delta t) = a_1 \Delta \mathbf{X}^{(k-1)}(t_i) - a_4 \dot{\mathbf{X}}(t_i) - a_5 \ddot{\mathbf{X}}(t_i) \qquad (2-52b)$$

$$\mathbf{X}^{(k-1)}(t_i + \Delta t) = \mathbf{X}^{(k-1)}(t_i) + \Delta \mathbf{X}^{(k-1)}(t_i) \qquad (2-52c)$$

(c) 更新节点坐标和单元内力,重新计算节点等效荷载和节点等效抗力。确定第 k 次的有效不平衡荷载

$$\hat{\mathbf{F}}^{(k-1)}(t_i + \Delta t) = \mathbf{F}^{(k-1)}(t_i + \Delta t) - \mathbf{M} \ddot{\mathbf{X}}^{(k-1)}(t_i + \Delta t) - \mathbf{C} \dot{\mathbf{X}}^{(k-1)}(t_i + \Delta t)$$

$$- \mathbf{R}^{(k-1)}(t_i + \Delta t) \qquad (2-53)$$

(d) 计算第 k 次位移增量的校正值 $\Delta\Delta\mathbf{X}^{(k)}(t_i)$,修正位移增量

$$\Delta \mathbf{X}^{(k)}(t_i) = \Delta \mathbf{X}^{(k-1)}(t_i) + \Delta\Delta \mathbf{X}^{(k)}(t_i) \qquad (2-54)$$

(e) 检查迭代收敛性,假使收敛,则转到步骤(5)

(5) 计算新的加速度、速度和位移,并更新节点坐标和单元内力,进入下一个时间步。

2.4 程 序 验 证

2.4.1 具有理想平板断面的简支梁

该简支梁长 $L=300$ m,宽 $B=40$ m,两端扭转自由度均固定。平板断面竖

向和横向弯曲刚度分别为 $EI_z = 2.1 \times 10^6 \text{ MPa} \cdot \text{m}^4$，$EI_y = 1.8 \times 10^7 \text{ MPa} \cdot \text{m}^4$，扭转刚度 $GI_t = 4.1 \times 10^5 \text{ MPa} \cdot \text{m}^4$。每延米长度质量 $m = 20\,000 \text{ kg/m}$，质量惯矩 $I_m = 4.5 \times 10^6 \text{ kg} \cdot \text{m}^2/\text{m}$，空气密度 $\rho = 1.225 \text{ kg/m}^3$。

采用加权最小二乘方法拟合了平板截面的四组颤振导数。结果如表2-2所示。图2-10将拟合的颤振导数曲线与实际颤振导数曲线进行了比较。从图中可见，拟合效果很好。

表2-2 理想平板气动系数的拟合结果

	C_1	C_2	C_3	d_3	C_4	d_4
L_h	−0.003 42	−1.570 0	−0.044 62	0.102 0	−0.630 37	0.600 59
L_α	−2.813 5	−1.126 7	−0.306 23	0.473 24	1.316 34	0.473 24
M_h	0.007 8	0.393 9	−0.062 3	0.579 5	0.222 1	0.579 5
M_α	0.703 4	−0.110 8	−0.655 9	0.473 2	0.403 3	0.473 2

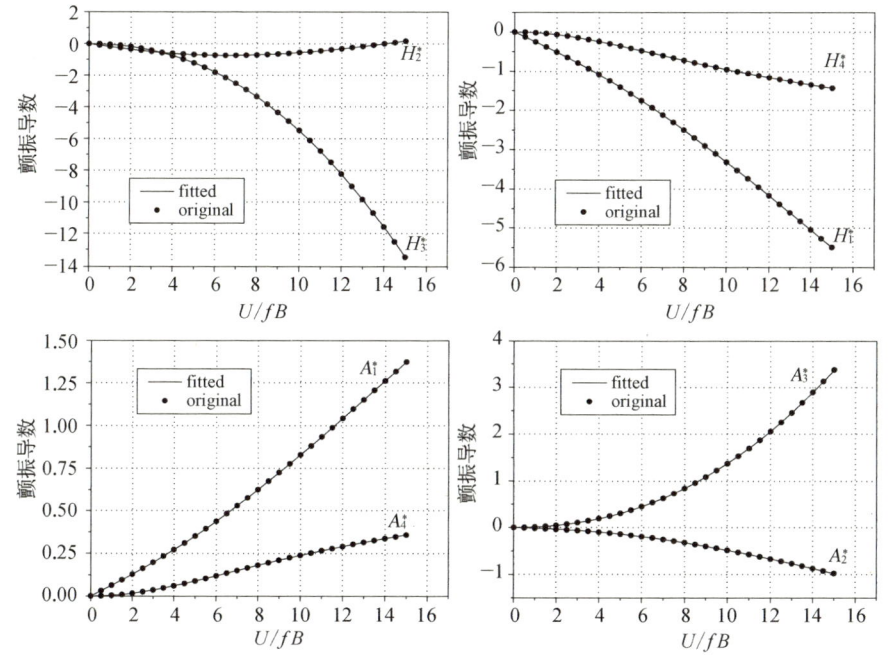

图2-10 拟合的颤振导数曲线与实际颤振导数曲线的比较

表 2-3 颤振分析结果比较

	颤振临界风速/m·s^{-1}	颤振频率/Hz
精确解	136.3	0.391 4
本书方法	137.25	0.390 6

从表 2-3 中的结果可见,用本书程序计算得到的颤振时域结果与精确解吻合较好。

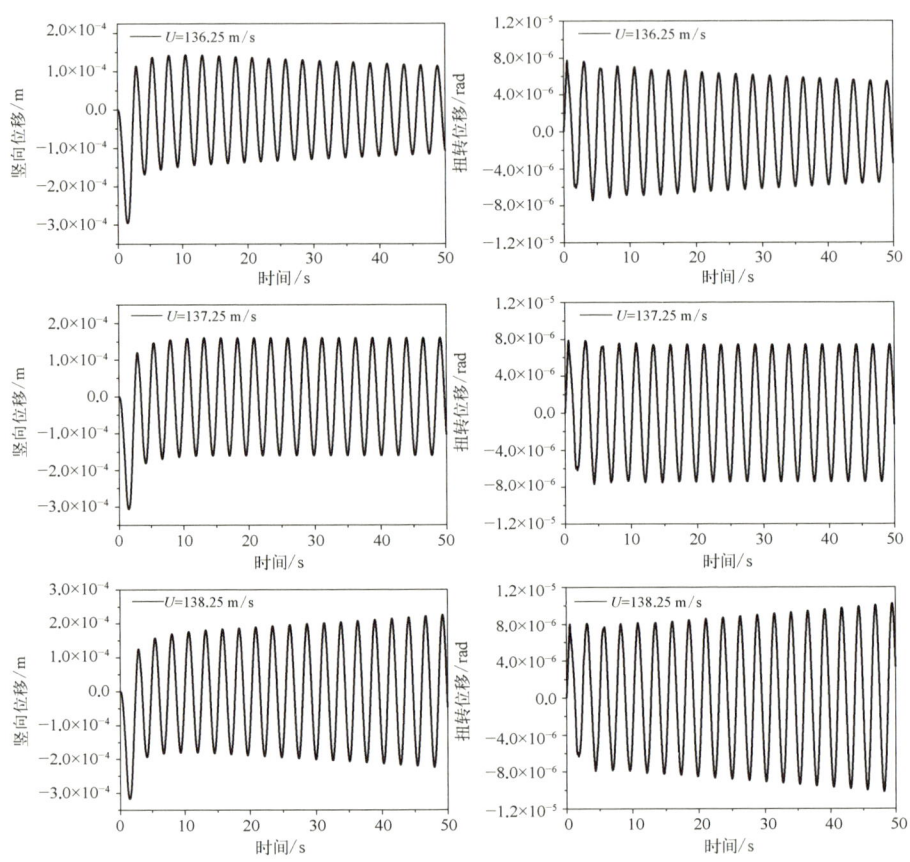

图 2-11 均匀流场中理想平板主梁跨中位移响应时程

2.4.2 空间非线性静力分析

本例的非线性静力分析是一道 45°弯梁空间大位移分析考题,梁的形状和截面尺寸见图 2-12。该梁初始状态位于 X-Y 平面内,梁根固定,在自由端沿 Z 方向受一个集中荷载的作用。分析时将梁划分为 8 个单元,每步加载量为 10.0。分别用 ANSYS 和本书编制程序计算了 60 个加载步。梁自由端无量纲位置坐标在初始时刻,加载 30 步与加载 60 步时计算结果的比较列于表 2-4 中,可见二者相互吻合。

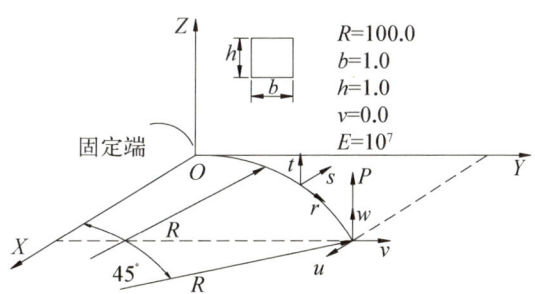

图 2-12 空间 45°弯梁非线性静动力分析

表 2-4 梁自由端变形前后的无量纲位置坐标

	荷载 $P=0$(初始态)			荷载 $P=300$ (30 个加载步)			荷载 $P=600$ (60 个加载步)		
	X/R	Y/R	Z/R	X/R	Y/R	Z/R	X/R	Y/R	Z/R
ANSYS	0.293	0.707	0.0	0.223	0.589	0.402	0.157	0.471	0.536
本书解	0.293	0.707	0.0	0.223	0.588	0.402	0.157	0.472	0.535

2.5 杭州湾跨海大桥

2.5.1 时域颤抖振分析

杭州湾大桥位于杭州湾海域处,连接嘉兴和宁波两市。全桥总长约 35.7 km,为目前世界上最长的跨海大桥之一,包含南航道和北航道两座大跨度桥梁。北航道为钻石型双塔斜拉桥,跨径布置为 70＋160＋448＋160＋70 m,采用空间双索面、流线型闭口钢箱梁及钢筋混凝土桥塔。

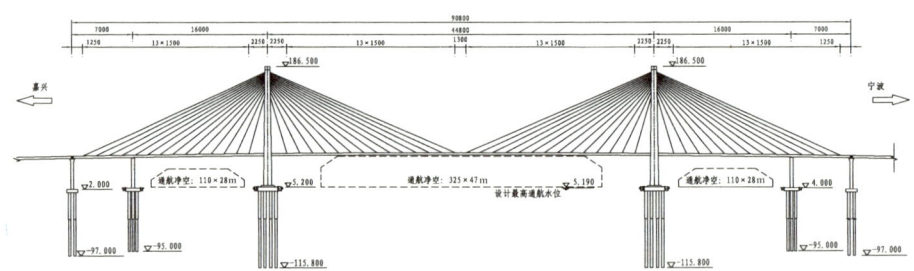

图 2-13　杭州湾跨海大桥桥型总体布置图

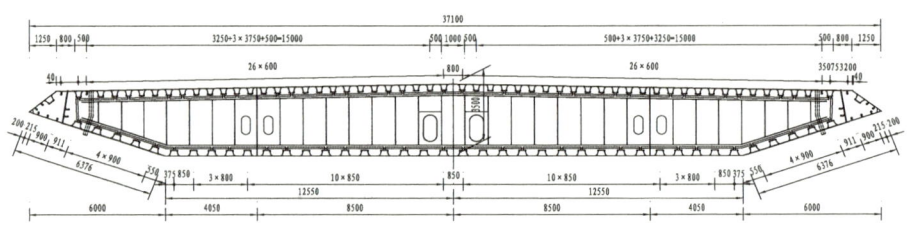

图 2-14　杭州湾跨海大桥钢箱梁标准断面图

在桥梁节段模型风洞实验中,对具有竖弯和扭转两自由度的节段模型测定了成桥状态下的颤振导数,即 H_i^* 和 A_i^* ($i=1\sim 4$)。图 2-16 给出了在均匀流场中测量该模型各攻角下的静力三分力系数及其导数。

在桥梁颤抖振响应时程分析之前,必须首先对颤振导数进行最小二乘拟合,确定自激力中各脉冲响应函数的气动系数。采用用修正最小二乘方法拟合了杭州湾跨海大桥主梁断面各攻角下的气动系数。表 2-5 列出了在零攻角下的气动系数拟合结果,由于只有弯扭方向的颤振导数,其他气动系数均为按拟静力理论得出的数据。图 2-15 给出了根据拟合气动系数反算的颤振导数曲线和试验数据的比较情况。从图可见,气动系数的拟合效果较好。

表 2-5 在零攻角下杭州湾跨海大桥主梁气动系数的拟合结果

	C_1	C_2	C_3	d_3	C_4	d_4
L_h	−0.130 0	−1.130 0	−0.914 7	0.531 7	0.0	0.0
L_p	0.0	−0.009 0	0.0	0.0	0.0	0.0
L_α	−3.400 0	−0.910 0	0.727 0	0.785 0	0.432 0	0.800 0
D_h	0.0	0.048 2	0.0	0.0	0.0	0.0
D_p	0.0	−0.079 4	0.0	0.0	0.0	0.0
D_α	0.0	0.048 2	0.0	0.0	0.0	0.0
M_h	−0.405 0	0.215 0	−0.514 0	0.501 0	0.911 0	0.500 0
M_p	0.0	0.003 1	0.0	0.0	0.0	0.0
M_α	0.625 0	−0.045 0	−0.041 5	0.778 0	0.0	0.0

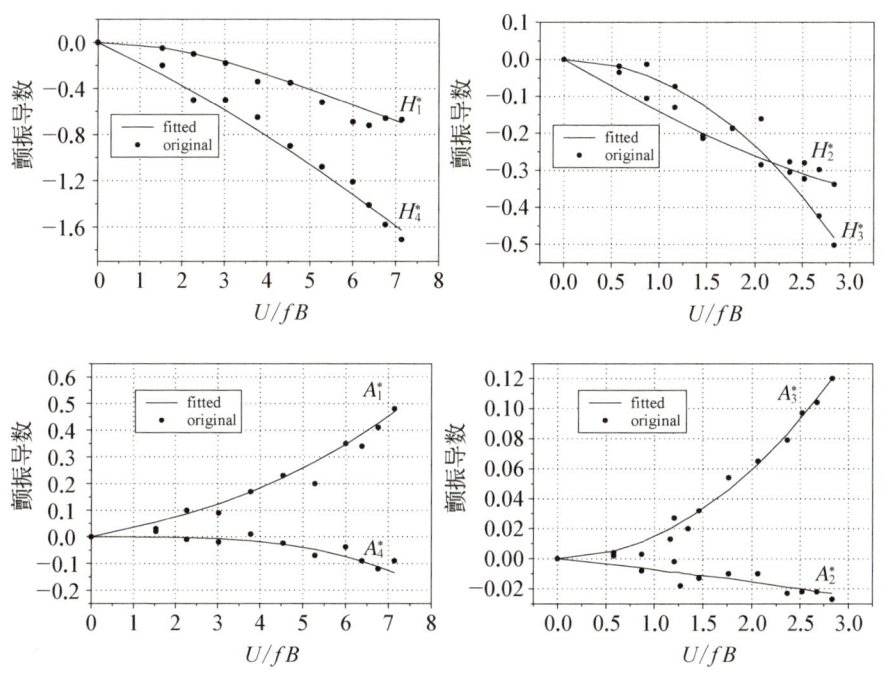

图 2-15 拟合气动系数反算的颤振导数曲线和试验数据的比较情况

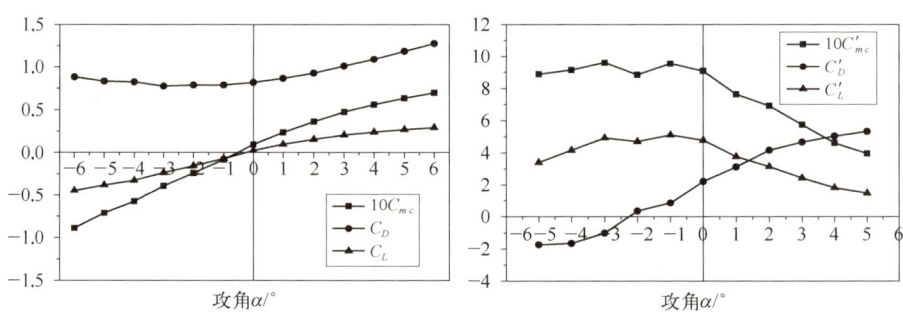

图 2-16　杭州湾跨海大桥主梁断面静力三分力系数及其导数

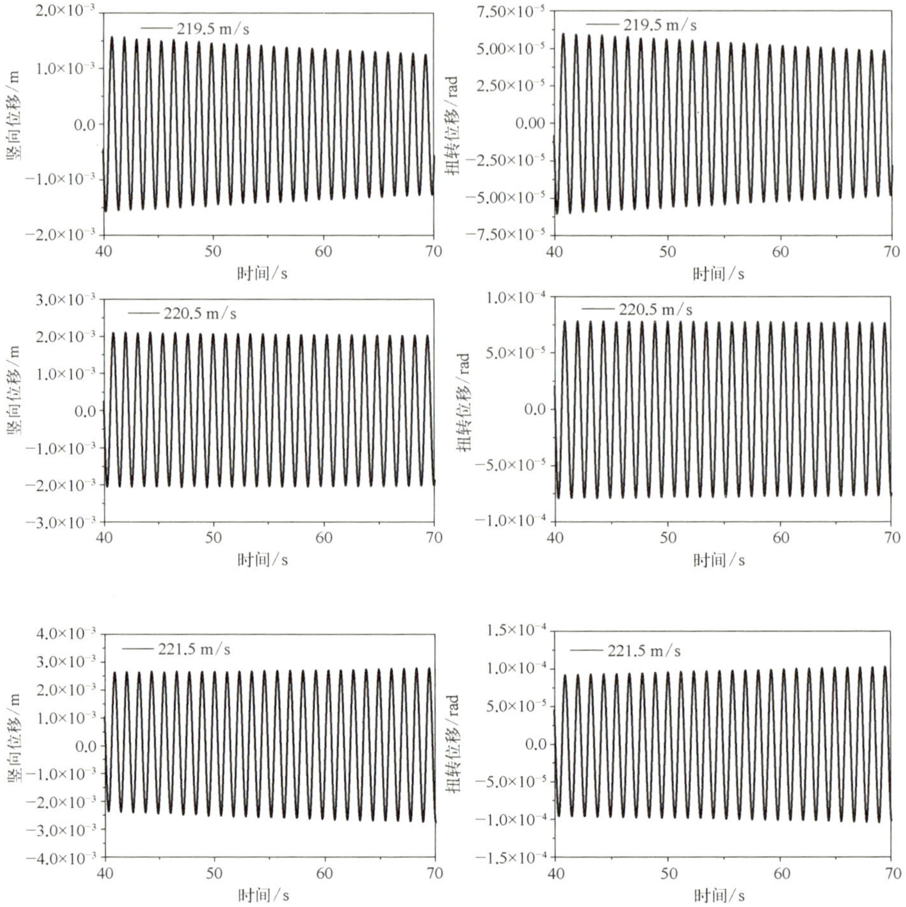

图 2-17　均匀流场中杭州湾跨海大桥主梁跨中位移响应时程

采用颤振时域分析方法对杭州湾跨海大桥 0 攻角进行了颤振分析，计算所得颤振临界风速 220.5 m/s，颤振频率为 0.87 Hz。

2.5.1.1 桥塔脉动风、斜拉索脉动风对抖振响应的影响

以往的桥梁结构抖振响应分析通常仅模拟主梁风场，这主要是由于抖振分析方法的局限性，对于桥塔和斜拉索上脉动风荷载对桥梁抖振响应的作用，目前尚缺乏这方面的具体研究资料。本书采用考虑全桥脉动风荷载的抖振时域分析方法对该问题进行了探讨。

图 2-18 给出了仅考虑主梁上的脉动风、同时考虑主梁和桥塔上的脉动风、同时考虑主梁和斜拉索上的脉动风以及同时考虑主梁、桥塔和斜拉索上的脉动风时的主梁跨中竖向、横向和扭转位移抖振响应 RMS 值随风

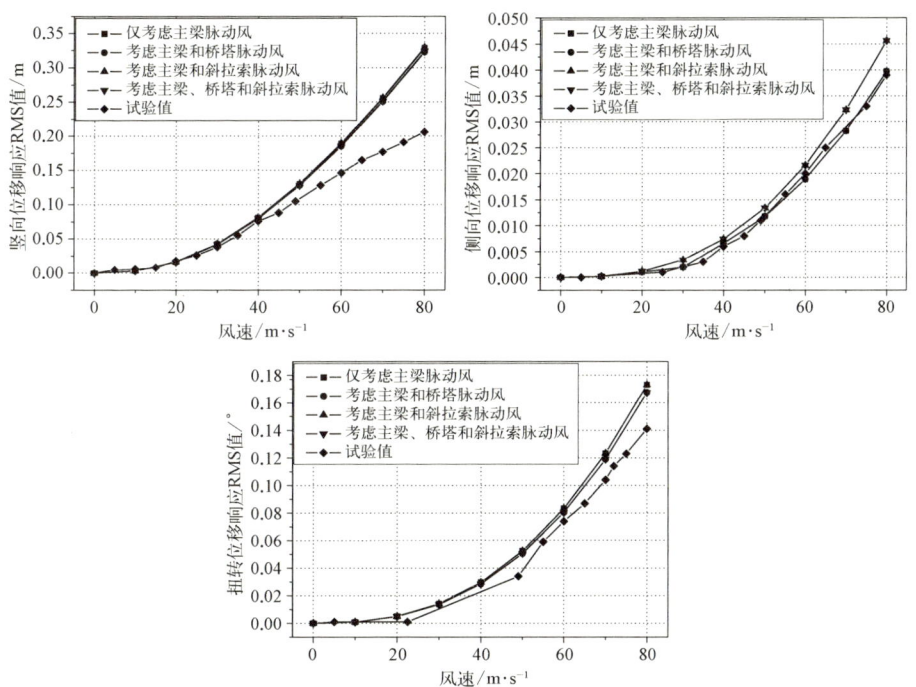

图 2-18 主梁跨中抖振位移响应 RMS 值比较

速的变化情况。表2-6给出了跨中横向抖振位移响应RMS值对比。从图、表可见,① 桥塔和斜拉索上的脉动风对主梁的竖向和扭转抖振响应影响很小。② 桥塔的脉动风对主梁的横向抖振响应影响几乎没有影响。③ 斜拉索上的脉动风对主梁跨中横向抖振位移响应影响显著,考虑斜拉索上脉动风的主梁跨中横向抖振位移响应明显大于不考虑斜拉索上脉动风的响应,如在50 m/s的设计风速下,同时考虑主梁、桥塔和斜拉索上的脉动风作用时,主梁跨中横向抖振位移响应RMS值为0.013 4 m,比仅考虑主梁上的脉动风的结果(0.011 8)大13.8%,并且随着风速的增加影响越显著。因此,斜拉索上的脉动风对主梁的横向位移抖振响应有较大的影响,尤其在超大跨度的斜拉桥抖振分析中应予以重视。④ 主梁跨中抖振位移RMS计算值比试验值略偏大但与试验值整体上吻合较好,尤其是主梁跨中侧向及扭转抖振位移RMS值,而对于主梁跨中竖向抖振位移RMS值,抖振位移响应RMS试验值与计算值在低风速下吻合较好,在50 m/s的设计风速下,主梁跨中竖向抖振位移响应RMS值为试验值的1.17倍,但随着风速的增加,二者间的差别逐步增大。

表2-6 杭州湾跨海大桥主梁跨中横向抖振位移响应RMS值的比较(m)

风速/m·s^{-1}	分析结果	B:不考虑桥塔、斜拉索脉动风	A:考虑桥塔、斜拉索脉动风	$\frac{|B-A|}{A} \times 100\%$
10.0		0.000 19	0.000 20	5.3%
20.0		0.001 04	0.001 20	15.4%
30.0		0.001 99	0.003 40	70.9%
40.0		0.006 56	0.007 40	12.8%
50.0		0.011 78	0.013 40	13.8%
60.0		0.018 91	0.021 60	14.2%
70.0		0.028 22	0.032 30	14.5%
80.0		0.039 71	0.045 60	14.8%

从图 2-19 和表 2-7 可以看出，① 考虑与未考虑桥塔和斜拉索上的脉动风对塔顶顺桥向抖振位移 RMS 值几乎没有影响。② 考虑斜拉索上的脉动风对塔顶横桥向抖振位移 RMS 值有影响，但影响不大。如在 50 m/s 的设计风速下，同时考虑主梁和斜拉索上的脉动风作用时，塔顶横桥向抖振位移响应 RMS 值为 0.004 5 m，比仅考虑主梁上的脉动风的结果 (0.004 1) 大 9.7%。③ 考虑桥塔上的脉动风对塔顶横桥向抖振位移 RMS 值影响显著。如在 50 m/s 的设计风速下，同时考虑主梁和斜拉索上的脉动风作用时，塔顶横桥向抖振位移响应 RMS 值为 0.008 4 m，比仅考虑主梁上的脉动风的结果 (0.004 1) 大 104.8%，且随着风速的增加，两者的差别逐步增大。④ 同时考虑主梁、桥塔和斜拉索上的脉动风时的塔顶横桥向抖振位移 RMS 值计算值与试验值吻合很好，而仅考虑主梁上的脉动风时的塔顶横桥向抖振位移 RMS 计算值明显小于风洞试验值，说明斜拉桥抖振响应分析时若忽略了桥塔和斜拉索上的抖振荷载，将得到偏危险的结果。

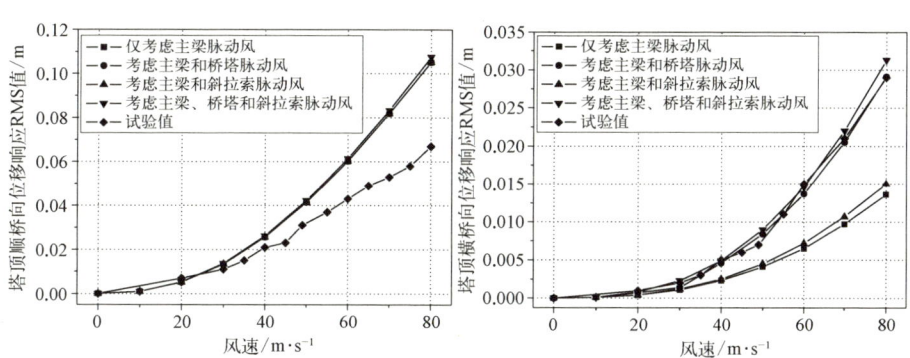

图 2-19 塔顶抖振位移响应 RMS 值比较

表 2-7 杭州湾跨海大桥塔顶横桥向抖振位移响应 RMS 值的比较 (m)

风速/m·s⁻¹	分析结果	A：不考虑桥塔、斜拉索脉动风	B：考虑桥塔、斜拉索脉动风	$\frac{\|B-A\|}{A} \times 100\%$
20.0		0.000 4	0.000 8	100.0%
30.0		0.001 1	0.002 3	109.1%

续表

风速/m·s⁻¹ 分析结果	A：不考虑桥塔、斜拉索脉动风	B：考虑桥塔、斜拉索脉动风	$\dfrac{\|B-A\|}{A}\times 100\%$
40.0	0.002 3	0.004 9	113.0%
50.0	0.004 1	0.009 0	119.5%
60.0	0.006 5	0.014 6	124.6%
70.0	0.009 7	0.022 0	126.8%
80.0	0.013 6	0.031 3	130.1%

表 2-8　成桥状态杭州湾跨海大桥的固有动力特性

模态号	频率/Hz	特　征	模态号	频率/Hz	特　征
1	0.111 86	纵飘	11	0.924 77	辅助墩纵向弯曲
2	0.368 51	主梁一阶对称竖弯	12	0.924 77	辅助墩纵向弯曲
3	0.475 98	主梁一阶对称侧弯	13	0.924 77	辅助墩纵向弯曲
4	0.505 41	主梁一阶反对称竖弯	14	0.942 45	主梁二阶对称竖弯
5	0.533 07	桥塔反向侧弯	15	0.951 33	主梁一阶正对称扭转
6	0.560 04	主梁一阶对称侧弯	16	0.960 91	主梁一阶正对称扭转
7	0.729 03	主梁二阶对称竖弯	17	1.028 39	主梁三阶对称竖弯
8	0.873 37	主梁一阶反对称侧弯	18	1.043 87	主梁二阶反对称竖弯
9	0.876 11	主梁二阶反对称竖弯	19	1.108 22	辅助墩纵向弯曲
10	0.924 77	辅助墩纵向弯曲	20	1.108 22	辅助墩纵向弯曲

塔顶抖振位移响应的功率谱密度函数如图 2-20 所示，对于塔顶顺桥向抖振位移功率谱，仅考虑主梁风场和考虑主梁、桥塔和斜拉索风场两种情况较为接近，功率谱曲线的 5 个峰值分别对应于结构的第 2,4,7,9,17 阶。这些振型均为主梁对称竖弯或反对称竖弯振型，这说明桥塔的顺桥向振动主要决定于主梁的竖向运动。对于塔顶横桥向抖振位移功率谱，仅考

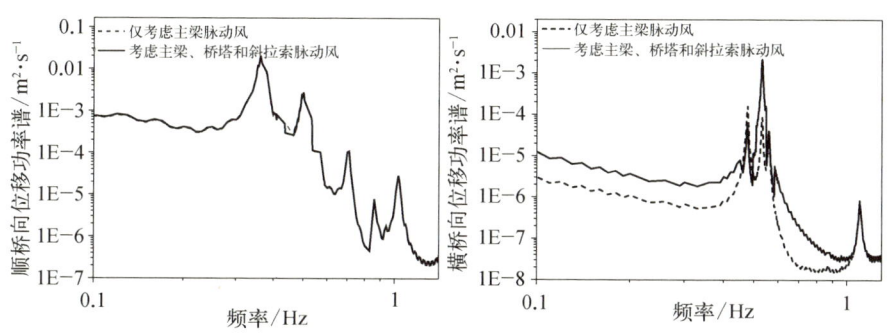

图 2-20 塔顶抖振位移响应的功率谱密度比较

虑主梁风场时明显偏小,功率谱曲线的前3个峰值分别对应于结构的第3阶、第5阶及第6阶。第5阶为桥塔反向侧弯振型,第3阶和第6阶均为主梁对称侧弯振型。考虑主梁、桥塔和斜拉索风场时,结构第5阶桥塔侧弯振动的贡献更为突出而主梁对称侧弯振型的贡献消弱。

2.5.1.2 风谱的影响

如果风荷载可以被看作是结构系统对风(输入)的响应(输出),那么确定风的特性(即系统的输入)变得至关重要,在抖振分析中,风场模拟时应以试验桥所在场地实测风谱为目标谱,在未获得试验桥所在场地实测风谱时,水平脉动风速谱通常选用 Kaimal 谱而竖向脉动风速谱选 Lumley-Panofsky 谱。

杭州湾跨海大桥气动弹性模型风洞测振试验在同济大学土木工程防灾国家重点实验室 TJ-3 号边界层风洞中进行,该桥紊流场水平、竖向脉动风速谱分别以 Kaimal 谱、Lumley-Panofsky 谱为目标谱进行模拟,但由于风场模拟技术的不足,模拟的紊流场实测谱与目标谱之间存在一定的差距。为研究风谱对抖振响应的影响,在风场模拟时分别以风洞实测谱和 Kaimal 谱、Lumley-Panofsky 谱为目标谱进行模拟。

由图 2-21 可以看出,风场模拟时分别以风洞实测谱和以 Kaimal 谱、

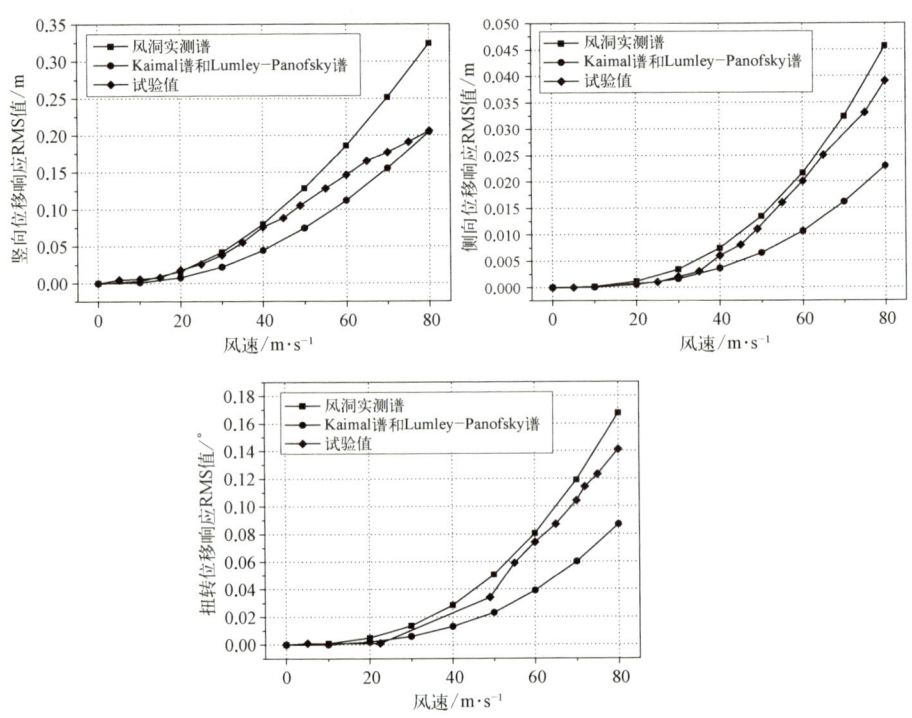

图 2-21 主梁跨中抖振位移响应 RMS 值比较

Lumley-Panofsky 谱为目标谱计算得到的抖振响应相差显著。以 Kaimal 谱和 Lumley-Panofsky 为目标谱进行风场模拟对应的结果与试验值相差甚远。在抖振分析时,对试验桥所在场地风谱以及风洞风谱进行实测是非常必要的。表 2-9 列出了 50 m/s 设计风速时两种情况的比较。

表 2-9 风谱对斜拉桥抖振位移响应的影响($U=50$ m/s)

风速/m·s^{-1} 分析结果	A:理论谱	B:实测谱	$\dfrac{\|B-A\|}{A}\times 100\%$
主梁跨中竖向位移 RMS 值/m	0.074 5	0.128 1	71.9%
主梁跨中横向位移 RMS 值/m	0.006 5	0.013 4	106.2%

续 表

风速/m·s⁻¹　　分析结果	A：理论谱	B：实测谱	$\frac{\|B-A\|}{A}\times100\%$
主梁跨中扭转角 RMS 值/(°)	0.023 0	0.050 5	119.6%
塔顶顺桥向位移 RMS 值/m	0.024 4	0.042 2	72.8%
塔顶横桥向位移 RMS 值/m	0.005 9	0.009 0	51.5%

2.5.1.3 空间相关性的影响

空间相关性是影响桥梁抖振响应的一个重要因素。不论是风洞试验还是试验桥现场，很少对空间相关性进行测量。《公路桥梁抗风设计规范》指出衰减因子 λ 的范围为 $7\sim20$，抗风设计中一般偏保守地取为 $\lambda=7$。

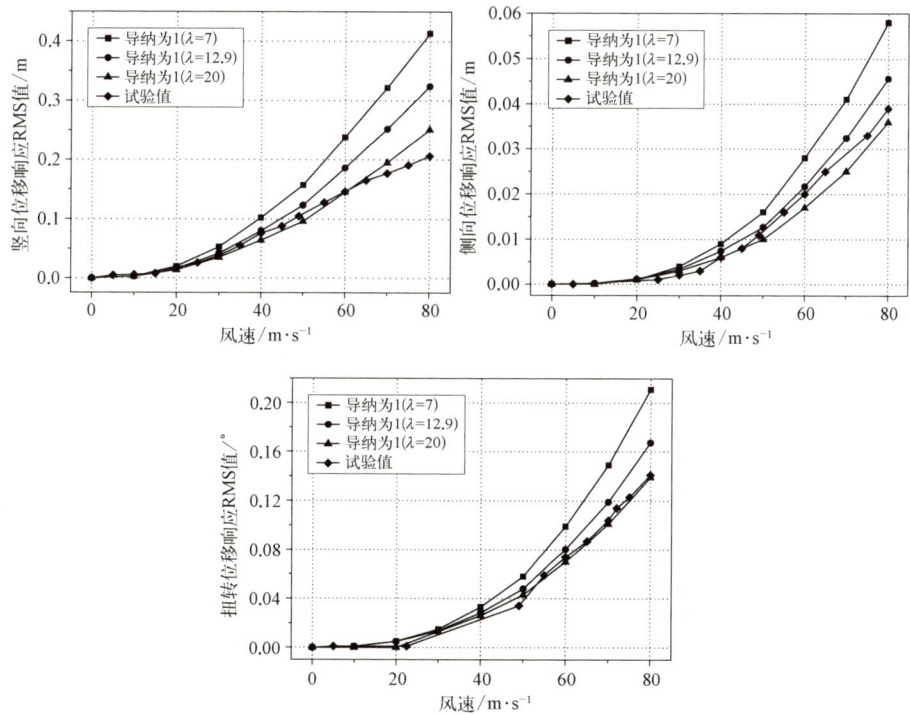

图 2-22　主梁跨中抖振位移响应 RMS 值比较

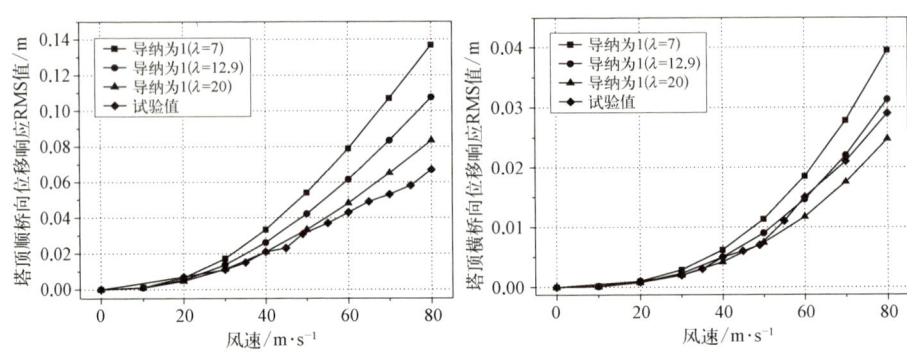

图 2-23 塔顶抖振位移响应 RMS 值比较

在杭州湾跨海大桥风洞试验中,对风洞空间相关性进行了测量研究,并在风场模拟时分别将衰减因子 λ 取为实测值、7 以及 20,探讨了空间相关性对抖振响应的影响。

表 2-10 空间相关系数对斜拉桥抖振位移响应的影响($U=50$ m/s)

	A：20	B：12.9	C：7	$\dfrac{\|B-A\|}{A}\times 100\%$	$\dfrac{\|C-A\|}{A}\times 100\%$
主梁跨中竖向位移 RMS 值/m	0.096 0	0.123 0	0.157 0	28.1%	63.5%
主梁跨中横向位移 RMS 值/m	0.010 0	0.012 7	0.016 0	27.0%	60.0%
主梁跨中扭转角 RMS 值/(°)	0.043 0	0.047 9	0.058 0	11.4%	34.9%
塔顶顺桥向位移 RMS 值/m	0.007 4	0.009 0	0.011 3	21.6%	52.7%
塔顶横桥向位移 RMS 值/m	0.096 0	0.123 0	0.157 0	28.1%	63.5%

空间相关系数对主梁跨中和塔顶抖振位移 RMS 响应影响较大。以主

梁跨中竖向抖振位移 RMS 值为例,在 50 m/s 的设计风速下,λ 为 7 所对应的抖振响应为 0.157 0 m,分别比 λ 为 12.9,20 及风洞试验结果大 28.1%、63.5% 和 49.0%,且随着风速的增加,差别也将继续增加。

2.5.1.4 气动导纳的影响

自从 Sears 在 40 年代建立了气动导纳概念之后,抖振分析都是在准定常非常理论基础上以 Sears 函数气动导纳函数为计算准则的,但是在实际工程中发现,真实的抖振响应与预测值之间存在无法忽视的误差,但这种误差究竟有多大,计入 Sears 函数对桥梁各分量响应(如主梁竖向、侧向、扭转 RMS 响应)的影响是否有所差异,本书也将进行研究。

图 2-24 和图 2-25 分别给出了考虑与不考虑气动导纳时主梁跨中和

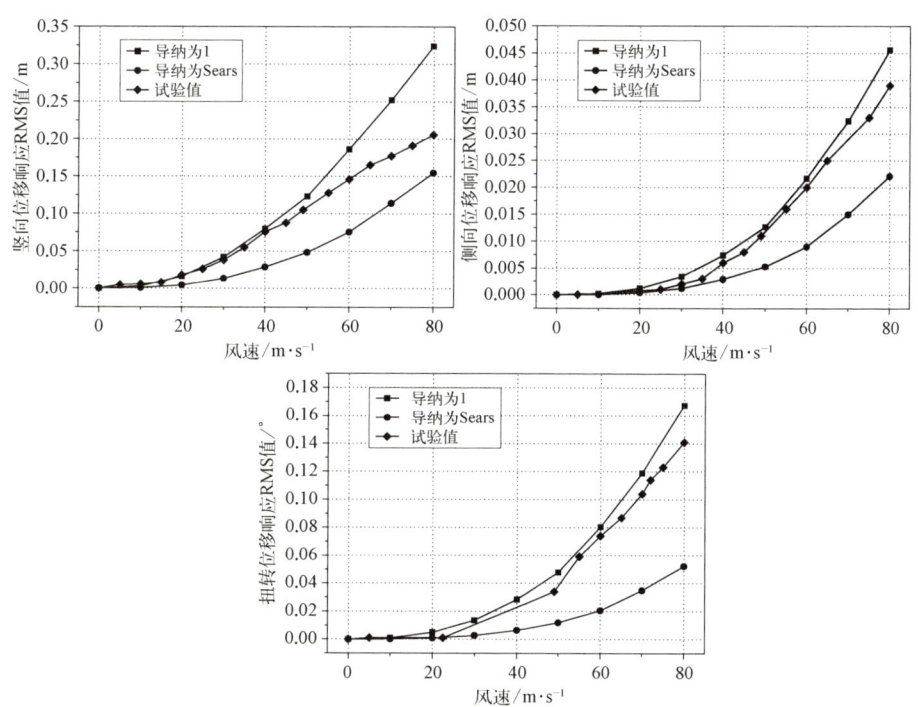

图 2-24 考虑和不考虑气动导纳时主梁跨中抖振位移响应 RMS 值比较

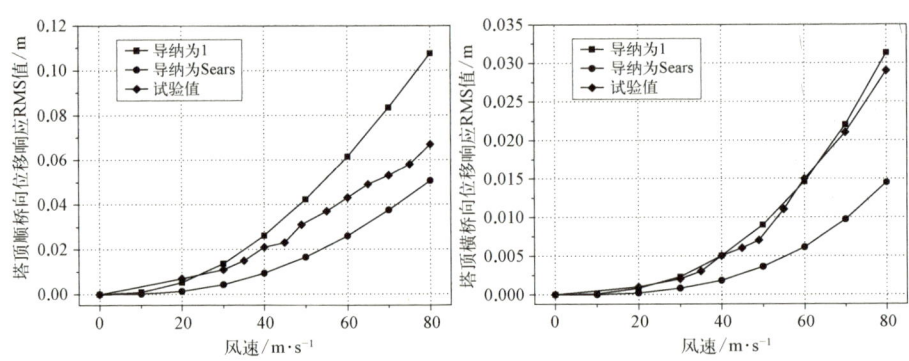

图 2-25　考虑和不考虑气动导纳时塔顶抖振位移响应 RMS 值比较

塔顶的抖振响应结果。从图可见，① 采用 Sears 气动导纳函数所得到主梁跨中抖振位移 RMS 计算值比导纳为 1 所得 RMS 计算值和风洞试验结果均较小，因此，抗风设计中采用 Sears 气动导纳函数将得到偏危险的结果。② 计入 Sears 函数对桥梁各分量响应（如主梁竖向、侧向、扭转 RMS 响应）的影响有所差异，相对于主梁跨中竖向及侧向抖振位移 RMS 值，采用 Sears 气动导纳函数所得扭转抖振位移 RMS 值比导纳为 1 所得 RMS 计算值和试验值小的更多。表 2-11 列出了 50 m/s 设计风速时两种情况的比较。图 2-26 给出了空间相关系数及 Sears 气动导纳函数对主梁抖振位移 RMS 值沿桥跨的变化影响对比图。

表 2-11　气动导纳对斜拉桥抖振位移响应的影响 ($U=50$ m/s)

	A：气动导纳为 Sears 函数	B：气动导纳为 1	$\dfrac{\lvert B-A \rvert}{A}\times 100\%$
主梁跨中竖向位移 RMS 值/m	0.048 3	0.123 0	154.7%
主梁跨中横向位移 RMS 值/m	0.005 3	0.012 7	139.6%
主梁跨中扭转角 RMS 值/(°)	0.011 9	0.047 9	302.5%
塔顶顺桥向位移 RMS 值/m	0.016 6	0.042 2	154.6%
塔顶横桥向位移 RMS 值/m	0.003 6	0.009 0	150.0%

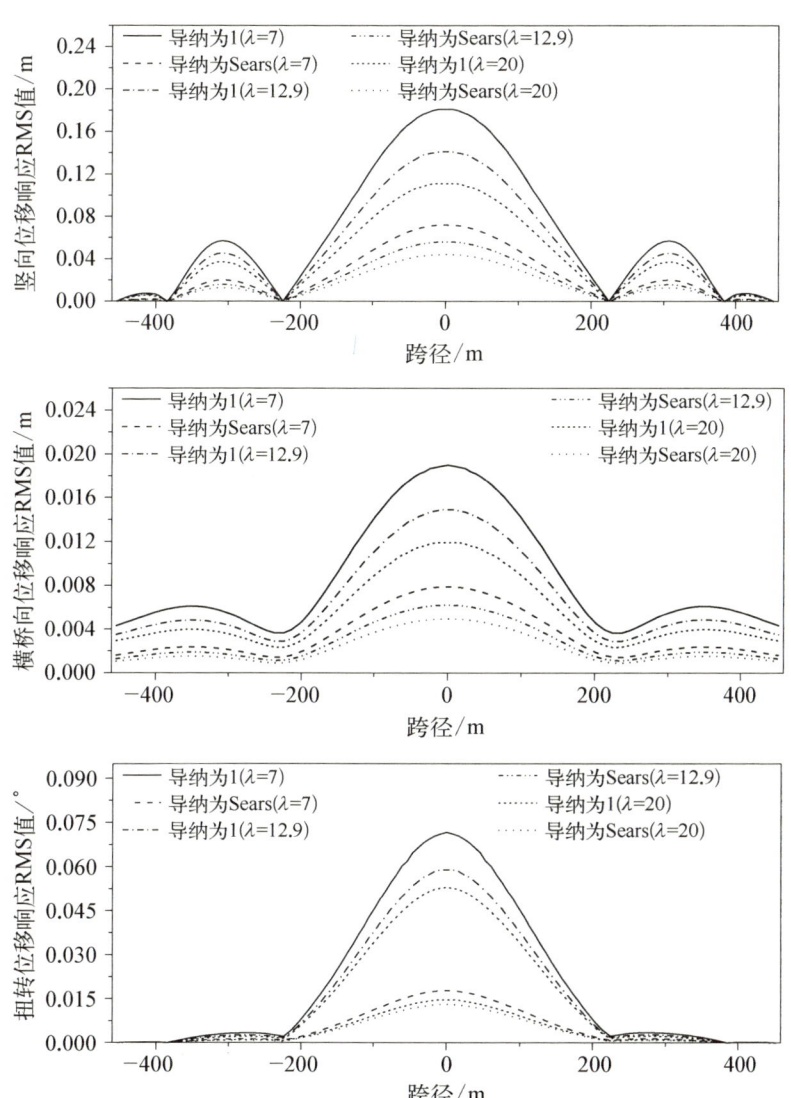

图 2‑26 主梁抖振位移 RMS 值沿桥跨的变化($U_d = 49$ m/s)

2.5.2 风载内力试验与分析

在杭州湾跨海大桥全桥气弹模型的成桥状态、最长单悬臂、最大双悬臂状态的风洞试验中,在桥塔的塔柱根部,布设了动态应变片(应变片布置位置示意见图2-27),对风载内力进行了测量。

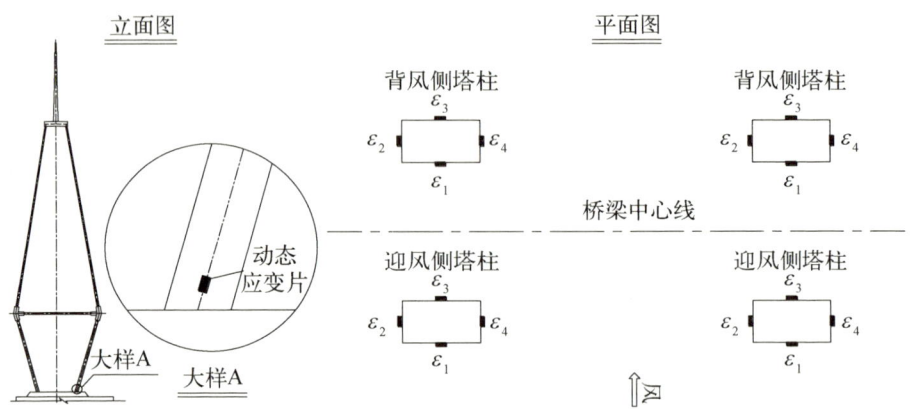

图2-27 应变片布置示意图

在全桥气弹模型设计中,除需满足几何外形的相似外,还应满足雷诺数、弗洛德数、密度比、柯西数及阻尼比无量纲参数的一致性条件,根据以上相似原则,可导出表2-12相应的相似系数。

表2-12 全桥模型与实桥的相似关系($n=100$)

相似参数	相似参数	相似关系	相似参数	相似参数	相似关系
长　度	C_L	$1/n$	弯曲刚度	C_{EJ}	$1/n^5$
面　积	C_F	$1/n^2$	自由扭转刚度	C_{GJ}	$1/n^5$
密　度	C_ρ	1	风　速	C_V	$1/\sqrt{n}$
单位质量	C_m	$1/n^2$	频　率	C_f	$\sqrt{n}$
单位质量惯矩	C_I	$1/n^4$	时　间	C_t	$1/\sqrt{n}$
拉伸刚度	C_{EF}	$1/n^3$	对数衰减率	C_δ	1

全桥气弹模型与实桥刚度相似,体系也完全相同,风荷载也相似,因此,气弹模型不仅位移响应相似,内力响应也应该相似。轴力和弯矩相似系数可以通过相似理论的量纲分析法以及表2-12已有的相似系数求得,$C_N=1/n^3$,$C_M=1/n^4$。

由测定的应变可以换算得到模型的轴力和弯矩,然后再乘以相似系数就可以得到实桥塔柱根部的轴力和弯矩。

$$N = \frac{1}{4}E \cdot a \cdot b(\varepsilon_1 + \varepsilon_2 + \varepsilon_3 + \varepsilon_4) \cdot n^3 \quad (2-55)$$

$$\left. \begin{aligned} M_{横桥向} &= \frac{1}{12}E \cdot a \cdot b^2(\varepsilon_3 - \varepsilon_1) \cdot n^4 \\ M_{顺桥向} &= \frac{1}{12}E \cdot a \cdot b^2(\varepsilon_4 - \varepsilon_2) \cdot n^4 \end{aligned} \right\} \quad (2-56)$$

式中,E 为塔柱钢芯梁的弹性模量,取 2.1×10^{11} Pa,a、b 为钢芯梁断面的长和宽,ε_i 为动态应变片测得的轴向应变,几何缩尺比 $n = 100$。

2.5.2.1 斜拉桥静风荷载计算方法研究

随着斜拉桥跨度的不断增加,斜拉索越来越长,在静风荷载作用下斜拉索在整个索、塔及主梁体系中的参与程度越来越显著。目前在斜拉桥静风分析中,拉索的模拟一般都处理成一个索单元,斜拉索风速采用斜拉索中心点处的平均高度风速,计算整根斜拉索的风荷载,然后将斜拉索上的风荷载平均分配到斜拉索的两个端部节点。这种计算模式与实际静风作用模式有所差异。本节将对斜拉索静风作用下的计算模式进行研究,一种计算模式采用传统的斜拉索静风计算模式,另一种计算模式为在建立有限元模型时,将斜拉索分成多段来考虑,风荷载直接作用在斜拉索的节点上。

成桥状态、最长单悬臂状态和最大单悬臂状态下静风作用引起的迎风侧和背风侧塔根横桥向弯矩随风速的变化情况如图 2-28 所示,由图 2-28 可知,① 斜拉索的计算模式对计算结果影响较大,将风荷载作用到斜拉索分段节点上的计算结果与试验值较为吻合,而将风荷载作用在未分段的斜拉索计算结果偏大。② 静风作用下迎风侧与背风侧的塔根横向弯矩计算值相差很小,而迎风侧与背风侧塔根横向弯矩试验值总体上虽较为吻

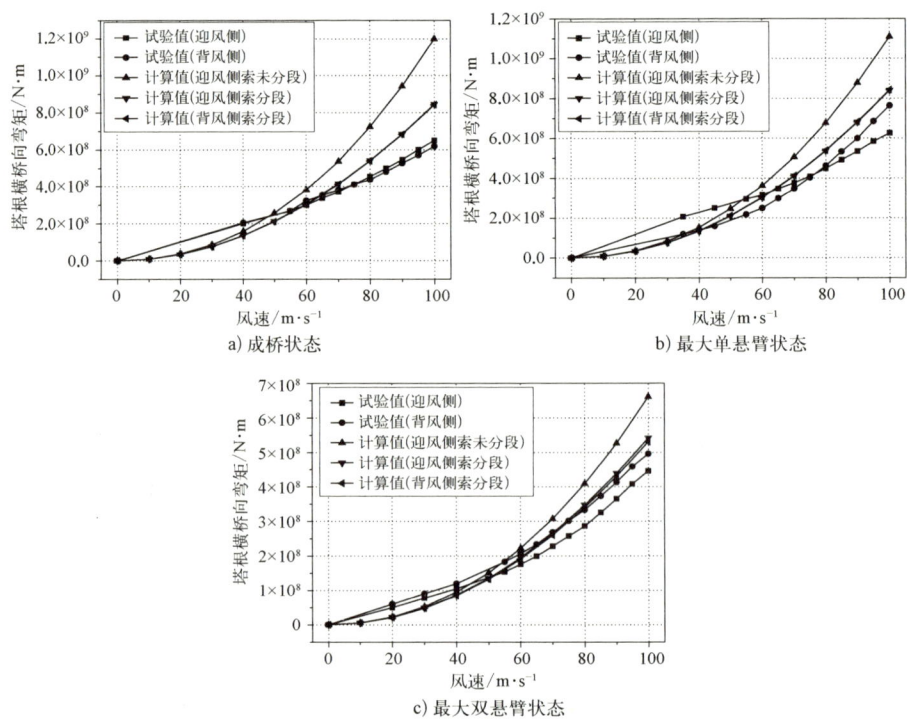

图 2-28 不同状态下塔根横桥向静风弯矩对比

合,但存在一定的偏差。③ 三种状态下塔根静风引起的横桥向弯矩在低风速下试验值大于计算值,风速在 50 m/s 至 60 m/s 之间,二者非常接近,风速大于 60 m/s 时,计算值大于试验值。总体而言,最大双悬臂状态下计算值与试验值始终吻合较好。

2.5.2.2 抖振风载内力对比研究

桥梁抖振内力计算与量测是大跨桥梁抗风设计中的一项重要课题。目前计算抖振引起的桥梁内力通常采用的方法是：首先计算结构由抖振引起的等效静风荷载,然后通过静力分析计算结构在该等效静风荷载作用下产生的抖振内力。本节尝试直接采用抖振时域分析方法计算大跨桥梁的抖振内力。

图 2-29 给出了仅考虑主梁上的脉动风、同时考虑主梁和桥塔上的脉动风、同时考虑主梁和斜拉索上的脉动风以及同时考虑主梁、桥塔和斜拉索上的脉动风时塔根顺桥向、横桥向弯矩 RMS 值随风速的变化以及和试验值对比情况。从图可以看出,① 考虑与未考虑桥塔和斜拉索上的脉动风对塔顶顺桥向弯矩 RMS 值几乎没有影响,且计算值明显大于试验值。② 考虑斜拉索上的脉动风对塔根横桥向弯矩 RMS 值有影响,但影响不大。③ 考虑桥塔上的脉动风对塔根横桥向弯矩 RMS 值影响显著。④ 同时考虑主梁、桥塔和斜拉索上的脉动风时的塔根横桥向弯矩 RMS 值计算值与试验值在低风速下吻合较好,但随着风速的增加,二者差距逐渐增大。而仅考虑主梁上的脉动风时的塔根横桥向弯矩 RMS 计算值明显小于风洞试验值,这说明斜拉桥抖振响应分析时若忽略了桥塔和斜拉索上的抖振荷载,将得到偏危险的结果。

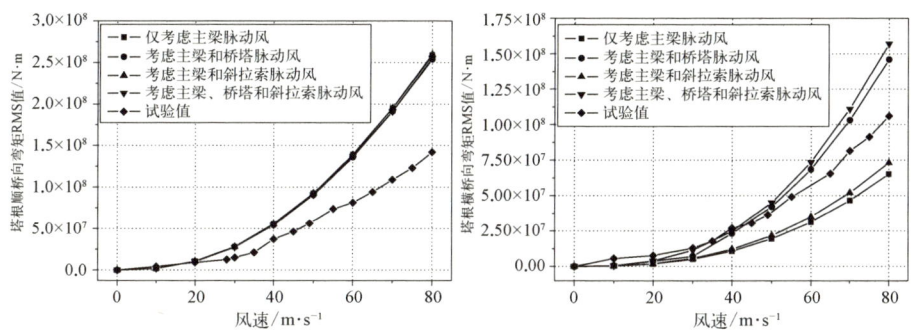

图 2-29 桥塔脉动风、斜拉索脉动风对塔根弯矩响应 RMS 值的影响

空间相关系数以及 Sears 气动导纳函数对塔根弯矩响应 RMS 值的影响见图 2-30,可以看出空间相关性及 Sears 气动导纳函数对塔根弯矩响应 RMS 值的影响规律与其对主梁跨中抖振位移 RMS 值和塔顶抖振位移 RMS 值的影响规律一致,在此不再赘述。

图 2-31 给出了最长单悬臂、最大双悬臂状态下迎风侧塔根顺桥向弯矩响应 RMS 值随风速的变化情况以及成桥状态、最长单悬臂、最大双悬臂

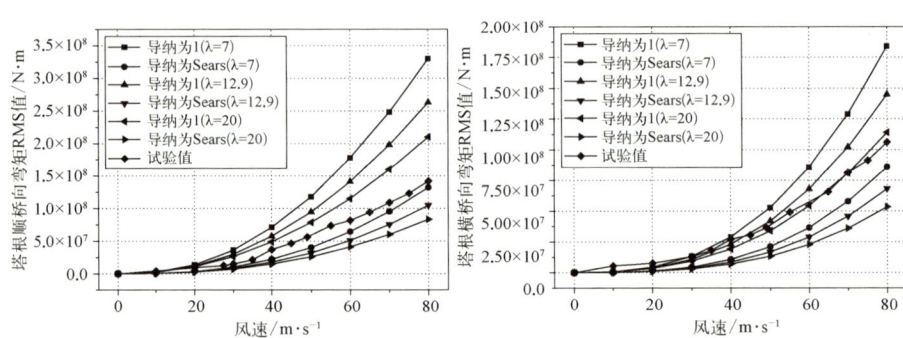

图 2‑30 空间相关系数以及 Sears 气动导纳函数对塔根弯矩响应 RMS 值的影响

状态下迎风侧塔根横桥向弯矩响应 RMS 值随风速的变化情况。由图可知，① 对于塔根横桥向弯矩 RMS 值，计算结果与试验值较为吻合，尤其在最大双悬臂状态下风速低于 45 m/s 时，计算值与试验值吻合较好。② 不论是塔根横桥向弯矩 RMS 计算值还是试验值，三种状态下数值均相差很小。

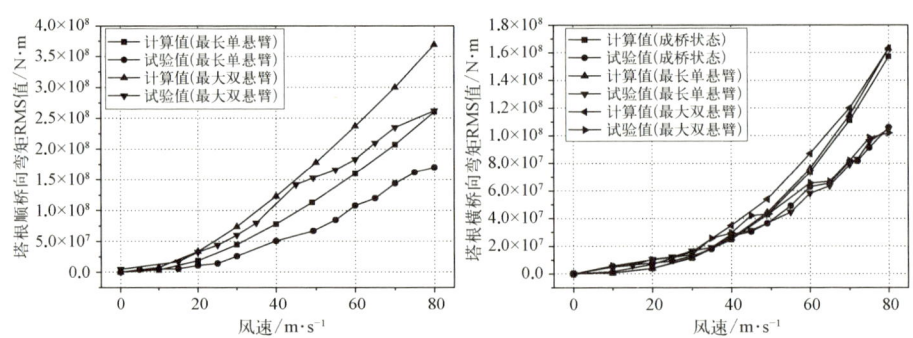

图 2‑31 塔根弯矩响应 RMS 值比较

设计基准风速 $U_d = 49$ m/s 时仅考虑主梁上的脉动风与同时考虑主梁、桥塔和斜拉索上的脉动风的桥塔弯矩响应 RMS 值沿塔柱 h 变化对比情况见图 2‑32，可以看出考虑桥塔和斜拉索上的脉动风对桥塔迎风塔柱弯矩影响显著。成桥状态、最长单悬臂、最大双悬臂状态下在施工阶段设计基准风速 $U_d = 41.2$ m/s 下桥塔顺桥向矩响应 RMS 计算值沿塔柱 h 变

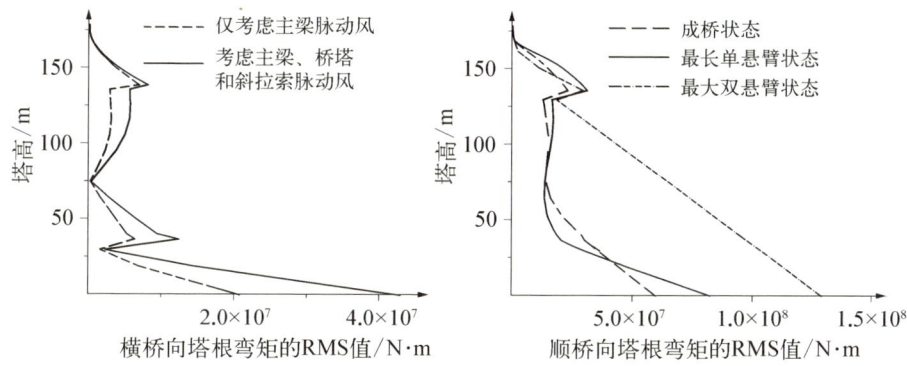

图 2-32 桥塔弯矩响应 RMS 值沿塔柱的变化

化对比情况见图 2-32,最大双悬臂塔根弯矩计算值(试验值)分别为成桥状态的 2.26(2.99)倍及最长单悬臂状态的 1.58(2.26)倍,为抗风最不利状态。

2.6 本章小结

本章首先采用改进的谐波合成方法实现了适合于大跨度桥梁三维空间脉动风场的模拟,风场模拟时采用了风洞中实测的紊流风速谱。空间相关性是影响桥梁抖振响应的一个重要因素,在杭州湾跨海大桥风洞试验中,对风洞空间相关性进行了测量研究,并在风场模拟时将衰减因子取为实测值。其次,介绍了风荷载的处理问题。将风荷载处理为静力风荷载、抖振力、自激力三部分。其中,静风力荷载根据节段模型试验获得的静力三分力系数确定;抖振力荷载按 Scanlan 的准定常气动公式计算,并考虑了气动导纳的修正;自激力的计算采用 Lin 提出的脉冲响应函数表达的气动力公式,并进行重点论述。再次,讨论了在风荷载作用下桥梁结构的非线性颤抖振响应计算问题。采用鱼骨梁式模型建立大跨度桥梁的有限元杆系计算模型,全面考虑了结构的几何非线性和气动非线性影响,并简要介绍了结构几何非线性分析方法和非线性动力平衡方程的求解策略。然后结合本章的非线性颤抖振时程分析方法，编制了相应的非线性动力计算程序，分别采用了不同的数值算例验证了该程序的正确性和可靠性。结合杭州湾跨海大桥，进行了风载响应分析。从杭州湾跨海大桥的风洞试验以及风载响应分析中得出以下几点结论：

1. 风洞模拟紊流场的空间相关性在不同风速以及不同间距 D 时存在一定的差异且随着风速的增加，衰减因子 λ 总体上不断增大。

2. 考虑斜拉索上脉动风的主梁跨中横向抖振位移响应明显大于不考虑斜拉索上脉动风的响应；考虑斜拉索上的脉动风对塔顶横桥向抖振位移 RMS 值有影响，但影响不大；考虑桥塔抖振效应会显著增大桥塔的横桥向抖振响应。

3. 不论是位移还是内力，采用 Sears 气动导纳函数所得到抖振响应 RMS 计算值比导纳为 1 所得 RMS 计算值和风洞试验结果均较小，因此，抗风设计中采用 Sears 气动导纳函数将得到偏危险的结果。此外还发现 Sears 气动导纳函数对桥梁各分量响应（如主梁竖向、侧向及扭转 RMS 响应）的影响有所差异。

4. 导纳为 1 且 λ 取风洞实测值时，抖振响应 RMS 计算值整体上较风洞试验结果略偏大但与风洞试验结果吻合较好，相对于抖振内力，抖振位移与风洞实测结果吻合的更好，尤其是主梁跨中侧向、扭转抖振位移 RMS 值及塔顶横桥向抖振位移 RMS 值。因此，笔者建议在暂时没有合适气动导纳函数的情况下，抗风设计中以导纳为 1 且 λ 取实测值时为控制值。

5. 空间相关系数对抖振响应影响显著，采用风洞实测的相关系数得到的抖振响应比采用《公路桥梁抗风设计规范》建议相关系数所得抖振响应平均小约 20% 且与风洞试验结果较为吻合，所以要正确预测抖振响应，空间相关性的实测是一个重要的方面。

6. 斜拉索的计算模式对计算结果影响较大，将风荷载作用到斜拉索分段节点上的计算结果与试验值较为吻合,而将风荷载作用在未分段的斜拉索计算结果偏大。

7. 静风作用下迎风侧与背风侧的塔根弯矩试验值存在一定偏差,整体上较为吻合。紊流作用下迎风侧与背风侧的塔根弯矩 RMS 计算值与试验值均吻合很好,即静风及紊流作用下迎风侧与背风侧的塔根弯矩响应差别不大。

8. 成桥状态、最长单悬臂、最大双悬臂状态下相同风速下塔根横桥向弯矩响应的 RMS 值相差很小,而对于塔根顺桥向弯矩 RMS 值,最大双悬臂塔根弯矩远远大于成桥状态和最长单悬臂状态,为抗风最不利状态,施工时有必要采取一定的抗风措施。

第3章
风—汽车系统相互作用研究

汽车空气动力学是汽车工程与空气动力学相结合的交叉学科,主要研究空气围绕汽车外部及进入汽车内部的流动特性。汽车的空气动力特性直接影响到汽车的燃油经济性、动力、高速操作稳定性、受到侧风作用行驶稳定性、发动机和制动器的冷却、风的噪声等。空气与汽车之间复杂的相互作用,对汽车的行驶状态影响很大,特别是随着现代汽车行驶速度不断提高,侧风作用下汽车的行驶安全问题变得十分突出。

为研究灾害天气对行车安全的影响,获得典型车辆在各种路况下的安全行车标准,首要任务就是对现有车辆的类型进行合理划分。在对国家现行以及即将施行的汽车行业新标准[151-152]进行了相关的分析后,并从气动稳定性角度考虑将道路行驶车辆笼统地分为三类:小型汽车(如基本型乘用车)、大型汽车(如大型客车或大型厢式货车等)和微型汽车(如乘用车中的交叉型车),并分别选择三类车型中的代表车辆进行风洞试验,以获得典型车辆的气动力系数。

采用一个更加合理的、符合实际并能较全面考虑众多因素的侧风作用下车辆动力分析模型[89],在考虑路面粗糙度和车辆悬挂系统的基础上,能够预测行驶在路面上的车辆突然受到侧向阵风的安全性。探讨了路面粗糙度、车辆悬挂系统以及干、湿、雪、冰等主要路面状况对行车安全的影响,获得了侧风作用下典型车辆的安全行车风速标准。此外,通过计算得到侧风作用下行驶在道路上典型车辆驾驶员位置处的竖向和侧向加速度响应,采用国际标准(ISO2631,1978)的 1/3 倍频带法对车辆的驾驶舒适性进行评价,并对路面粗糙度、平均风速以及车速对车辆驾驶舒适性的影响进行了研究。

3.1 车型分类及汽车模型风洞气动力测量试验研究

3.1.1 车型分类

为了使侧风作用下汽车的行驶安全研究更具普遍意义,首要的任务就是对现有车辆的类型进行合理的划分,力争能够涵盖不同车型的侧风作用下车辆行车安全问题。

车辆的道路行驶稳定性与车型大小、动力和负载等因素有关,从气动稳定性角度考虑通常将道路行驶车辆笼统地分为三类:小型车汽车(如基本型乘用车)、大型汽车(如大型客车或大型厢式货车等)和微型汽车(如乘用车中的交叉型车——中国一汽佳宝)。以基本型乘用车为代表的小型汽车因侧向面积小、发动机前置和重心低而行驶稳定性最佳;大型客车或厢式货车由于侧向面积大且重心偏高而易受大风影响,尤其在空载状态下很容易发生侧倾事故;微型汽车因为质量小、重心高而且侧向面积大,在大风中的行驶稳定性较差。基于车辆对侧风的敏感性将初步选择如下几种车型进行研究,主要包括:基本型乘用车(代表车型:SANTANA)、交叉型乘用车(代表车型:一汽佳宝)、轻型商用客车(代表车型:金杯海狮)、大型商用客车(代表车型:北方奔驰)、轻型商用货车(代表车型:北铃-奥铃)、大型厢式商用货车(代表车型:车长 12 m 以上的厢式货车)。当然,车辆行驶稳定性还与行驶速度、路面条件等有关。车型分类除考虑车辆形体因素，还将考虑不同轮轴自由度的情况，即车型划分兼顾两轴和多轴的情况。

3.1.2 汽车模型风洞空气动力学试验方法

汽车模型风洞试验是现代汽车空气动力学和汽车工业优化设计的重要手段，风洞试验的方法包括：气动力测量试验、汽车模型表面压力和尾流区压力测量试验和流迹显示试验。

在同济大学 TJ-1 风洞中，对桑塔纳、长型箱式货车和一汽佳宝的车模进行了风洞试验，以获得典型车辆的气动力系数，车辆的气动力和气动力矩系数的方向定义见图 3-1，气动力系数的定义如表 3-1 所示。

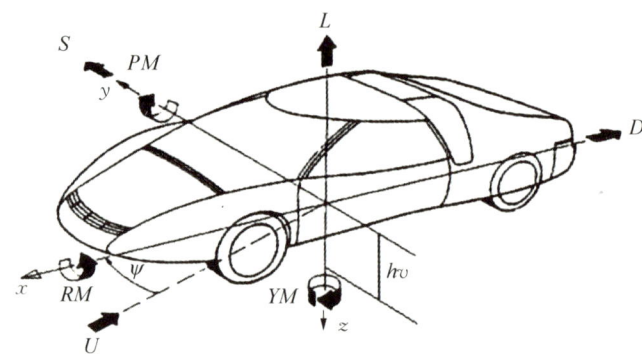

图 3-1 汽车模型空气动力学坐标系统

表 3-1 气动力系数定义式

C_D	阻力系数	$D/(1/2\rho U^2 A_f)$
C_S	侧力系数	$S/(1/2\rho U^2 A_f)$
C_L	升力系数	$L/(1/2\rho U^2 A_f)$
C_R	滚转(侧倾)力矩系数	$RM/(1/2\rho U^2 A_f h_v)$
C_P	仰俯力矩系数	$PM/(1/2\rho U^2 A_f h_v)$
C_Y	偏航(横摆)力矩系数	$YM/(1/2\rho U^2 A_f h_v)$

注：A_f 为车体侧向投影面积。

3.1.3 汽车模型风洞空气动力学试验与气动力系数修正

由于风洞固壁边界层的影响,汽车模型气动力系数的测试结果与实际路面行驶时的情形不同,尽管当风洞阻塞比小于5%时,边界层影响带来的测试误差较小,但在汽车模型风洞试验中仍需按照SAE[14,84]推荐的方法加以修正。风洞边界层干扰主要表现在三个方面:阻塞效应、地面边界层和水平浮力,以下分别说明相应的修正方法。

3.1.3.1 阻塞效应的考虑

阻塞效应可分为固壁阻塞和尾流阻塞效应,其总体效果都相当于使风洞来流风速增加,即计算气动力系数时,动压修正值为

$$q_c = q_\infty (1 + \varepsilon_s + \varepsilon_w)^2 \tag{3-1}$$

设 C 为风洞试验段截面积,那么

$$q_c = q_\infty \left\{ 1 + \frac{A}{C} \frac{5}{4} C_{Dm} + \left[\frac{1}{2} \tau \Lambda \left(\frac{V_M}{V_T} \right)^{3/2} \right] \right\}^2 \tag{3-2}$$

式中,$\Lambda = l/\sqrt{A}$ 为模型长细比因子(A 为模型正投影面积),τ 为风洞形状因子,与风洞宽度和高度有关。TJ-1汽车模型风洞的形状因子为 $\tau = 0.92$,V_M 为模型体积,$V_T = Cl$,为风洞在模型长度段的控制容积,C_{Dm} 为阻(侧)力系数的测量值。

根据表3-1中阻(侧)力系数的定义,从式(3-2)能够得到阻(侧)力系数的阻塞效应修正量为

$$\Delta C_{DB} = C_{DB} - C_{Dm} = C_{Dm} \left(\frac{q_\infty}{q_c} - 1 \right) \tag{3-3}$$

3.1.3.2 地面边界层修正

汽车模型风洞中的地面边界层由气流沿地板稳定发展而形成,与车辆在路面行驶的实际路面边界层相比,风洞地面边界层通常要厚得多。通常地面边界层的厚度用位移厚度 δ^* 表征,实际路面边界层的厚度基本为零,因此,实际的汽车底部的无粘或高速流动在风洞模拟中受到了地面边界层的限制,气动力系数的测量也随之产生误差。目前较理想的和最常用的路面模拟技术就是所谓的基础抽吸和移动带技术,然而,在实验室内模拟零边界层厚度的技术还不现实,汽车风洞(从模型风洞到实车风洞)的边界层位移厚度 δ^* 一般在 10 mm 以内。

实验证明,随着边界层厚度的增加,阻力系数测量值减小,在 $\delta^* = 0 \sim 10$ mm 范围内,阻力系数与边界层位移厚度之间基本呈线性递减的关系,线性递减系数的大小主要与汽车底盘的高度有关,底盘越低,线性递减系数越大。对普通车型而言,线性递减系数取为 0.002 mm^{-1} 可以得到满意的修正结果,如果将位移厚度 δ^* 修正到零,那么阻(侧)力系数的边界位移厚度修正量为

$$\Delta C_{DG} = C_{DG} - C_{Dm} = 0.002 \cdot \delta^* \qquad (3-4)$$

其中,C_{DG} 为边界层修正后的阻(侧)力系数。

3.1.3.3 水平浮力修正

汽车模型风洞试验的第三项阻(侧)力系数修正称为水平浮力修正。由于边界层的存在,在风洞试验段的水平方向会产生静压梯度,一般闭口风洞的静压梯度为正,开口风洞则相反。虽然风洞设计过程中考虑了减小静压梯度的技术措施,但实际上风洞的轴向静压梯度不大可能达到理想的零值。汽车模型在具有静压梯度的风洞中就像物体在水中一样会受到"浮力"作用,只不过风洞中的浮力是水平方向的。水

平浮力使得阻(侧)力系数测量值偏小(正静压梯度)或偏大(负静压梯度),其大小与汽车(模型)的体积 V 成正比,即阻(侧)力系数的水平浮力修正量为

$$\Delta C_{DH} = C_{DH} - C_{Dm} = \frac{V}{A} \cdot \frac{\mathrm{d}Cp}{\mathrm{d}x} \qquad (3-5)$$

其中, C_{DH} 为水平浮力修正后的阻(侧)力系数,静压梯度系数 $\frac{\mathrm{d}Cp}{\mathrm{d}x} \approx 0.008$。

3.1.3.4 试验结果

在考虑以上修正后,得到了桑塔纳、长型箱式货车和一汽佳宝的气动力系数如下(图3-2—图3-4):

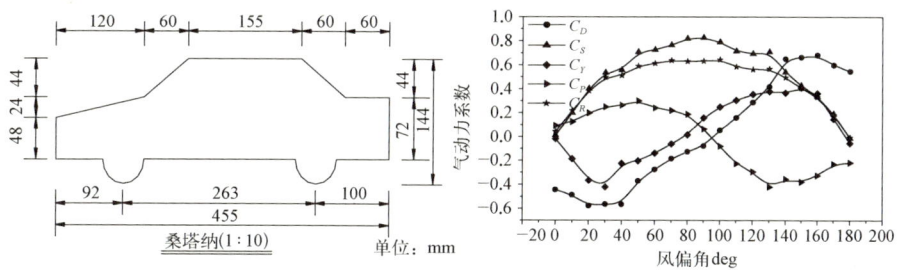

图3-2 桑塔纳模型及其气动力系数

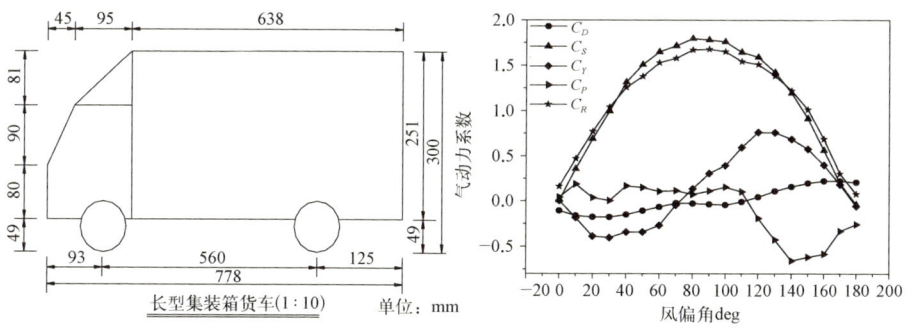

图3-3 箱式货车模型及其气动力系数

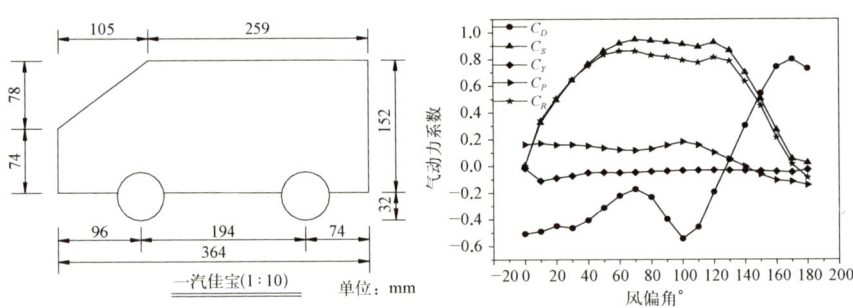

图 3-4 一汽佳宝模型及其气动力系数

3.2 风—汽车系统振动分析理论

车辆行驶时，由于路面粗糙度、曲线通过或外荷载作用（如风、地震等），车辆系统的组成构件间会产生各种力和位移的动力相互作用，车辆的振动还会引起车辆和道路或桥梁的相互作用。选用合理的分析模型，预测并评价车辆的动力响应及运行稳定性是车辆系统动力学的本质内容。本章针对两轴四轮、三轴六轮车辆，并且考虑车辆轮胎与地面之间侧向位移的独立自由度[89]，分别建立了 17 个和 23 个自由度的空间分析模型，建立了车辆系统的运动方程。

3.2.1 路面粗糙度模型

路面粗糙度是影响车辆和桥梁动力响应的一个重要因素。路面粗糙度可表达为功率谱密度函数的随机过程模拟。以下是由 Dodds 和 Robson[31]提出的供公路路面粗糙度使用的 PSD 函数：

$$\left. \begin{array}{l} S(\bar{\phi}) = A_r \left(\dfrac{\bar{\phi}}{\bar{\phi}_0} \right)^{-w1}, \bar{\phi} \leqslant \bar{\phi}_0 \\ \\ S(\bar{\phi}) = A_r \left(\dfrac{\bar{\phi}}{\bar{\phi}_0} \right)^{-w2}, \bar{\phi} \geqslant \bar{\phi}_0 \end{array} \right\} \quad (3-6)$$

式中，$S(\bar{\phi})$ 为路面粗糙高度的 PSD 函数（m^3/cycle）；$\bar{\phi}$ 为分散频率（cycle/m）；$\bar{\phi}_0$ 为截断频率，且 $\bar{\phi}_0=1/2\pi$；A_r 为粗糙系数，其值由路况确定，ISO 组织的规范分别针对于非常好、好和一般的路面粗糙程度取用粗糙度系数 A_r 的值分别为 5×10^{-6} m^3/cycle、20×10^{-6} m^3/cycle、80×10^{-6} m^3/cycle；指数 $w1$、$w2$ 取值范围从 $1.36\sim2.28$。

路面粗糙度假设为零均值平稳高斯随机过程，因此可以用逆傅立叶变换产生。

$$r_x = \sum_{k=1}^{N}\sqrt{2S(\bar{\phi}_k)\Delta\bar{\phi}}\cos(2\pi\bar{\phi}_k x+\theta_k) \quad (3-7)$$

θ_k 为从 $0\sim2\pi$ 均匀分布的随机相位。

图 3-5 给出了模拟的路面粗糙度为非常好的路面粗糙度样本，图 3-6 给出了模拟的粗糙度样本功率谱与目标谱对比情况，可以看出二者吻合较好。

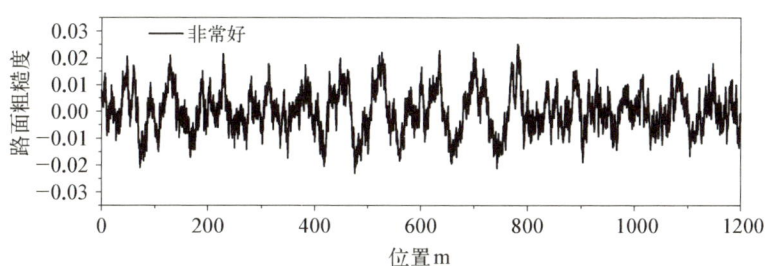

图 3-5 路面粗糙度样本

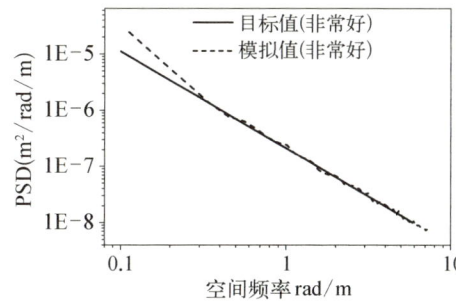

图 3-6 路面粗糙度功率谱密度函数

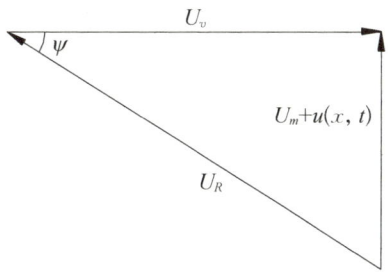

图 3-7 风速与车辆相对速度示意图

3.2.2 车辆所受风荷载

假定风速 U_m 垂直于道路的纵轴,车辆以恒定速度 U_v 行进,则风速与车辆的相对速度 U_R 及偏角 ψ 可以表示为

$$U_R = \sqrt{(U_m + u(x,t))^2 + U_v^2} \tag{3-8}$$

$$\psi = \text{arctg}\left[\frac{U_m + u(x,t)}{U_v}\right] \tag{3-9}$$

式中,$u(x,t)$ 为 t 时刻作用于车辆上的紊流风。

则作用于车辆上的气动力和气动力矩为

$$F_x = \frac{1}{2}\rho U_R^2 C_D(\psi) A_f \tag{3-10}$$

$$F_y = \frac{1}{2}\rho U_R^2 C_S(\psi) A_f \tag{3-11}$$

$$F_z = \frac{1}{2}\rho U_R^2 C_L(\psi) A_f \tag{3-12}$$

$$M_x = \frac{1}{2}\rho U_R^2 C_R(\psi) A_f h_v \tag{3-13}$$

$$M_y = \frac{1}{2}\rho U_R^2 C_P(\psi) A_f h_v \tag{3-14}$$

$$M_z = \frac{1}{2}\rho U_R^2 C_Y(\psi) A_f h_v \tag{3-15}$$

式中,F_x、F_y、F_z、M_x、M_y、M_z 为作用于车体质心的阻力、侧力、升力、倾覆力矩、翻转力矩、偏转力矩;$C_D(\psi)$、$C_S(\psi)$、$C_L(\psi)$、$C_R(\psi)$、$C_P(\psi)$、$C_Y(\psi)$ 为车辆的阻力系数、侧力系数、升力系数、滚转(侧倾)力矩系数、俯仰力矩系数和偏航(横摆)力矩系数。

3.2.3 车辆分析模型

由于研究对象、目的和运行条件的不同,很难建立一个通用的精确模型来研究所有的车辆动力学问题。合理的分析模型能适当地体现车辆系统的振动特点,又不显著地增加计算工作量。车辆动力学模型中通常将车体、车轴、车轮等视作刚体,刚体之间通过弹性元件和阻尼元件相互连接。通常根据车辆悬挂系统及研究内容的特点确定车辆系统的自由度。

3.2.3.1 车辆悬挂系统

车辆在不平顺的路面或桥面上运行时,其运行的平稳性是通过由弹性元件和减振器组成的弹簧悬挂系统来保证的。弹簧阻尼系统通常布置于车体和车轮之间(上层)或车轮与路面接触点之间(下层)。

3.2.3.2 车辆自由度的选取

对于两轴四轮车辆,整个车辆可以分成 5 个刚体部件:1 个车体、4 个车轮,刚体之间通过弹性元件和阻尼元件相互连接(如图 3-8 所示)。每个车轮对具有 2 个独立的自由度:横移和竖移。单一的刚体在空间具有 6 个自由度,当车辆匀速直线前进时,车体及车轮沿车辆运行方向的振动(伸缩)对桥梁的竖向及横向振动几乎无影响,可忽略不计各刚体沿车体运动方向的自由度,此时车体具有五个自由度:横移、浮沉、侧滚、点头及摇头。为了研究车辆突然受到侧风引起的驾驶方向偏离,将车辆轮胎与地面之间的侧向位移作为独立自由度[89]。车辆的总的独立自由度个数为 17,并可以表示如下:

$$\{v_v\} = \{Z_V \ Y_V \ \theta_V \ \phi_V \ \varphi_V \ Z_{s1} \ Y_{s1} \ Z_{s2} \ Y_{s2} \ Z_{s3} \ Y_{s3} \ Z_{s4} \ Y_{s4} \ Y_{c1} \ Y_{c2} \ Y_{c3} \ Y_{c4}\}$$

式中,$Y_{c1} \ Y_{c2} \ Y_{c3} \ Y_{c4}$ 为每个轮胎的侧向位移。

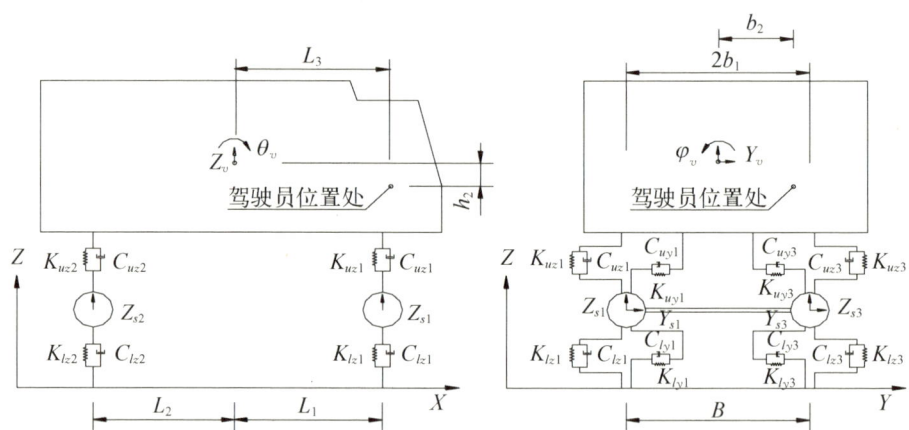

图3-8 考虑侧滑运动的两轴车辆动力分析模型

对于三轴六轮车辆,整个车辆可以分成7个刚体部件:1个车体、6个车轮,并考虑车辆轮胎与地面之间的侧向位移的6个独立自由度,三轴六轮车辆的总的独立自由度个数为23个,并可以表示如下:

$\{v_v\} =$
$\{Z_V \ Y_V \ \theta_V \ \phi_V \ \varphi_V \ Z_{s1} \ Y_{s1} \ Z_{s2} \ Y_{s2} \ Z_{s3} \ Y_{s3} \ Z_{s4} \ Y_{s4} \ Z_{s5} \ Y_{s5} \ Z_{s6} \ Y_{s6} \ Y_{c1} \ Y_{c2} \ Y_{c3} \ Y_{c4} \ Y_{c5} \ Y_{c6}\}$

式中,$Y_{c1} \ Y_{c2} \ Y_{c3} \ Y_{c4} \ Y_{c5} \ Y_{c6}$ 为每个轮胎的侧向位移。

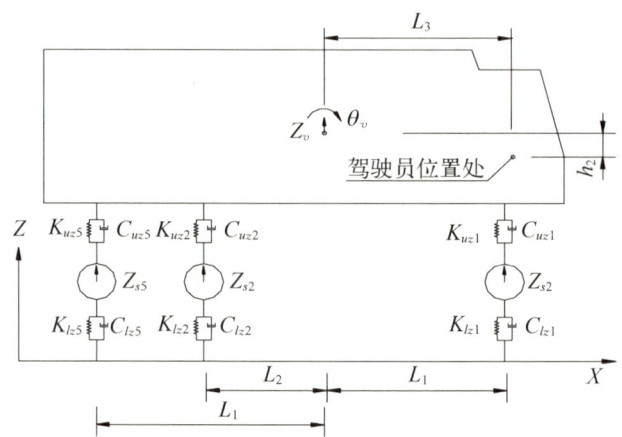

图3-9 考虑侧滑运动的三轴车辆动力分析模型

3.2.4 车辆运动方程

3.2.4.1 基本假定

为建立车辆运动方程,作如下假定:

1) 车辆沿线路作等速运动,纵向动力作用可忽略;
2) 弹簧悬挂系统均为线性;
3) 阻尼系统为黏性阻尼;
4) 车辆各构件对各自质心左右、前后对称;
5) 车辆各构件在各自平衡位置附近作小位移振动。

3.2.4.2 变量及含义

3.2.4.2.1 位移参数

如前所述,两轴车辆共 17 个自由度:

四个车轮(各两个自由度): Z_{s1}, Y_{s1}, Z_{s2}, Y_{s2}, Z_{s3}, Y_{s3}, Z_{s4}, Y_{s4}

为考虑车辆的侧滑,车轮与路面接触点侧向独立自由度: Y_{c1}, Y_{c2}, Y_{c3}, Y_{c4}

一个车体(五自由度): Z_V, Y_V, θ_V, ϕ_V, φ_V

上述符号中,Y 表示横摆振动,Z 表示浮沉振动,θ 表示点头振动(绕 Y 轴),ϕ 表示侧滚振动(绕 X 轴),φ 表示摇头振动(绕 Z 轴)。

3.2.4.2.2 质量参数

与 17 个自由度相对应的质量及质量惯矩参数如下:

四个车轮: M_{s1}, M_{s2}, M_{s3}, M_{s4}

四个车轮与路面接触点质量: M_{c1}, M_{c2}, M_{c3}, M_{c4},通常为 0

一个车体: M_v, J_{xv}, J_{yv}, J_{zv}

上述符号中,M,J 分别表示构件的质量及质量惯矩;下标 x,y,z 分别表示纵向、横向和竖向。

3.2.4.2.3 几何参数

表征车辆系统中各构件与弹簧及阻尼元件间相对位置的几何参数如下：

L_1——车体质心到后车轴距离

L_2——车体质心到前车轴距离

L_3——车体质心到驾驶员位置距离

b_1——车轮横向间距之半

b_2——车体质心到驾驶员位置横向距离

h_1——车体质心到中央（横向）弹簧上平面的垂向高度

h_2——车体质心到驾驶员位置垂向距离

h_v——车体质心到地面距离

3.2.4.2.4 刚度参数

对于二系悬挂车辆系统，其刚度参数如下：

上层悬挂系统：K_{uz1}，K_{uz2}，K_{uz3}，K_{uz4}，K_{uy1}，K_{uy2}，K_{uy3}，K_{uy4}

下层悬挂系统：K_{lz1}，K_{lz2}，K_{lz3}，K_{lz4}，K_{ly1}，K_{ly2}，K_{ly3}，K_{ly4}

上述符号中，下标 u、l 分别表示上层悬挂系统及下层悬挂系统。

3.2.4.2.5 阻尼参数

与刚度参数相对应的阻尼参数如下：

上层悬挂系统：C_{uz1}，C_{uz2}，C_{uz3}，C_{uz4}，C_{uy1}，C_{uy2}，C_{uy3}，C_{uy4}

下层悬挂系统：C_{lz1}，C_{lz2}，C_{lz3}，C_{lz4}，C_{ly1}，C_{ly2}，C_{ly3}，C_{ly4}

3.2.4.3 两轴车车体运动方程

车体 Y 方向的运动平衡方程为

$$M_V \ddot{Y}_V + C_{uy1}(\dot{Y}_V + h_1 \dot{\phi}_V + L_1 \dot{\varphi}_V - \dot{Y}_{s1}) + C_{uy2}(\dot{Y}_V + h_1 \dot{\phi}_V - L_2 \dot{\varphi}_V - \dot{Y}_{s2})$$
$$+ C_{uy3}(\dot{Y}_V + h_1 \dot{\phi}_V + L_1 \dot{\varphi}_V - \dot{Y}_{s3}) + C_{uy4}(\dot{Y}_V + h_1 \dot{\phi}_V - L_2 \dot{\varphi}_V - \dot{Y}_{s4})$$

$$+ K_{uy1}(Y_V + h_1\phi_V + L_1\varphi_V - Y_{s1}) + K_{uy2}(Y_V + h_1\phi_V - L_2\varphi_V - Y_{s2})$$
$$+ K_{uy3}(Y_V + h_1\phi_V + L_1\varphi_V - Y_{s3}) + K_{uy4}(Y_V + h_1\phi_V - L_2\varphi_V - Y_{s4}) = F_{VYW}$$
$$(3-16)$$

车体 Z 方向的运动平衡方程为

$$M_V \ddot{Z}_V + C_{uz1}(\dot{Z}_V - L_1\dot{\theta}_V - b_1\dot{\phi}_V - \dot{Z}_{s1}) + C_{uz2}(\dot{Z}_V + L_2\dot{\theta}_V - b_1\dot{\phi}_V - \dot{Z}_{s2})$$
$$+ C_{uz3}(\dot{Z}_V - L_1\dot{\theta}_V + b_1\dot{\phi}_V - \dot{Z}_{s3}) + C_{uz4}(\dot{Z}_V + L_2\dot{\theta}_V + b_1\dot{\phi}_V - \dot{Z}_{s4})$$
$$+ K_{uz1}(Z_V - L_1\theta_V - b_1\phi_V - Z_{s1}) + K_{uz2}(Z_V + L_2\theta_V - b_1\phi_V - Z_{s2})$$
$$+ K_{uz3}(Z_V - L_1\theta_V + b_1\phi_V - Z_{s3}) + K_{uz4}(Z_V + L_2\theta_V + b_1\phi_V - Z_{s4}) = F_{VZW}$$
$$(3-17)$$

车体绕 X 方向的运动平衡方程为

$$J_{XV}\ddot{\phi}_V - C_{uz1}(\dot{Z}_V - L_1\dot{\theta}_V - b_1\dot{\phi}_V - \dot{Z}_{s1})b_1 - C_{uz2}(\dot{Z}_V + L_2\dot{\theta}_V - b_1\dot{\phi}_V - \dot{Z}_{s2})b_1$$
$$+ C_{uz3}(\dot{Z}_V - L_1\dot{\theta}_V + b_1\dot{\phi}_V - \dot{Z}_{s3})b_1 + C_{uz4}(\dot{Z}_V + L_2\dot{\theta}_V + b_1\dot{\phi}_V - \dot{Z}_{s4})b_1$$
$$- K_{uz1}(Z_V - L_1\theta_V - b_1\phi_V - Z_{s1})b_1 - K_{uz2}(Z_V + L_2\theta_V - b_1\phi_V - Z_{s2})b_1$$
$$+ K_{uz3}(Z_V - L_1\theta_V + b_1\phi_V - Z_{s3})b_1 + K_{uz4}(Z_V + L_2\theta_V + b_1\phi_V - Z_{s4})b_1$$
$$+ C_{uy1}(\dot{Y}_V + h_1\dot{\phi}_V + L_1\dot{\varphi}_V - \dot{Y}_{s1})h_1 + C_{uy2}(\dot{Y}_V + h_1\dot{\phi}_V - L_2\dot{\varphi}_V - \dot{Y}_{s2})h_1$$
$$+ C_{uy3}(\dot{Y}_V + h_1\dot{\phi}_V + L_1\dot{\varphi}_V - \dot{Y}_{s3})h_1 + C_{uy4}(\dot{Y}_V + h_1\dot{\phi}_V - L_2\dot{\varphi}_V - \dot{Y}_{s4})h_1$$
$$+ K_{uy1}(Y_V + h_1\phi_V + L_1\varphi_V - Y_{s1})h_1 + K_{uy2}(Y_V + h_1\phi_V - L_2\varphi_V - Y_{s2})h_1$$
$$+ K_{uy3}(Y_V + h_1\phi_V + L_1\varphi_V - Y_{s3})h_1 + K_{uy4}(Y_V + h_1\phi_V - L_2\varphi_V - Y_{s4})h_1 = M_{VXW}$$
$$(3-18)$$

车体绕 Y 方向的运动平衡方程为

$$J_{YV}\ddot{\theta}_V - C_{uz1}(\dot{Z}_V - L_1\dot{\theta}_V - b_1\dot{\phi}_V - \dot{Z}_{s1})L_1 + C_{uz2}(\dot{Z}_V + L_2\dot{\theta}_V - b_1\dot{\phi}_V - \dot{Z}_{s2})L_2$$
$$- C_{uz3}(\dot{Z}_V - L_1\dot{\theta}_V + b_1\dot{\phi}_V - \dot{Z}_{s3})L_1 + C_{uz4}(\dot{Z}_V + L_2\dot{\theta}_V + b_1\dot{\phi}_V - \dot{Z}_{s4})L_2$$
$$- K_{uz1}(Z_V - L_1\theta_V - b_1\phi_V - Z_{s1})L_1 + K_{uz2}(Z_V + L_2\theta_V - b_1\phi_V - Z_{s2})L_2$$

$$-K_{uz3}(Z_V-L_1\theta_V+b_1\phi_V-Z_{s3})L_1+K_{uz4}(Z_V+L_2\theta_V+b_1\phi_V-Z_{s4})L_2=M_{VYW}$$
(3-19)

车体绕 Z 方向的运动平衡方程为

$$J_{ZV}\ddot{\varphi}_V+C_{uy1}(\dot{Y}_V+h_1\dot{\phi}_V+L_1\dot{\varphi}_V-\dot{Y}_{s1})L_1-C_{uy2}(\dot{Y}_V+h_1\dot{\phi}_V-L_2\dot{\varphi}_V-\dot{Y}_{s2})L_2$$

$$+C_{uy3}(\dot{Y}_V+h_1\dot{\phi}_V+L_1\dot{\varphi}_V-\dot{Y}_{s3})L_1-C_{uy4}(\dot{Y}_V+h_1\dot{\phi}_V-L_2\dot{\varphi}_V-\dot{Y}_{s4})L_2$$

$$+K_{uy1}(Y_V+h_1\phi_V+L_1\varphi_V-Y_{s1})L_1-K_{uy2}(Y_V+h_1\phi_V-L_2\varphi_V-Y_{s2})L_2$$

$$+K_{uy3}(Y_V+h_1\phi_V+L_1\varphi_V-Y_{s3})L_1-K_{uy4}(Y_V+h_1\phi_V-L_2\varphi_V-Y_{s4})L_2=M_{VZW}$$
(3-20)

3.2.4.4 两轴车车轮运动方程

前轴左侧刚体在 Z 方向和 Y 方向的运动方程为

$$M_{s1}\ddot{Y}_{s1}-C_{uy1}(\dot{Y}_V+h_1\dot{\phi}_V+L_1\dot{\varphi}_V-\dot{Y}_{s1})-K_{uy1}(Y_V+h_1\phi_V+L_1\varphi_V-Y_{s1})$$

$$+C_{ly1}(\dot{Y}_{s1}-\dot{Y}_{c1})+K_{ly1}(Y_{s1}-Y_{c1})=0 \tag{3-21}$$

$$M_{s1}\ddot{Z}_{s1}-C_{uz1}(\dot{Z}_V-L_1\dot{\theta}_V-b_1\dot{\phi}_V-\dot{Z}_{s1})-K_{uz1}(Z_V-L_1\theta_V-b_1\phi_V-Z_{s1})$$

$$+C_{lz1}(\dot{Z}_{s1}-\dot{Z}_{c1})+K_{lz1}(Z_{s1}-Z_{c1})=0 \tag{3-22}$$

后轴左侧刚体在 Z 方向和 Y 方向的运动方程为

$$M_{s2}\ddot{Y}_{s2}-C_{uy2}(\dot{Y}_V+h_1\dot{\phi}_V-L_2\dot{\varphi}_V-\dot{Y}_{s2})-K_{uy2}(Y_V+h_1\phi_V-L_2\varphi_V-Y_{s2})$$

$$+C_{ly2}(\dot{Y}_{s2}-\dot{Y}_{c2})+K_{ly2}(Y_{s2}-Y_{c2})=0 \tag{3-23}$$

$$M_{s2}\ddot{Z}_{s2}-C_{uz2}(\dot{Z}_V+L_2\dot{\theta}_V-b_1\dot{\phi}_V-\dot{Z}_{s2})-K_{uz2}(Z_V+L_2\theta_V-b_1\phi_V-Z_{s2})$$

$$+C_{lz2}(\dot{Z}_{s2}-\dot{Z}_{c2})+K_{lz2}(Z_{s2}-Z_{c2})=0 \tag{3-24}$$

前轴右侧刚体在 Z 方向和 Y 方向的运动方程为

$$M_{s3}\ddot{Y}_{s3} - C_{uy3}(\dot{Y}_V + h_1\dot{\phi}_V + L_1\dot{\varphi}_V - \dot{Y}_{s3}) - K_{uy3}(Y_V + h_1\phi_V + L_1\varphi_V - Y_{s3})$$
$$+ C_{ly3}(\dot{Y}_{s3} - \dot{Y}_{c3}) + K_{ly3}(Y_{s3} - Y_{c3}) = 0 \tag{3-25}$$

$$M_{s3}\ddot{Z}_{s3} - C_{uz3}(\dot{Z}_V - L_1\dot{\theta}_V + b_1\dot{\phi}_V - \dot{Z}_{s3}) - K_{uz3}(Z_V - L_1\theta_V + b_1\phi_V - Z_{s3})$$
$$+ C_{lz3}(\dot{Z}_{s3} - \dot{Z}_{c3}) + K_{lz3}(Z_{s3} - Z_{c3}) = 0 \tag{3-26}$$

后轴右侧刚体在 Z 方向和 Y 方向的运动方程为

$$M_{s4}\ddot{Y}_{s4} - C_{uy4}(\dot{Y}_V + h_1\dot{\phi}_V - L_2\dot{\varphi}_V - \dot{Y}_{s4}) - K_{uy4}(Y_V + h_1\phi_V - L_2\varphi_V - Y_{s4})$$
$$+ C_{ly4}(\dot{Y}_{s4} - \dot{Y}_{c4}) + K_{ly4}(Y_{s4} - Y_{c4}) = 0 \tag{3-27}$$

$$M_{s4}\ddot{Z}_{s4} - C_{uz4}(\dot{Z}_V + L_2\dot{\theta}_V + b_1\dot{\phi}_V - \dot{Z}_{s4}) - K_{uz4}(Z_V + L_2\theta_V + b_1\phi_V - Z_{s4})$$
$$+ C_{lz4}(\dot{Z}_{s4} - \dot{Z}_{c4}) + K_{lz4}(Z_{s4} - Z_{c4}) = 0 \tag{3-28}$$

在方程(3-22)、方程(3-24)、方程(3-26)和方程(3-28)中，$Z_{ci}(i=1, 2, \cdots, 4)$ 为已知量不是独立的自由度，表示第 i 个轮胎接触处的路面粗糙度，首先假定路面竖向表面轮廓的粗糙度不至于使车辆发生跳车或离开行驶表面，因此，任一个接触点的竖向位移、速度和加速度可以由路面粗糙度表示：

$$Z_{ci} = r_{ci}(x) \tag{3-29}$$

$$\dot{Z}_{ci} = \frac{\partial r_{ci}(x)}{\partial x} U_V \tag{3-30}$$

$$\ddot{Z}_{ci} = \frac{\partial^2 r_{ci}(x)}{\partial^2 x} U_V^2 \tag{3-31}$$

式中，$r_{ci}(x)$ 为对应于第 i 个接触点的路面粗糙度。

然后通过判断下层悬挂系统 $K_{lzi}(Z_{si}-Z_{ci})$ 是否出现拉力，如果路面与桥梁保持接触的话则 $K_{lzi}(Z_{si}-Z_{ci})$ 不会出现拉力，当 $K_{lzi}(Z_{si}-Z_{ci})$ 为拉力，表示车轮脱空，车轮施加给路面的力置为 0。

3.2.4.5 两轴车车轮与路面接触处运动方程

每个轮胎在 Y 方向运动平衡条件满足

$$M_{ci}\ddot{Y}_{ci} + C_{lyi}(\dot{Y}_{ci} - \dot{Y}_{si}) + K_{lyi}(Y_{ci} - Y_{si}) = F_{hi} \quad (i = 1, 2, \cdots, 4)$$

(3 - 32)

式中，$F_{hi}(i=1,2,\cdots,4)$ 为第 i 个轮胎与路面的侧向接触力，即轮胎侧滑力。

轮胎侧滑力可以由竖向力近似表示

$$F_{hi} = -m\left(\frac{\dot{Y}_{ci}}{U_V} + \delta\right)F_{vi} \quad (i = 1, 3)$$

(3 - 33a)

$$F_{hi} = -m\frac{\dot{Y}_{ci}}{U_V}F_{vi} \quad (i = 2, 4)$$

(3 - 33b)

式中，m 为侧滑摩擦系数，负号表示侧滑力始终抵抗轮胎相对于路面的侧向运动；F_{vi} 为第 i 个轮胎与路面的竖向接触力；δ 为驾驶角度，即前轮与车轴线的角度。驾驶角度的引入主要是为了考虑驾驶员的驾驶行为。将式(3 - 33)代入式(3 - 32)可得到

$$M_{ci}\ddot{Y}_{ci} + \left(C_{lyi} + m\frac{F_{vi}}{U_V}\right)\dot{Y}_{ci} - C_{lyi}\dot{Y}_{si} + K_{lyi}(Y_{ci} - Y_{si}) = -\delta m F_{vi} \quad (i = 1, 3)$$

(3 - 34a)

$$M_{ci}\ddot{Y}_{ci} + \left(C_{lyi} + m\frac{F_{vi}}{U_V}\right)\dot{Y}_{ci} - C_{lyi}\dot{Y}_{si} + K_{lyi}(Y_{ci} - Y_{si}) = 0 \quad (i = 2, 4)$$

(3 - 34b)

竖向力由下式得到

$$F_{vi} = M_{ci}\ddot{Z}_{ci} + C_{lzi}(\dot{Z}_{ci} - \dot{Z}_{si}) + K_{lzi}(Z_{ci} - Z_{si}) + F_{Gi} \quad (i = 1, 2, \cdots, 4)$$

(3 - 35)

式中，$F_{Gi}(i=1,2,\cdots,4)$ 为第 i 个轮胎分担的重力，可以通过下式进行计算

$$F_{Gi} = M_V g \frac{L_2}{2(L_1+L_2)} + (M_{si}+M_{ci})g \quad (i=1,3) \quad (3-36)$$

$$F_{Gi} = M_V g \frac{L_1}{2(L_1+L_2)} + (M_{si}+M_{ci})g \quad (i=2,4) \quad (3-37)$$

方程(3-16)至方程(3-28)和方程(3-34)为以恒定速度行驶在道路上突然受到侧风的车辆运动控制方程。方程(3-34)为非线性方程主要是由于作用于每个轮胎的接触力依赖于方程(3-35)所表示的车辆未知运动。因此，每一个时间步必须需要进行迭代求解，直到阻尼系数 mF_{vi}/U_v 满足收敛为止[89]。

若车辆的两个前轮或后轮之间由一个刚臂相连，则风车系统运动控制方程数目由 17 个缩减为 15 个。

$$Y_{s1} = Y_{s3} \quad (3-38)$$

$$Y_{s2} = Y_{s4} \quad (3-39)$$

3.2.4.6 三轴车车体运动方程

车体 Y 方向的运动平衡方程为

$$\begin{aligned}
& M_V \ddot{Y}_V + C_{uy1}(\dot{Y}_V + h_1\dot{\phi}_V + L_1\dot{\varphi}_V - \dot{Y}_{s1}) + C_{uy2}(\dot{Y}_V + h_1\dot{\phi}_V - L_2\dot{\varphi}_V - \dot{Y}_{s2}) \\
& + C_{uy3}(\dot{Y}_V + h_1\dot{\phi}_V + L_1\dot{\varphi}_V - \dot{Y}_{s3}) + C_{uy4}(\dot{Y}_V + h_1\dot{\phi}_V - L_2\dot{\varphi}_V - \dot{Y}_{s4}) \\
& + C_{uy5}(\dot{Y}_V + h_1\dot{\phi}_V - L_4\dot{\varphi}_V - \dot{Y}_{s5}) + C_{uy6}(\dot{Y}_V + h_1\dot{\phi}_V - L_4\dot{\varphi}_V - \dot{Y}_{s6}) \\
& + K_{uy1}(Y_V + h_1\phi_V + L_1\varphi_V - Y_{s1}) + K_{uy2}(Y_V + h_1\phi_V - L_2\varphi_V - Y_{s2}) \\
& + K_{uy3}(Y_V + h_1\phi_V + L_1\varphi_V - Y_{s3}) + K_{uy4}(Y_V + h_1\phi_V - L_2\varphi_V - Y_{s4}) \\
& + K_{uy5}(Y_V + h_1\phi_V - L_4\varphi_V - Y_{s5}) + K_{uy6}(Y_V + h_1\phi_V - L_4\varphi_V - Y_{s6}) = F_{VYW}
\end{aligned}$$

$$(3-40)$$

车体 Z 方向的运动平衡方程为

$$M_V \ddot{Z}_V + C_{uz1}(\dot{Z}_V - L_1\dot{\theta}_V - b_1\dot{\phi}_V - \dot{Z}_{s1}) + C_{uz2}(\dot{Z}_V + L_2\dot{\theta}_V - b_1\dot{\phi}_V - \dot{Z}_{s2})$$
$$+ C_{uz3}(\dot{Z}_V - L_1\dot{\theta}_V + b_1\dot{\phi}_V - \dot{Z}_{s3}) + C_{uz4}(\dot{Z}_V + L_2\dot{\theta}_V + b_1\dot{\phi}_V - \dot{Z}_{s4})$$
$$+ C_{uz5}(\dot{Z}_V + L_4\dot{\theta}_V - b_1\dot{\phi}_V - \dot{Z}_{s5}) + C_{uz6}(\dot{Z}_V + L_4\dot{\theta}_V + b_1\dot{\phi}_V - \dot{Z}_{s6})$$
$$+ K_{uz1}(Z_V - L_1\theta_V - b_1\phi_V - Z_{s1}) + K_{uz2}(Z_V + L_2\theta_V - b_1\phi_V - Z_{s2})$$
$$+ K_{uz3}(Z_V - L_1\theta_V + b_1\phi_V - Z_{s3}) + K_{uz4}(Z_V + L_2\theta_V + b_1\phi_V - Z_{s4})$$
$$+ K_{uz5}(Z_V + L_4\theta_V - b_1\phi_V - Z_{s5}) + K_{uz6}(Z_V + L_4\theta_V + b_1\phi_V - Z_{s6}) = F_{VZW}$$
$$(3-41)$$

车体绕 X 方向的运动平衡方程为

$$J_{XV}\ddot{\phi}_V - C_{uz1}(\dot{Z}_V - L_1\dot{\theta}_V - b_1\dot{\phi}_V - \dot{Z}_{s1})b_1 - C_{uz2}(\dot{Z}_V + L_2\dot{\theta}_V - b_1\dot{\phi}_V - \dot{Z}_{s2})b_1$$
$$+ C_{uz3}(\dot{Z}_V - L_1\dot{\theta}_V + b_1\dot{\phi}_V - \dot{Z}_{s3})b_1 + C_{uz4}(\dot{Z}_V + L_2\dot{\theta}_V + b_1\dot{\phi}_V - \dot{Z}_{s4})b_1$$
$$- C_{uz5}(\dot{Z}_V + L_4\dot{\theta}_V - b_1\dot{\phi}_V - \dot{Z}_{s5})b_1 + C_{uz6}(\dot{Z}_V + L_4\dot{\theta}_V + b_1\dot{\phi}_V - \dot{Z}_{s6})b_1$$
$$- K_{uz1}(Z_V - L_1\theta_V - b_1\phi_V - Z_{s1})b_1 - K_{uz2}(Z_V + L_2\theta_V - b_1\phi_V - Z_{s2})b_1$$
$$+ K_{uz3}(Z_V - L_1\theta_V + b_1\phi_V - Z_{s3})b_1 + K_{uz4}(Z_V + L_2\theta_V + b_1\phi_V - Z_{s4})b_1$$
$$- K_{uz5}(Z_V + L_4\theta_V - b_1\phi_V - Z_{s5})b_1 + K_{uz6}(Z_V + L_4\theta_V + b_1\phi_V - Z_{s6})b_1$$
$$+ C_{uy1}(\dot{Y}_V + h_1\dot{\phi}_V + L_1\dot{\varphi}_V - \dot{Y}_{s1})h_1 + C_{uy2}(\dot{Y}_V + h_1\dot{\phi}_V - L_2\dot{\varphi}_V - \dot{Y}_{s2})h_1$$
$$+ C_{uy3}(\dot{Y}_V + h_1\dot{\phi}_V + L_1\dot{\varphi}_V - \dot{Y}_{s3})h_1 + C_{uy4}(\dot{Y}_V + h_1\dot{\phi}_V - L_2\dot{\varphi}_V - \dot{Y}_{s4})h_1$$
$$+ C_{uy5}(\dot{Y}_V + h_1\dot{\phi}_V - L_4\dot{\varphi}_V - \dot{Y}_{s5})h_1 + C_{uy6}(\dot{Y}_V + h_1\dot{\phi}_V - L_4\dot{\varphi}_V - \dot{Y}_{s6})h_1$$
$$+ K_{uy1}(Y_V + h_1\phi_V + L_1\varphi_V - Y_{s1})h_1 + K_{uy2}(Y_V + h_1\phi_V - L_2\varphi_V - Y_{s2})h_1$$
$$+ K_{uy3}(Y_V + h_1\phi_V + L_1\varphi_V - Y_{s3})h_1 + K_{uy4}(Y_V + h_1\phi_V - L_2\varphi_V - Y_{s4})h_1$$
$$+ K_{uy5}(Y_V + h_1\phi_V - L_4\varphi_V - Y_{s5})h_1 + K_{uy6}(Y_V + h_1\phi_V - L_4\varphi_V - Y_{s6})h_1 = M_{VXW}$$
$$(3-42)$$

车体绕 Y 方向的运动平衡方程为

$$J_{YV}\ddot{\theta}_V - C_{uz1}(\dot{Z}_V - L_1\dot{\theta}_V - b_1\dot{\phi}_V - \dot{Z}_{s1})L_1 + C_{uz2}(\dot{Z}_V + L_2\dot{\theta}_V - b_1\dot{\phi}_V - \dot{Z}_{s2})L_2$$
$$- C_{uz3}(\dot{Z}_V - L_1\dot{\theta}_V + b_1\dot{\phi}_V - \dot{Z}_{s3})L_1 + C_{uz4}(\dot{Z}_V + L_2\dot{\theta}_V + b_1\dot{\phi}_V - \dot{Z}_{s4})L_2$$
$$+ C_{uz5}(\dot{Z}_V + L_4\dot{\theta}_V - b_1\dot{\phi}_V - \dot{Z}_{s5})L_4 + C_{uz6}(\dot{Z}_V + L_4\dot{\theta}_V + b_1\dot{\phi}_V - \dot{Z}_{s6})L_4$$
$$- K_{uz1}(Z_V - L_1\theta_V - b_1\phi_V - Z_{s1})L_1 + K_{uz2}(Z_V + L_2\theta_V - b_1\phi_V - Z_{s2})L_2$$
$$- K_{uz3}(Z_V - L_1\theta_V + b_1\phi_V - Z_{s3})L_1 + K_{uz4}(Z_V + L_2\theta_V + b_1\phi_V - Z_{s4})L_2$$
$$+ K_{uz5}(Z_V + L_4\theta_V - b_1\phi_V - Z_{s5})L_4 + K_{uz6}(Z_V + L_4\theta_V + b_1\phi_V - Z_{s6})L_4 = M_{VYW}$$
$$(3-43)$$

车体绕 Z 方向的运动平衡方程为

$$J_{ZV}\ddot{\varphi}_V + C_{uy1}(\dot{Y}_V + h_1\dot{\phi}_V + L_1\dot{\varphi}_V - \dot{Y}_{s1})L_1 - C_{uy2}(\dot{Y}_V + h_1\dot{\phi}_V - L_2\dot{\varphi}_V - \dot{Y}_{s2})L_2$$
$$+ C_{uy3}(\dot{Y}_V + h_1\dot{\phi}_V + L_1\dot{\varphi}_V - \dot{Y}_{s3})L_1 - C_{uy4}(\dot{Y}_V + h_1\dot{\phi}_V - L_2\dot{\varphi}_V - \dot{Y}_{s4})L_2$$
$$- C_{uy5}(\dot{Y}_V + h_1\dot{\phi}_V - L_4\dot{\varphi}_V - \dot{Y}_{s5})L_4 - C_{uy6}(\dot{Y}_V + h_1\dot{\phi}_V - L_4\dot{\varphi}_V - \dot{Y}_{s6})L_4$$
$$+ K_{uy1}(Y_V + h_1\phi_V + L_1\varphi_V - Y_{s1})L_1 - K_{uy2}(Y_V + h_1\phi_V - L_2\varphi_V - Y_{s2})L_2$$
$$+ K_{uy3}(Y_V + h_1\phi_V + L_1\varphi_V - Y_{s3})L_1 - K_{uy4}(Y_V + h_1\phi_V - L_2\varphi_V - Y_{s4})L_2$$
$$- K_{uy5}(Y_V + h_1\phi_V - L_4\varphi_V - Y_{s5})L_4 - K_{uy6}(Y_V + h_1\phi_V - L_4\varphi_V - Y_{s6})L_4$$
$$= M_{VZW}$$
$$(3-44)$$

3.2.4.7 程序实现

根据前面的风-汽车相互作用理论,编制了计算车辆行车安全标准程序,该程序的计算流程见图 3-10。

该程序既可以计算给定车速时汽车发生事故的临界风速,也可以计算给定风速时汽车发生事故的临界车速。计算方法如下:计算中保持车速不变,然后通过风速的逐渐增加直到车辆的响应满足侧翻、侧滑和偏转事故的任一准则,计算中止,最后的风速为发生事故的临界风速;计算中保持风速不变,车速逐渐增加直到车辆的响应满足侧翻、侧滑和偏转事故的任一

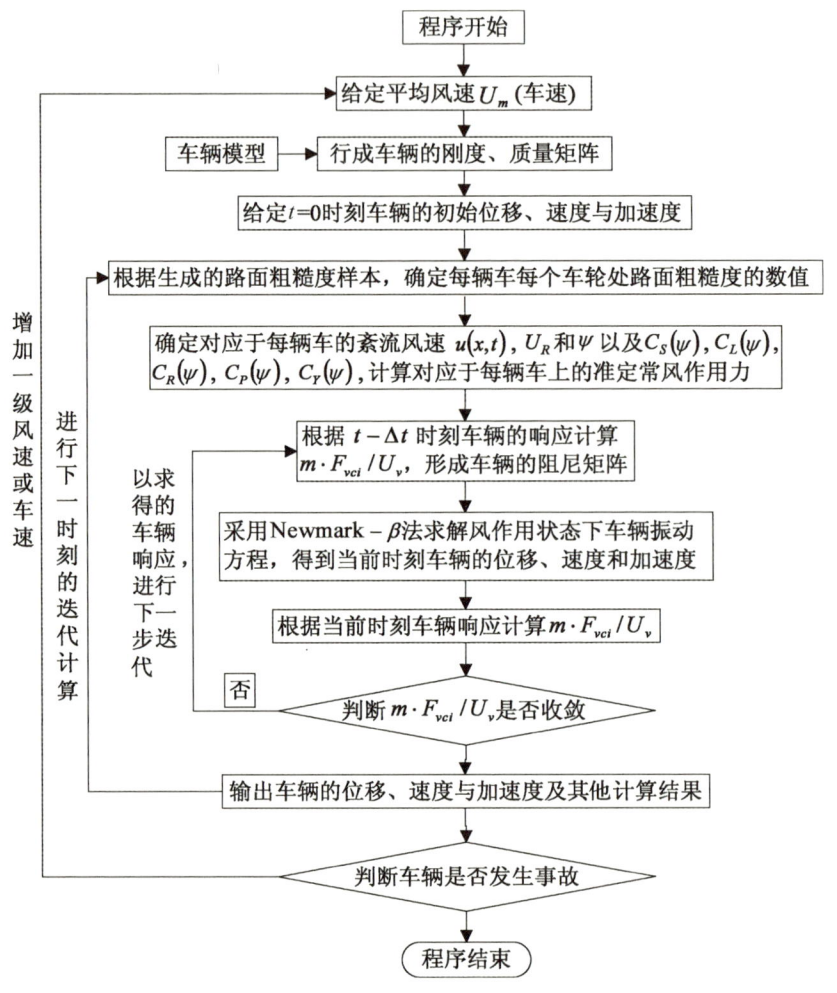

图 3-10 车辆行驶安全性分析程序框图

准则,计算中止,最后的车速为发生事故的临界车速。

3.2.5 风致车辆事故模型的建立

风致车辆事故的灾后调查表明:当车辆遭受到突发侧向阵风作用时,车辆最容易发生事故。一般情况下,车辆事故有以下三种:一为车辆发生侧翻,二为车辆发生大幅度的侧滑,三为车辆发生大幅度旋转。因此,

Baker[21,18]对车辆事故的认定进行了量化：当车辆突然受到侧风的 0.5 s 的时间内，当车辆的迎风侧的任一车轮与路面的竖向接触力为零时，就会发生侧翻事故；当车辆侧向位移超过 0.5 m 时，就会发生侧滑事故；当车辆偏转位移超过 0.2 rad 时，就会发生偏转事故。

3.2.6 汽车行驶舒适性评价方法

汽车舒适性是指行驶过程中所产生的振动与冲击不致使人体感到不舒适、疲劳甚至损害健康的性能。它是汽车各项性能中一个很重要的指标，它的好坏不仅影响到驾驶员、乘员的疲劳程度、舒适性及货物安全可靠的运输，而且也影响着汽车的燃油经济性和效率乃至安全问题。影响汽车行驶舒适性的因素是多方面的，因此对汽车行驶舒适性的评价也得十分复杂。要定量地描述舒适性能，必须包括物理的、心理的和生理的各方面的评价。到目前为止，国外各公司、试验厂和研究人员使用的是差别较大的不同评价指标和评价方法。但目前国际上采用较多的有两种评价方法：① ISO2631 标准[51]，包括 1/3 倍频带法和总的加权值评价法；② 吸收功率法。

1/3 倍频带法：许多 1/3 倍频带中对人体产生影响最大的主要是由人体感觉的振动强度最大的（折算到人体敏感频带范围以后）那一个 1/3 倍频带所造成。这个 ISO 的行驶舒适度准则是以加速度的 RMS（均方根）值来表示的，分别在竖向、横向和纵向三个方向给出了八种承受时间不同关于振动频率的函数。这个规范给出了在 1~80 Hz 振动频率范围内，人体对振动反映的 3 种不同的感觉界限。① 暴露极限：是与安全性保证有关。② 疲劳降低工效界限：是与工作效率有关的限值，用于分析像开车这样的任务。③ 舒适降低界限：它与舒适度直接相关，用于分析在车辆内的读、写和吃饭这样的活动。

本研究的最终目的是为了评价行驶于大跨度桥梁上的车辆驾驶舒适性。总的来说，车辆经过整个桥梁的时间相当短，因此，应采用疲劳降低工

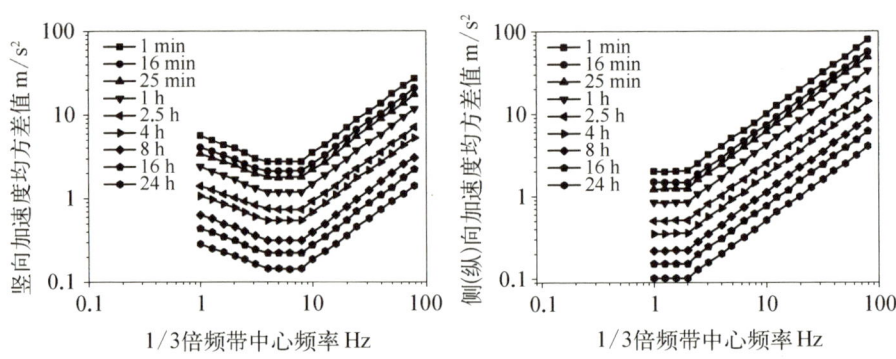

图 3-11 疲劳降低工效界限

效界限标准进行舒适度评价。为确定车辆驾驶员位置处 1/3 倍频带的加速度均方差，首先应计算得到车辆驾驶员位置处的竖向、侧向加速度时程曲线。以车辆驾驶员位置处的竖向加速度为例，介绍车辆驾驶员位置处 1/3 倍频带的竖向加速度均方差推导过程。

由于假定车体为刚体，因此，车辆驾驶员位置处的动力响应可以由车辆质心的动力响应计算得到[89]。

$$\ddot{Z}_{vs} = \ddot{Z}_{vc} - L_3 \ddot{\theta}_v + b_2 \ddot{\phi}_v \tag{3-45}$$

$$\ddot{Y}_{vs} = \ddot{Y}_{vc} + L_3 \ddot{\varphi}_v + h_2 \ddot{\phi}_v \tag{3-46}$$

如果车辆驾驶员位置处的竖向加速度为 $\ddot{Z}_{vs}(t)$，它的自相关函数可以表达为

$$R_{\ddot{Z}_{vs}}(\tau) = \lim_{T\to\infty} \int_{-T/2}^{T/2} \ddot{Z}_{vs}(t) \ddot{Z}_{vs}(t+\tau) dt \tag{3-47}$$

式中，T 为响应时程的长度，τ 为时间延迟。

车辆驾驶员位置处的竖向加速度的功率谱密度函数可以通过自相关函数的傅立叶变换如下：

$$S_{\ddot{Z}_{vs}\ddot{Z}_{vs}}(f) = \int_{-\infty}^{+\infty} R_{\ddot{Z}_{vs}}(\tau) e^{-i2\pi f\tau} d\tau \tag{3-48}$$

对应于 f_c 的 1/3 倍频带中心频率的垂直加速度均方根值

$$\ddot{Z}_{1/3-RMSs} = \sqrt{\int_{f_l}^{f_u} S_{\ddot{Z}_{vs}\ddot{Z}_{vs}}(f)df} \tag{3-49}$$

式中，f_l 和 f_u 分别为频带的低频和高频。

$$f_u = 2^{1/6} f_c \tag{3-50}$$

$$f_l = 2^{-1/6} f_c \tag{3-51}$$

采用上述方法得到对应于中心频率的 1/3 倍频的加速度均方差，与 ISO 2631 标准的疲劳降低工效界限进行对比就可以评价车辆驾驶舒适性。

3.3 典型车辆安全性分析

为了正确模拟移动车辆突然受到侧向阵风，同时为了与车辆行驶于杭州湾跨海大桥上车辆行驶安全性对比，车体质心初始位置的 X 坐标值设为 354 m，车辆开始行进时，除了 X 方向的车速外，其他的初始条件均为 0。当车辆质心行进到坐标 454 m 时，车辆突然受到侧向阵风。因此，当车辆的质心位于 354～454 m 时，车辆的振动源只有路面粗糙度，当车辆的质心移动距离大于 454 m 时，车辆的振动源为路面粗糙度和侧向阵风。

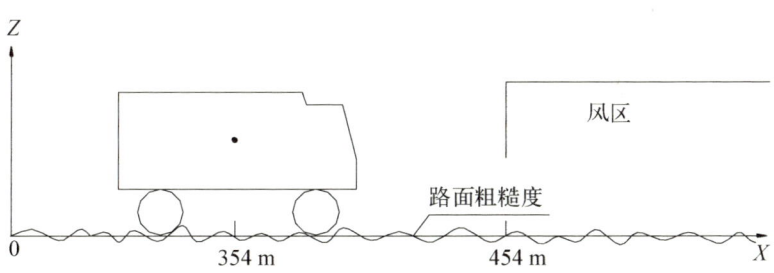

图 3-12 车辆突然受到侧风示意图

表 3-2—表 3-4 分别给出了箱式货车、一汽佳宝和桑塔纳三种典型车辆的分析参数,以下几节将以箱式货车为例,探讨路面粗糙度、干、湿、雪和冰四种路面情况以及车辆悬挂系统对侧风作用下车辆行驶安全性的影响。

表 3-2 箱式货车参数

参 数	单 位	数 值	参 数	单 位	数 值
L	m	7.78	C_{uy2}	kN·s/m	5.18
W_v	kN	73.575	K_{lz1}	kN/m	351
M_v	kg	4 480	K_{ly1}	kN/m	121
J_{yv}	kg·m²	5 516	C_{lz1}	kN·s/m	0.8
J_{xv}	kg·m²	1 349	C_{ly1}	kN·s/m	0.8
J_{zv}	kg·m²	100 000	A_f	m²	19.2
M_{s1}	kg	800	h_v	m	1.50
M_{s2}	kg	710	L_1	m	2.60
M_{c1}	kg	0	L_2	m	3.00
K_{uz1}	kN/m	399	L_3	m	1.50
K_{uy1}	kN/m	299	b_1	m	1.10
C_{uz1}	kN·s/m	23.21	b_2	m	0.00
C_{uy1}	kN·s/m	23.21	h_1	m	0.80
C_{uz2}	kN·s/m	5.18	h_2	m	1.00

表 3-3 一汽佳宝参数

参 数	单 位	数 值	参 数	单 位	数 值
L	m	3.64	C_{uy2}	kN·s/m	1.210
W_v	kN	17.30	K_{lz1}	kN/m	302
M_v	kg	1 065	K_{ly1}	kN/m	100
J_{yv}	kg·m²	938	C_{lz1}	kN·s/m	0.43
J_{xv}	kg·m²	1 315	C_{ly1}	kN·s/m	0.43

续表

参　数	单　位	数　值	参　数	单　位	数　值
J_{zv}	kg·m²	20 000	A_f	m²	5.41
M_{s1}	kg	200	h_v	m	1.08
M_{s2}	kg	150	L_1	m	1.00
M_{c1}	kg	0	L_2	m	0.93
K_{uz1}	kN/m	300	L_3	m	1.11
K_{uy1}	kN/m	100	b_1	m	0.85
C_{uz1}	kN·s/m	6.228	b_2	m	0.00
C_{uy1}	kN·s/m	6.228	h_1	m	0.60
C_{uz2}	kN·s/m	1.210	h_2	m	0.28

表 3-4　桑塔纳参数

参　数	单　位	数　值	参　数	单　位	数　值
L	m	4.55	C_{uy2}	kN·s/m	1.210
W_v	kN	18.96	K_{lz1}	kN/m	302
M_v	kg	1 235	K_{ly1}	kN/m	100
J_{yv}	kg·m²	1 731	C_{lz1}	kN·s/m	0.43
J_{xv}	kg·m²	472	C_{ly1}	kN·s/m	0.43
J_{zv}	kg·m²	25 000	A_f	m²	4.32
M_{s1}	kg	200	h_v	m	0.72
M_{s2}	kg	150	L_1	m	1.48
M_{c1}	kg	0	L_2	m	1.14
K_{uz1}	kN/m	300	L_3	m	0.87
K_{uy1}	kN/m	100	b_1	m	0.85
C_{uz1}	kN·s/m	6.228	b_2	m	0.00
C_{uy1}	kN·s/m	6.228	h_1	m	0.45
C_{uz2}	kN·s/m	1.210	h_2	m	0.18

3.3.1 路面粗糙度对车辆安全性的影响

路面粗糙度是影响车辆动力响应的一个重要因素,为研究路面粗糙度对车辆安全性的影响。分析中考虑四种粗糙度情况:无路面粗糙度、非常好、好及一般。计算中车速为 60 km/h,侧向阵风的平均风速为 20 m/s。

图 3-13 给出了四种路面粗糙度状况下箱式货车质心的竖向、侧向和偏转位移时程曲线。由于车辆的初始位置为 354 m,因此车辆需要 6 s 行进 100 m 才能进入风区,在此范围内,车辆的激励源仅为路面粗糙度,进入风区的持续时间为 0.5 s,整个计算时间为 6.5 s。

在前 6 s 中,车辆的侧向和偏转位移响应为 0,当车辆进入风区后,由于突然受到侧风的作用车辆的侧向和偏转位移增加显著。对于不同的路面粗糙

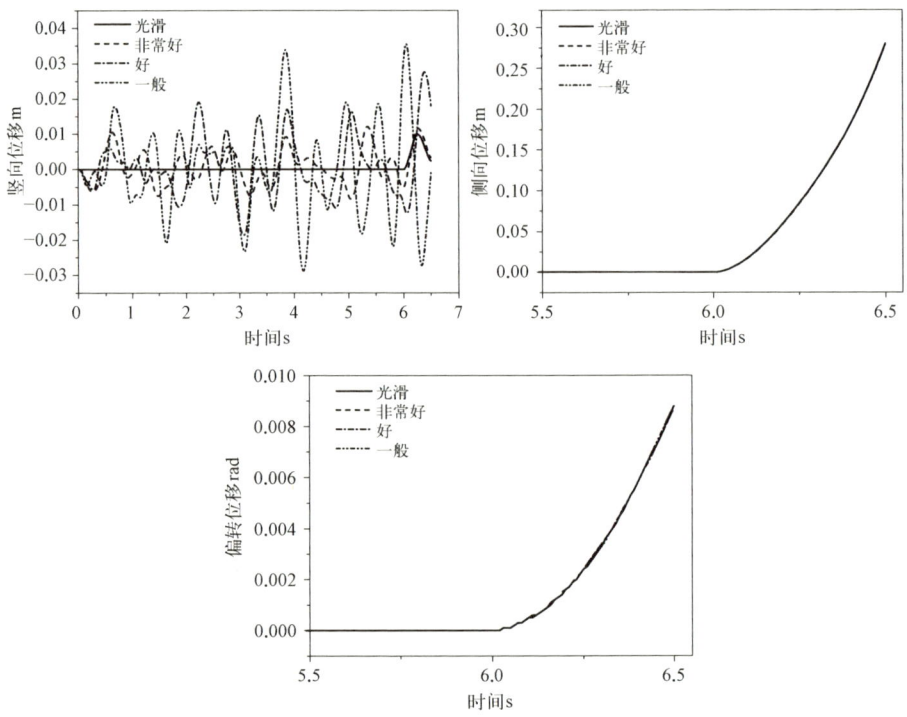

图 3-13 不同路面粗糙度状况下箱式货车质心的位移响应

度,车辆的侧向、偏转响应相同,即竖向路面粗糙度不影响车辆的侧向和偏转位移响应。车辆的最大侧向和偏转位移响应值为对应于 6.5 s 时的 0.279 7 m 和 0.008 8 rad,分别小于侧滑事故界限值 0.5 m 和偏转事故界限值 0.2 rad,因此,对于所关心车辆在给定车速下不会发生侧滑和偏转事故。

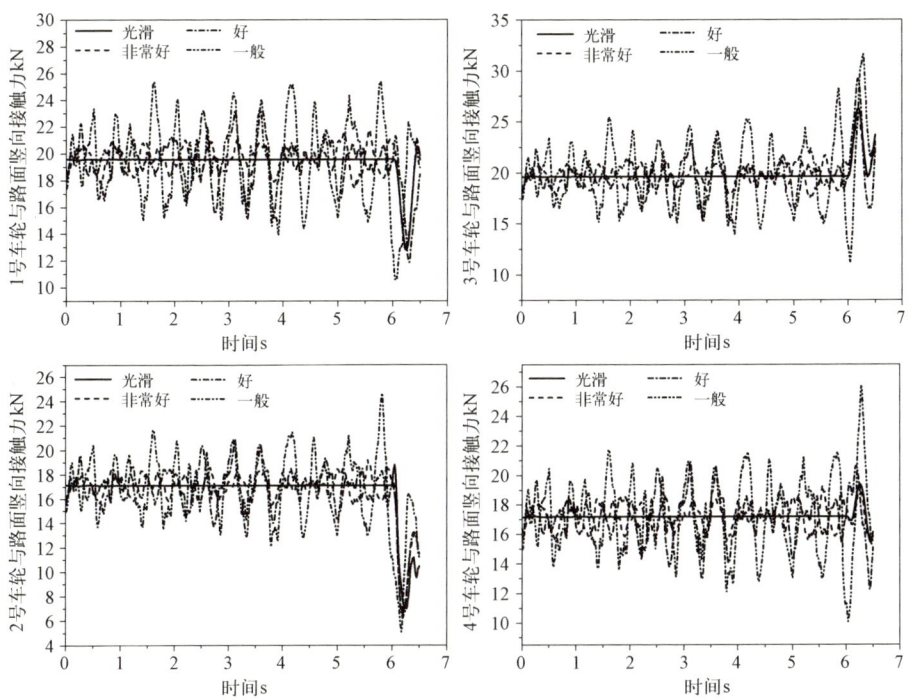

图 3-14 不同路面粗糙度状况下车轮与路面竖向接触力

由图 3-14 可见,当无路面粗糙度时,车辆的第 1,2,3,4 个车轮接触力没有波动,分别为 19.57 kN、17.13 kN、19.57 kN 和 17.13 kN,车轮的接触力由车辆的重力决定。当车辆行驶在有粗糙度的路面上,车轮接触力以车辆的重力确定的恒定值为均值上下波动,且路况越差,接触力的波动越显著。当车辆突然受到侧向阵风时,迎风侧的 1 号和 2 号轮胎的接触力会显著减小而背风侧的 3 号和 4 号轮胎的接触力显著增加。不论是迎风侧轮胎接触力减小程度还是背风侧轮胎的增加程度,均随着粗糙度的增加而增加。当路况分别为一般、好、很好和无路面粗糙度时,第 2 个车轮接触力的最小值分别为 5.10 kN、6.25 kN、6.56 kN 和 7.01 kN,结果表明车辆发生侧翻事故由第 2 个车轮接触力控制,路况越差,突然受到侧风作用时第 2 号车轮接触力最小值越小。因此,可以得到以下结论,竖向路面粗糙度是影响车辆的竖向位移响应和车轮与路面竖向接触力的重要因素,并且影响车辆发生侧翻事故的临界风速。

3.3.2　路况对车辆安全性的影响

从交通控制管理工程学的角度看,影响汽车行驶安全性的气象因素主要包括冰、雪、雨和雾。根据冰、雪和雨天气情况下车胎与路面间的摩擦系数的不同,采用侧风作用下车辆动力分析模型,分析了侧风作用下灾害天气下车辆的动力响应,进行行车安全评估。计算中考虑干、湿、雪和冰四种路面情况,侧滑摩擦系数 m 取值分别为 0.7、0.5、0.15 和 0.07[141]。车速为 60 km/h,侧向阵风的平均风速为 20 m/s。

由图 3-15 可见,四种路况下车辆的竖向响应相差很小,即干、湿、雪和冰四种路面情况几乎不影响车体的竖向位移响应,对车辆的侧向和偏转位移响应影响显著。以车辆的侧向位移响应为例,对应于干、湿、雪和冰路面四种路面情况车辆的最大侧向位移分别为 0.279 6 m、0.294 8 m、0.324 1 m 和 0.330 1 m,雨、雪和冰路面情况车辆的最大侧向位移响应分别为干路面情况车辆的最大侧向位移响应 1.02 倍、1.12 倍、1.18 倍。以车辆的偏转位移响应为例,对应于干、湿、雪和冰路面四种路面情况车辆的最大偏转位移分别为 0.008 8 rad、0.010 7 rad、0.014 4 rad 和 0.015 2 rad,雨、雪和冰路面情况车辆的最大偏转位移响应分别为干路面情况车辆的最大偏转位移响应 1.06 倍、1.42 倍、1.73 倍。可见,随着路面摩擦系数的减小,不仅车辆的侧向位移响应而且车辆的偏转位移响应都显著增加,且车辆偏转位移增加幅度明显大于侧向位移增加幅度,车辆的行驶稳定性显著下降,车辆发生侧

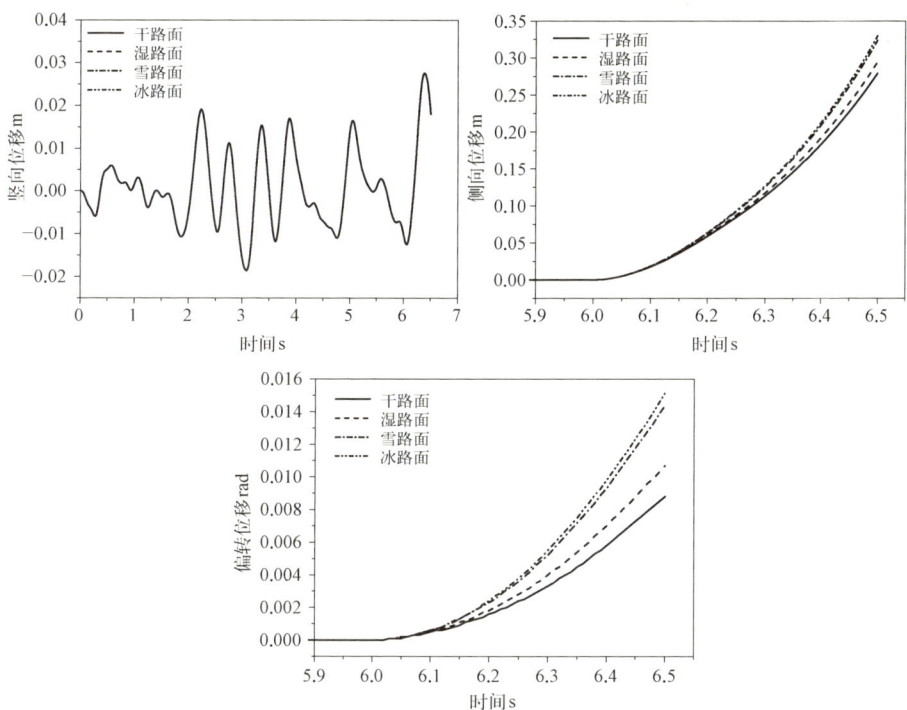

图 3-15　不同路况下箱式货车质心的位移响应

滑事故和偏转事故的概率大大增加。

由图 3-16 可以看出，干、湿、雪和冰四种路面情况几乎不影响车轮与路面的竖向接触力。

3.3.3　车辆悬挂系统对车辆安全性的影响

车辆动力学模型中通常将车体、车轴、车轮等视作刚体，刚体之间通过弹性元件和阻尼元件相互连接。弹簧元件刚度系数和阻尼器阻尼系数的取值至关重要，关系到计算结果的与实际的相符程度，本节将研究弹簧元件刚度系数和阻尼器阻尼系数的取值对车辆响应的影响程度，计算中粗糙度采用两种情况：无粗糙度和好。

为调查车辆悬挂系统对车辆动力响应的影响，所有弹簧刚度系数和阻

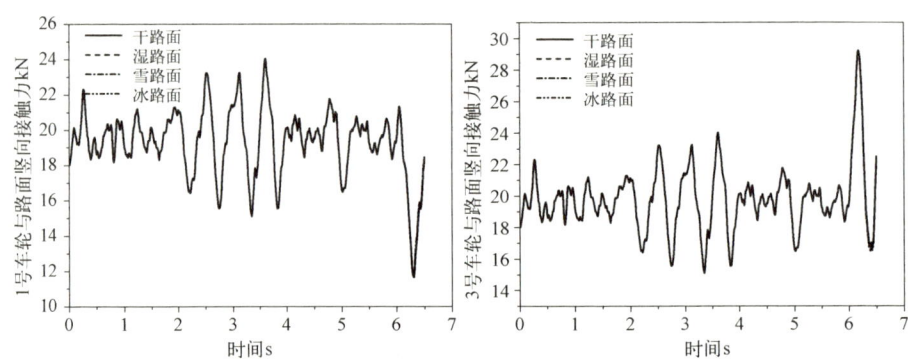

图 3-16 不同路况下车轮与路面竖向接触力

尼器阻尼系数,分别都乘以 0.5,1,2,10 和 100。其他的参数,如车辆的几何尺寸、质量和质量惯矩都保持不变。

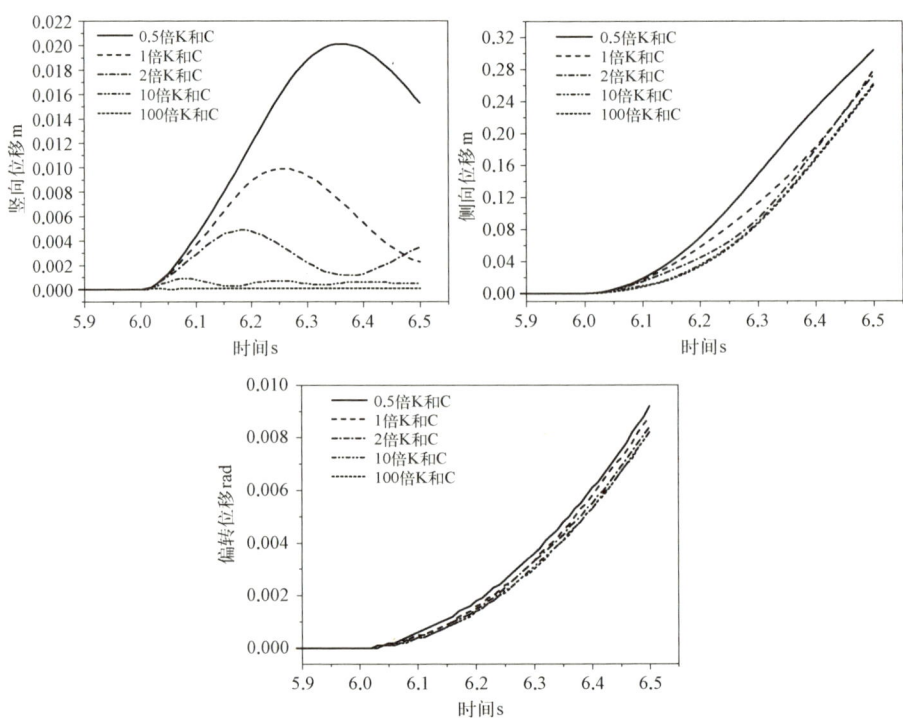

图 3-17 不同悬挂系统的箱式货车质心位移响应(无路面粗糙度)

由图 3-17 可以看出,当车辆行驶在光滑路面上时,弹簧越柔,阻尼系数越小,车辆的位移峰值响应就越大。以车体竖向位移为例,弹簧刚度系数和阻尼器阻尼系数分别都乘以 0.5、1、2、10 和 100 所对应竖向位移峰值分别为 0.020 1 m、0.009 9 m、0.004 9 m、0.000 9 m 和 0.000 1 m。弹簧刚度系数和阻尼器阻尼系数分别乘以 0.5、1、2 和 10 对应的竖向位移峰值分别为弹簧刚度系数和阻尼器阻尼系数分别乘以 100 对应位移峰值的 201 倍、99 倍、49 倍和 9 倍。

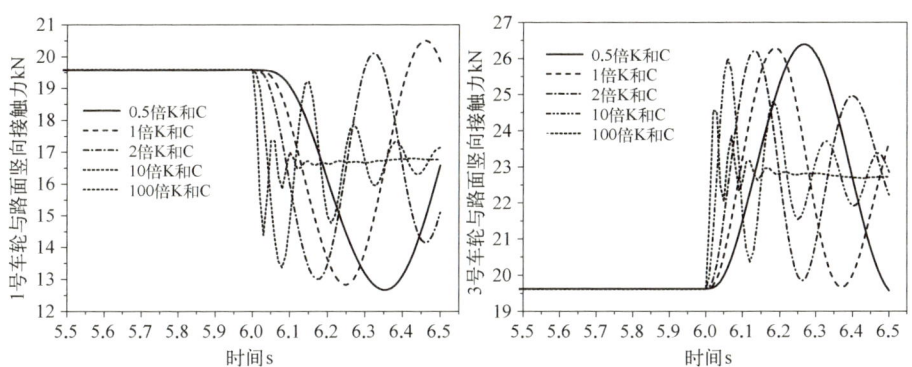

图 3-18 不同悬挂系统的车轮与路面竖向接触力(无路面粗糙度)

由图 3-18 可见,当车辆行驶在无粗糙度路面上时,车辆突然受到侧风作用时,迎风侧 1 号车轮的竖向接触力突然减小而背风侧 3 号车轮的接触力突然增大。最后,不同车辆悬挂系统的接触力最后达到同一个值,这个值由车辆所受风力和车辆的重力共同确定。以 1 号车轮接触力为例,五种悬挂系统达到共同值 16.77 kN。弹簧刚度系数和阻尼器阻尼系数分别都乘以 0.5、1、2、10 和 100 时,1 号车轮接触力最小值分别为 12.67 kN、12.83 kN、13.01 kN、13.38 kN 和 14.38 kN。因此可以得到以下结论:当不同悬挂系统的车辆行驶在光滑路面上时,对于给定车速,弹簧越柔,阻尼系数越小,车辆发生事故的临界风速越小。

由图 3-19 可以看出,当车辆行驶在路面粗糙度为好的路面上时,弹簧

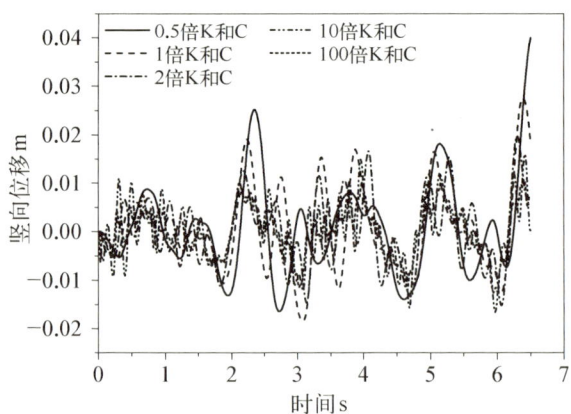

图 3-19　不同悬挂系统的箱式货车质心竖向位移响应(路面粗糙度为好)

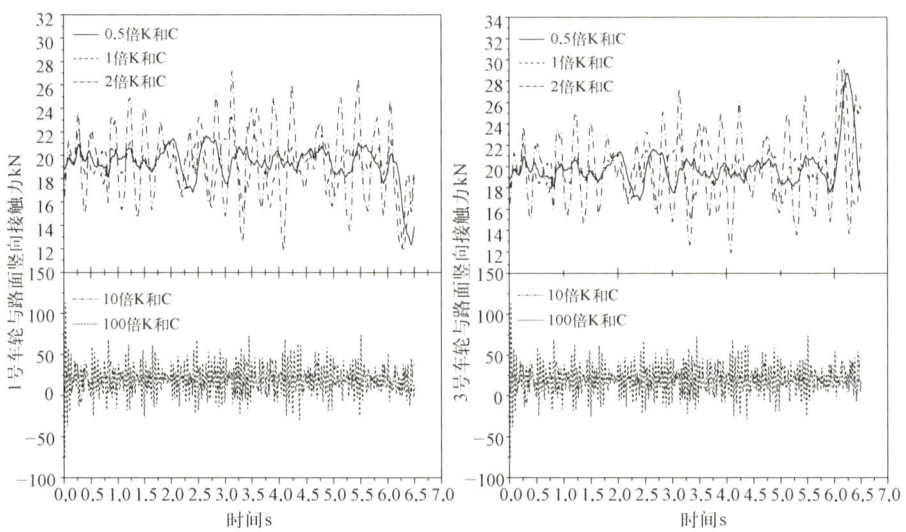

图 3-20　不同悬挂系统的车轮与路面竖向接触力(路面粗糙度为好)

刚度系数和阻尼器阻尼系数越大,车辆的竖向位移振动频率越高。

由图 3-20 可见,当车辆突然受到侧风作用时,弹簧刚度系数和阻尼器阻尼系数分别都乘以 0.5,1,2 对应的迎风侧 1 号车轮的竖向接触力突然减小而背风侧 3 号车轮的接触力突然增大,且车辆悬挂系统刚性越强时,接触力波动越显著。而当弹簧刚度系数和阻尼器阻尼系数分别都乘以 10,

100 时对应的 1 号和 3 号车轮接触力波动非常剧烈,在未进入风区时,车辆的最小接触力已经远小于 0。因此,合适的选取弹簧刚度系数和阻尼器阻尼系数对计算结果至关重要。

3.3.4 安全行车标准

采用编制的车辆行车安全分析程序,计算了典型车辆行驶在路面上发生事故的临界风速。

表 3-5 和表 3-6 给出了不同路面粗糙度和干、湿、雪、冰路面情况下安全行车临界风速标准。可以看出:1) 随着车速的增加,车辆发生事故的

表 3-5　箱式货车行驶在路面上发生事故临界风速(m/s)

车速(km/h)	一般(m/s)		好(m/s)		非常好(m/s)	
	干	湿	干	湿	干	湿
40	27.8(o)	29.1(s)	29.5(o)	29.1(s)	30.5(o)	29.1(s)
60	25.0(o)	25.0(o)	26.3(o)	26.3(o)	26.5(o)	26.5(o)
80	20.6(o)	20.6(o)	21.6(o)	21.6(o)	22.2(o)	22.2(o)
100	16.2(o)	16.2(o)	17.1(o)	17.1(o)	18.3(o)	18.3(o)
120	11.4(o)	11.4(o)	12.5(o)	12.5(o)	13.8(o)	13.8(o)

表 3-6　箱式货车行驶在路面上发生事故临界风速(m/s)

车速(km/h)	一般(m/s)		好(m/s)		非常好(m/s)	
	雪	冰	雪	冰	雪	冰
40	28.0(s)	27.5(s)	28.0(s)	27.5(s)	28.0(s)	27.5(s)
60	26.1(s)	25.5(s)	26.1(s)	25.5(s)	26.1(s)	25.5(s)
80	20.6(o)	20.6(o)	21.6(o)	21.6(o)	22.2(o)	22.2(o)
100	16.2(o)	16.2(o)	17.1(o)	17.1(o)	18.3(o)	18.3(o)
120	11.4(o)	11.4(o)	12.5(o)	12.5(o)	13.8(o)	13.8(o)

注:o 表示侧翻事故,s 表示侧滑事故。以下同。

临界风速降低。2) 对于给定车速,路况越差,车辆发生侧翻事故的临界风速越低。3) 侧风作用下箱式货车发生的事故以侧翻事故为主,只有在高风速下才有发生侧滑事故的可能,高风速下车辆发生侧滑事故的概率随着路面摩擦系数的降低而提高。4) 路面粗糙度对车辆发生侧滑事故的临界风速几乎没有影响,而干、湿、雪、冰路面情况对车辆发生侧翻事故的临界风速几乎没有影响。

表 3-7 给出了桑塔纳路面行驶安全风速标准,可以看出侧风作用下桑塔纳发生的事故均为侧滑事故。由于路面粗糙度对车辆发生侧滑事故的临界风速几乎没有影响,所以只给出了路面粗糙度为好的安全风速标准。

表 3-7 桑塔纳行驶在路面上发生事故临界风速(m/s)

路况 \ 车速(km/h)	80	100	120
干(好)	54.2(s)	52.0(s)	50.0(s)
湿(好)	53.5(s)	51.2(s)	49.3(s)
雪(好)	51.0(s)	49.7(s)	47.5(s)
冰(好)	50.8(s)	49.0(s)	47.0(s)

表 3-8 给出了一汽佳宝路面行驶安全风速标准,可以看出侧风作用下一汽佳宝发生的事故均为侧翻事故。由于干、湿、雪、冰路面情况对车辆发生侧翻事故的临界风速几乎没有影响,所以只给出了路面情况为干路面的安全风速标准。

表 3-8 一汽佳宝行驶在路面上发生事故临界风速(m/s)

粗糙度 \ 车速(km/h)	80	100	120
非常好(干路面)	46.5(o)	43.4(o)	40.0(o)
好(干路面)	45.0(o)	42.0(o)	38.7(o)
一般(干路面)	42.6(o)	39.5(o)	36.3(o)

3.4 侧风作用下车辆驾驶舒适性分析

为调查侧风作用下行驶于路面上箱式货车的驾驶舒适性,假定车辆始终沿直线行驶,即车轮始终与路面在竖向、侧向保持接触,没有侧滑、侧翻,不考虑车辆安全性分析模型中车轮与路面的侧向独立自由度 Y_{c1},Y_{c2},Y_{c3} 和 Y_{c4},因此对于两轴车辆,车辆舒适性分析时只有 13 个自由度。为了进行侧风作用下行驶于路面和桥梁上的车辆舒适性对比,车辆进入风区路面行驶距离设为 908 m,与杭州湾跨海大桥全桥的长度相同。计算从车列的第一辆车辆的质心进入风区开始,直至车列的最后一辆车辆的质心离开风区结束。

3.4.1 路面粗糙度的影响

为研究路面粗糙度对箱式货车响应和驾驶舒适性的影响,计算中分别采用三种路面粗糙度:非常好、好以及一般,车速为 80 km/h,平均风为 10 m/s。

由图 3-21 和图 3-22 可见,路面粗糙度对车辆的竖向位移和加速度响应影响显著,即车辆的竖向位移和竖向加速度随着路况的变坏而显著增加;而路面粗糙度对车辆的侧向位移和侧向加速度几乎没有影响。

表 3-9 给出了不同路面粗糙度下车辆质心和驾驶员位置处的动力响应。因为假定车体为刚体,因此,车辆质心和驾驶员位置处的侧翻位移和侧翻加速度相同。而车辆驾驶员位置处的竖向和侧向加速度明显大于车辆质心处的竖向和侧向加速度,因此,在对车辆行舒适度评价时,必须要先得到车辆驾驶员位置处的竖向和侧向响应。由表 3-9 可以看出,由于车辆受到浮力的作用,车体的竖向平均位移均为正(方向向上),并且不同路面粗糙度情况下车辆的竖向平均位移几乎保持不变,而竖向位移和竖向加速度的均方差随着路况的变坏而显著增加。

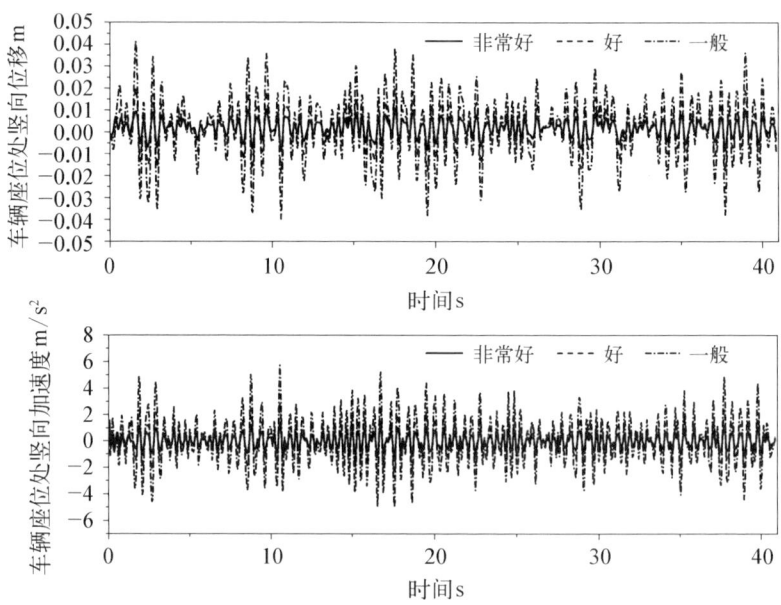

图 3-21 不同路面粗糙度情况下车辆驾驶员位置处竖向位移和加速度

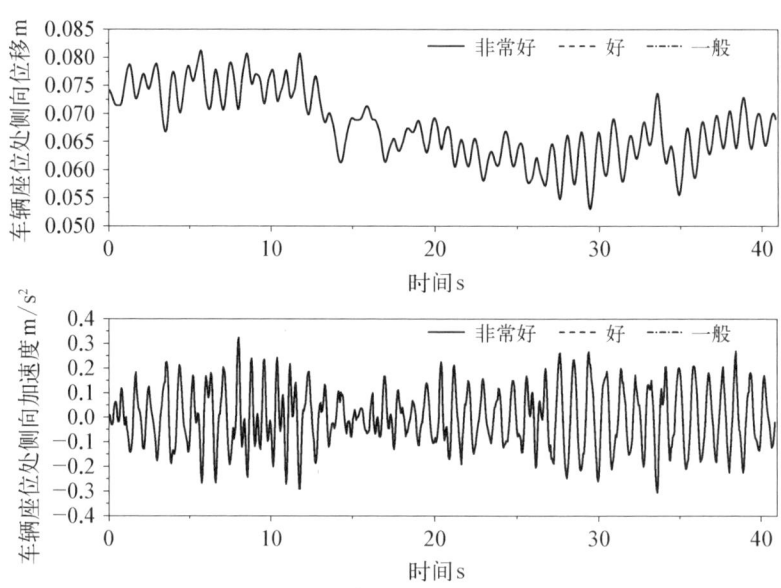

图 3-22 不同路面粗糙度情况下车辆驾驶员位置处侧向位移和加速度

第3章 风—汽车系统相互作用研究

表 3-9 不同路面粗糙度下车辆的动力响应

路况 位置	非常好		好		一般	
	中心	座位处	中心	座位处	中心	座位处
竖向位移均值(m)	0.006 0	0.001 8	0.006 0	0.001 8	0.006 0	0.001 7
竖向位移 RMS 值 (m)	0.003 1	0.003 5	0.006 2	0.007 1	0.012 5	0.014 2
侧向位移均值(m)	0.041 6	0.067 8	0.041 6	0.067 8	0.041 6	0.067 8
侧向位移 RMS 值 (m)	0.003 8	0.005 7	0.003 8	0.005 7	0.003 8	0.005 7
侧翻位移均值(m)	−0.020 3	−0.020 3	−0.020 3	−0.020 3	−0.020 3	−0.020 3
侧翻位移 RMS 值 (m)	0.002 4	0.002 4	0.002 4	0.002 4	0.002 4	0.002 4
竖向加速度 RMS 值 (m/s^2)	0.377 3	0.528 1	0.759 0	1.031 2	1.526 6	2.065 9
侧向加速度 RMS 值 (m/s^2)	0.095 8	0.123 1	0.095 8	0.123 1	0.095 8	0.123 1
侧翻加速度 RMS 值 (m/s^2)	0.044 5	0.044 5	0.044 5	0.044 5	0.044 5	0.044 5

对车辆驾驶员位置处的竖向和侧向加速度进行傅立叶变换得到其相应的功率谱函数，然后将功率谱函数进行转换就可以得到车辆驾驶员位置处 1/3 倍频的加速度均方差进行舒适性评价。图 3-23 给出了三种路面粗糙度情况下车辆驾驶员位置处竖向和侧向加速度的功率谱函数，可以看出三种路面粗糙度情况下竖向加速度的功率谱函数值大小虽不同，但具有相同的趋势，车辆的竖向振动能量主要集中于 1.5～4 Hz 之间，涵盖了车辆的前两阶竖向振动频率 1.86 Hz 和 2.83 Hz；三种路面粗糙度情况下侧向加速度的功率谱函数值大小基本相同，车辆的侧向振动能量主要集中于 0.5～4 Hz 之间。

图 3-24 不仅给出了不同粗糙度情况下车辆驾驶员位置处 1/3 倍频竖

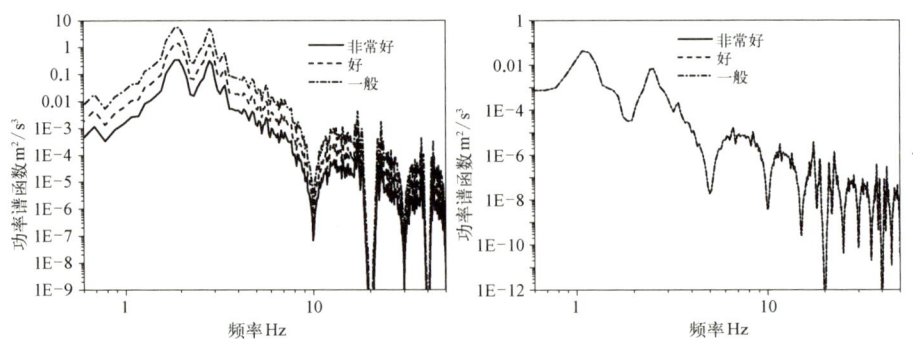

图 3-23 不同路面粗糙度下车辆驾驶员位置处竖向和侧向加速度功率谱函数

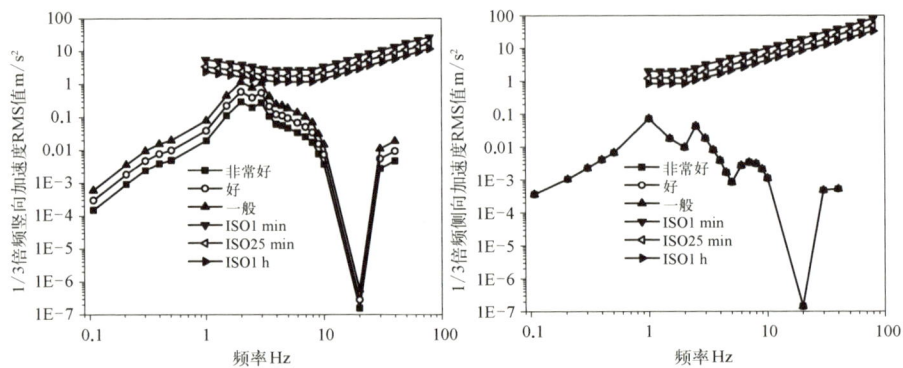

图 3-24 不同路面粗糙度下车辆驾驶员位置处 1/3 倍频竖向和侧向加速度 RMS 值

向和侧向加速度均方差,也给出了 ISO2631 标准对应于 1 min、25 min 和 1 h 的容许承受曲线。可以看出,由于车辆经过所关心路段的持续时间仅为 45 s,车辆在竖向的驾驶舒适性不仅明显小于 1 min 舒适性界限,还小于 25 min 舒适性界限,只有当路况为一般时,车辆驾驶员位置处 1/3 倍频竖向加速度均方差刚刚达到 1 h 舒适性界限;车辆在侧向的驾驶舒适性远小于 1 min、25 min 和 1 h 的容许承受曲线。

3.4.2 车速的影响

为了研究车速对箱式货车响应和驾驶舒适性的影响,计算中分别采用 40 km/h、60 km/h 和 80 km/h 三种不同车速,风速为 10 m/s,路面粗糙度为好。

第3章 风—汽车系统相互作用研究

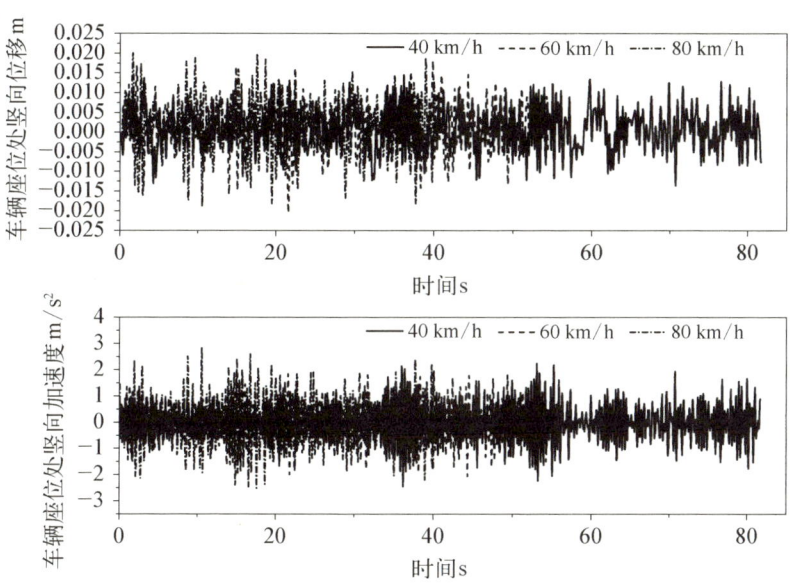

图 3‑25 不同车速下车辆驾驶员位置处竖向位移和加速度

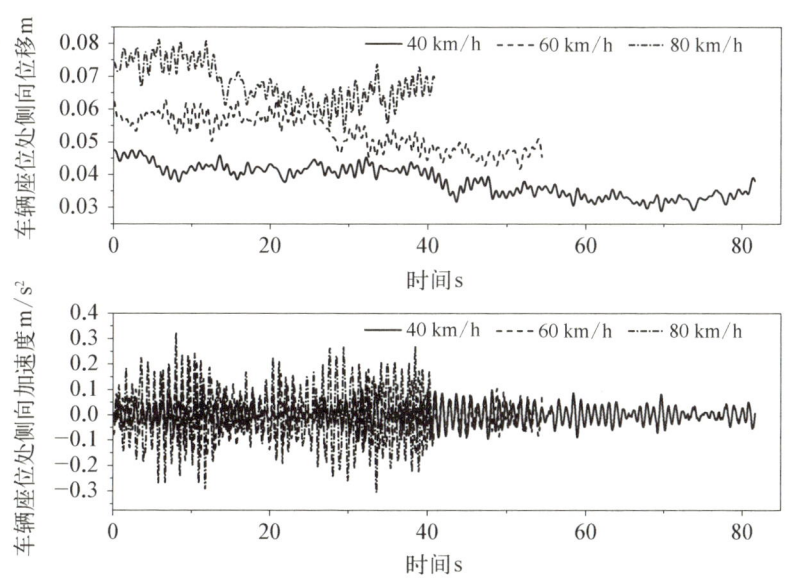

图 3‑26 不同车速下车辆驾驶员位置处侧向位移和加速度

表 3-10 不同车速下车辆的动力响应

车速(km/h)	40		60		80	
位置	中心	座位处	中心	座位处	中心	座位处
竖向位移均值(m)	0.002 3	0.000 8	0.004 1	0.001 4	0.006 0	0.001 8
竖向位移 RMS 值(m)	0.003 9	0.005 1	0.004 5	0.005 7	0.006 2	0.007 1
侧向位移均值(m)	0.026 0	0.041 3	0.033 3	0.053 8	0.041 6	0.067 8
侧向位移 RMS 值(m)	0.001 8	0.002 7	0.003 3	0.004 9	0.003 8	0.005 7
侧翻位移均值(m)	−0.012 2	−0.012 2	−0.016 0	−0.016 0	−0.020 3	−0.020 3
侧翻位移 RMS 值(m)	0.001 2	0.001 2	0.001 9	0.001 9	0.002 4	0.002 4
竖向加速度 RMS 值(m/s^2)	0.334 3	0.742 6	0.456 0	0.859 6	0.759 0	1.031 2
侧向加速度 RMS 值(m/s^2)	0.034 2	0.041 3	0.062 8	0.076 5	0.095 8	0.123 1
侧翻加速度 RMS 值(m/s^2)	0.007 9	0.008 2	0.019 0	0.019 0	0.044 5	0.044 5

由图 3-25、图 3-26 和表 3-10 可见,车速不仅对车辆的竖向响应而且对车辆的侧向和侧翻响应影响显著。随着车速的增加,不仅车辆驾驶员位置处的竖向响应而且车辆驾驶员位置处的侧向和侧翻响应均增加。

由图 3-27 可见,随着车速的增加,车辆驾驶员位置处竖向和侧向加速度的功率谱函数具有增大的趋势。

由图 3-28 可见,车辆驾驶员位置处 1/3 倍频竖向和侧向加速度 RMS 值随着车速的增加而增大,车辆驾驶员位置处 1/3 倍频竖向和侧向加速度 RMS 值均小于 1 min、25 min 和 1 h 的容许承受曲线。

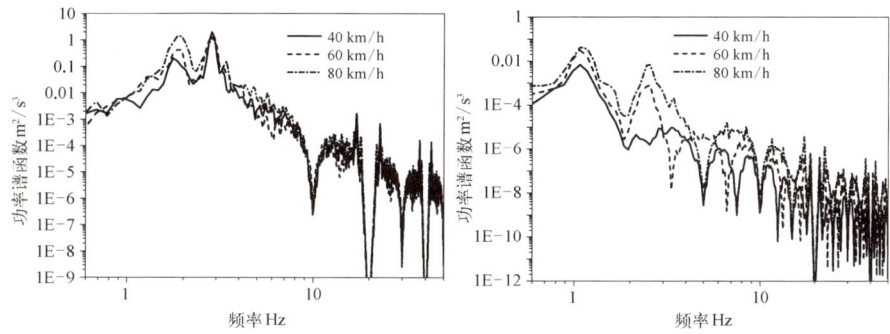

图 3-27 不同车速下车辆驾驶员位置处竖向和侧向加速度功率谱函数

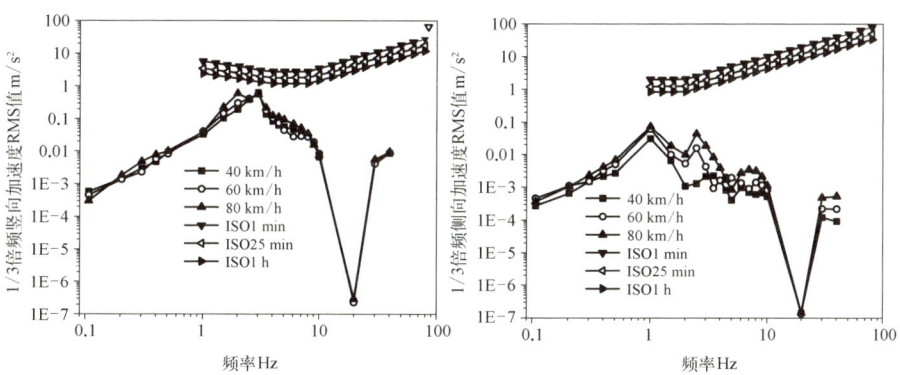

图 3-28 不同车速下车辆驾驶员位置处 1/3 倍频竖向和侧向加速度 RMS 值

3.4.3 风速的影响

风速直接影响作用于车辆上的风力,为研究风速对箱式货车响应和驾驶舒适性的影响,计算中风速分别取为 10 m/s、15 m/s 和 20 m/s,车速为 60 km/h,路面粗糙度为好。

由图 3-29、图 3-30 和表 3-11 可见,随着风速的增加,车辆的竖向位移和竖向加速度的均方差几乎没有变化。但由于随着风速的增加,车辆所受升力增加,车辆驾驶员位置处的竖向位移平均值随着风速的增加而增加,如对应于 10 m/s、15 m/s 和 20 m/s 的车辆竖向位移平均值分别为

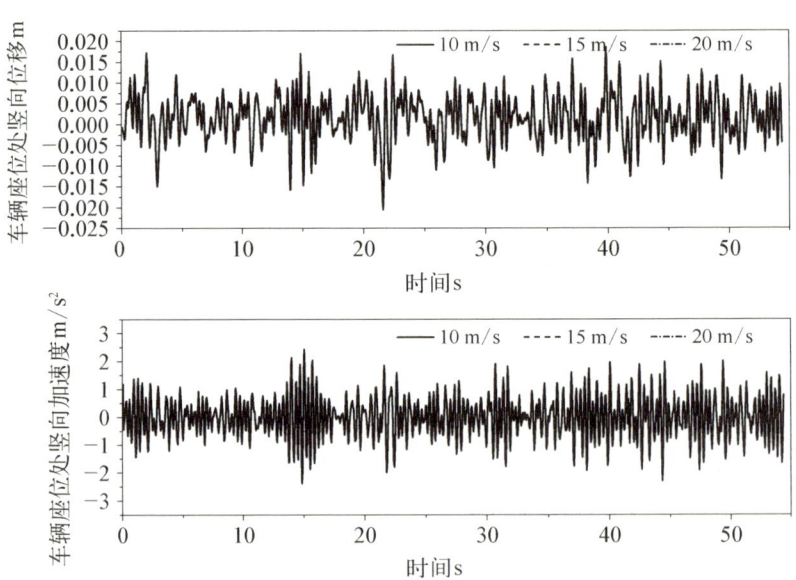

图 3-29 不同风速下车辆驾驶员位置处竖向位移和加速度

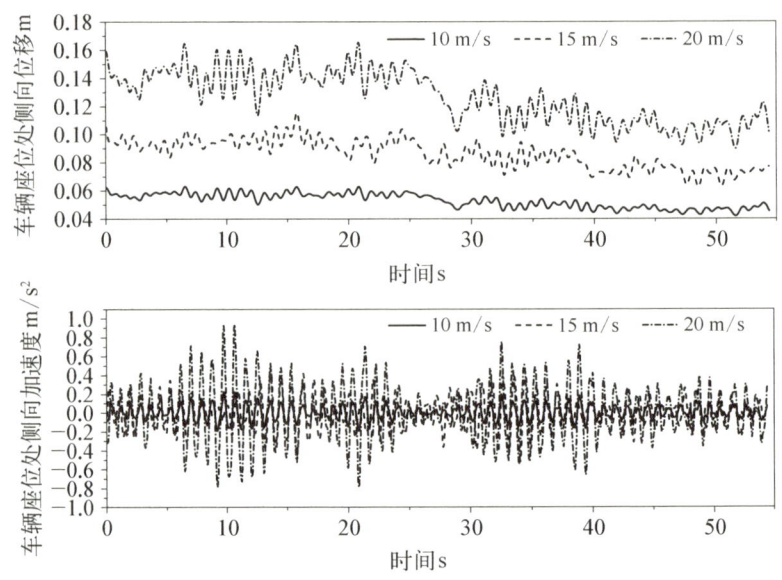

图 3-30 不同风速下车辆驾驶员位置处侧向位移和加速度

第3章 风—汽车系统相互作用研究

表 3-11 不同风速下车辆的动力响应

风速(m/s)	10		15		20	
位 置	中心	座位处	中心	座位处	中心	座位处
竖向位移均值(m)	0.004 1	0.001 4	0.004 9	0.001 8	0.005 5	0.001 9
竖向位移 RMS 值 (m)	0.004 5	0.005 7	0.004 5	0.005 7	0.004 5	0.005 7
侧向位移均值(m)	0.033 3	0.053 8	0.055 5	0.088 2	0.082 6	0.129 8
侧向位移 RMS 值 (m)	0.003 3	0.004 9	0.006 3	0.009 3	0.011 9	0.017 5
侧翻位移均值(m)	−0.016 0	−0.016 0	−0.026 5	−0.026 5	−0.039 6	−0.039 6
侧翻位移 RMS 值 (m)	0.001 9	0.001 9	0.003 5	0.003 5	0.006 5	0.006 5
竖向加速度 RMS 值 (m/s^2)	0.456 0	0.859 6	0.454 3	0.859 3	0.455 7	0.860 9
侧向加速度 RMS 值 (m/s^2)	0.062 8	0.076 5	0.146 1	0.176 6	0.254 3	0.309 5
侧翻加速度 RMS 值 (m/s^2)	0.019 0	0.019 0	0.041 2	0.041 2	0.076 5	0.076 5

0.001 4 m、0.001 8 m 和 0.001 9 m,但总体而言,竖向位移响应平均值非常小;随着风速的增加,车辆驾驶员位置处侧向位移的平均值和均方差、侧向加速度、侧翻位移的平均值和均方差和侧翻加速度都显著增加。

图 3-31 给出了不同风速下车辆驾驶员位置处竖向和侧向加速度的功率谱函数,可以看出不同风速下竖向加速度的功率谱函数曲线几乎重合而侧向加速度的功率谱函数值随着风速的增加显著增大。

由图 3-32 可见,车辆驾驶员位置处 1/3 倍频侧向加速度 RMS 值随着风速的增加而显著增大而车辆驾驶员位置处 1/3 倍频竖向加速度 RMS 值几乎没有变化。车辆驾驶员位置处 1/3 倍频竖向和侧向加速度 RMS 值均小于 1 min、25 min 和 1 h 的容许承受曲线。

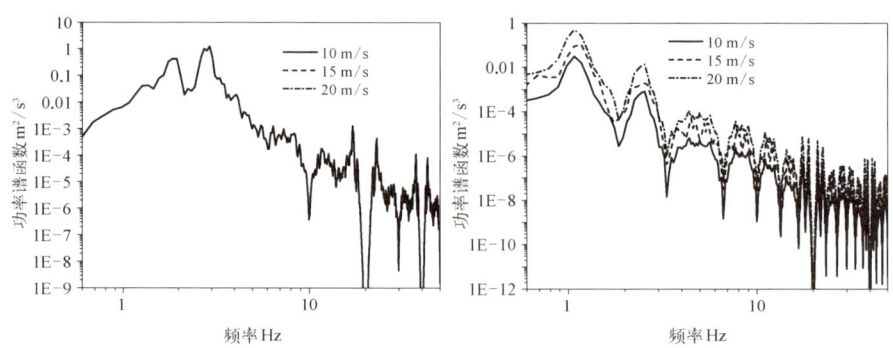

图 3-31　不同风速下车辆驾驶员位置处竖向和侧向加速度功率谱函数

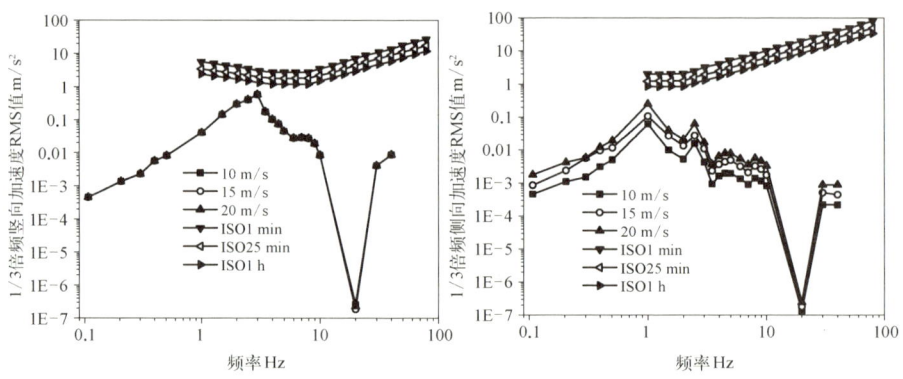

图 3-32　不同风速下车辆驾驶员位置处 1/3 倍频竖向和侧向加速度 RMS 值

3.5　本章小结

将现有车辆笼统地分为三类,分别选择三类车型中的代表车辆进行风洞试验,获得了典型车辆的气动力系数。采用了一个更加合理的、符合实际并能较全面考虑众多因素的侧风作用下车辆动力分析模型,在考虑路面粗糙度和车辆悬挂系统的基础上,能够预测行驶在路面上的车辆突然受到侧向阵风的安全性。探讨了路面粗糙度、车辆悬挂系统以及干、湿、雪、冰等主要路面状况对行车安全的影响,获得了侧风作用下典型车辆的安全行车风速标准。采用国际标准(ISO2631,1978)的1/3倍频带法对车辆的驾驶舒适性进行了评价,并探讨了路面粗糙度、平均风速以及车速对车辆驾驶舒适性的影响。得到以下结论:

1. 路面粗糙度对车辆的安全性和竖向行驶舒适性影响显著,路况越差,不仅车辆突然受到侧风时发生事故的临界风速越低而且竖向行驶舒适性变差,而路面粗糙度对车辆的侧向和偏转响应几乎没有影响。

2. 干、湿、雪、冰路面情况对车辆的竖向位移几乎没有影响,而对车辆的侧向和偏转位移影响显著。随着路面摩擦系数的减小,不仅车辆的侧向位移响应而且车辆的偏转位移响应都显著增加,且车辆偏转位移增加幅度明显大于侧向位移增加幅度,车辆的行驶稳定性显著下降。

3. 车辆悬挂系统对车辆响应影响显著,合适的车辆悬挂系统参数的选取是风—汽车系统相互作用计算的基础。

4. 随着车速的增加,车辆发生事故的临界风速降低。对于给定车速,路况越差,车辆发生事故的临界风速越低。侧风作用下箱式货车发生的事故以侧翻事故为主,只有在高风速下才有发生侧滑事故的可能,高风速下车辆发生侧滑事故的概率随着路面摩擦系数的降低而提高。对于给定车速,侧风作用下桑塔纳发生的事故均为侧滑事故而一汽佳宝发生的事故均为侧翻事故。

5. 车速不仅对车辆的竖向响应而且对车辆的侧向和侧翻响应影响显著。随着车速的增加,车辆的竖向、侧向和侧翻响应均增加。

6. 随着风速的增加,车辆的竖向位移和竖向加速度几乎没有变化,而车辆的侧向响应和侧翻响应显著增加。

第4章
汽车—桥梁系统空间耦合振动研究

汽车—桥梁系统具有时变特性,系统的质量阵、阻尼阵以及刚度阵随车辆在桥梁上位置不同而变化,因此通常采用时域方法进行分析。根据所建立的车桥系统方程的不同,目前大体分为以下两种方法:① 将车辆与桥梁的所有自由度耦联在一起,建立统一的方程组,进行同步求解;② 将车桥系统以车轮与桥面接触处为界,分为车辆与桥梁两个子系统,分别建立车辆与桥梁的运动方程,两者之间通过车轮与桥面接触处的位移协调条件与车桥相互作用力的平衡关系相联系,采用迭代法求解系统响应。若采用统一的耦合运动方程,车桥系统方程的系数矩阵将随着车辆在桥上位置的不同而发生变化,导致在每一时间步必须重新生成与分解;同时,随着上桥车辆数目的增加,耦联的自由度也越来越多,使得计算工作量增大,求解起来较为困难。后一方法由于采用分离的车辆与桥梁运动方程,通过求解各自的运动方程,用迭代过程来满足车轮与桥面间的几何相容条件和相互作用力平衡条件,可以避免在每一时间步长都重新计算对应时刻的系统质量矩阵、阻尼矩阵和刚度矩阵,减少计算工作量,加快计算速度。本书将车桥系统以车轮与桥面接触处为界,分为车辆与桥梁两个子系统,分别建立车辆与桥梁的运动方程,采用分离迭代法编制了车桥耦合振动空间分析程序,该程序功能较为强大,桥梁采用有限元模型,因此不限定具体的桥梁形式和构造,并可以考虑不同车型、任意数目车辆、多车道以及车辆相向行驶等功能,并分别采用集中力匀速通过简支梁、弹簧质量系统匀速通过简支梁和江阴长江公路大桥动载试验对程序的可靠性与有效性进行了验证;然后分别以杭州湾跨海大桥和润扬长江公路大桥为研究对象,运用所编制的程序详细研究了车辆数目、车辆间距、不同车道、车辆相向行驶、不同路况,以及不同车速时车流通过桥梁时桥梁的动力响应和冲击系数,同时对斜拉桥和悬索桥在车流通过时振动特征进行了对比分析。

车桥耦合振动分析通常关心两个方面:① 高速运行的车辆对所通过的结构物产生动力冲击作用,直接影响其工作状态和使用寿命。② 结构的振动又对运行车辆的平稳性和安全性产生影响,使其成为评价结构动力设计参数合理与否的重要考虑因素。以往的研究通常集中于第一个方面,对第二个方面研究甚少,而随着现代桥梁结构向跨度更大、更柔、更纤细的方向发展,桥梁跨径的增大导致结构刚度和阻尼比的降低,进而使得结构对车辆荷载敏感性增加,桥梁的在车流通过时将会较大的变形和振动,桥梁较大的变形和振动反过来又会影响行车的安全性和舒适性。因此,对车辆通过桥梁时的舒适度评价具有相当大的意义。本书首先计算出不同路况、不同车道、不同车速下车流通过桥梁时车辆的动力响应,然后采用国际标准(ISO2631,1978)对车辆的行驶舒适性进行评价。

4.1 汽车-桥梁系统运动方程

采用分离迭代法进行车桥耦合振动分析一个关键步骤就是引入车辆和桥梁两子系统间的耦合关系,车辆和桥梁两子系统间的耦合关系体现在车轮与桥面接触处位移协调条件和车桥相互作用力。桥梁子系统对车辆子系统的作用是通过几何位移关系实现的;车辆子系统对桥梁子系统的作用是通过车轮作用力实现的。车桥耦合振动分析中每一车辆所有车轮都应严格满足空间耦合关系,以下两节将以一个车轮为例,详细介绍汽车-桥梁系统中车轮与桥面接触处几何耦合关系和力学耦合关系。

4.1.1 汽车-桥梁系统几何耦合关系

车辆相对于桥梁,桥梁是较为固定的建筑物,车辆的位移最终受到桥梁位移的约束,因此,桥梁主要通过自身运动对车辆发生作用。在满足车轮与桥面始终接触的情况下,车辆和桥梁在车轮与桥面接触处具有相同的位移协调条件,桥梁的变形对于车辆相当于附加路面粗糙度。分析中通常将桥梁变形引起的附加路面粗糙度和路面粗糙度进行组合形成等效粗糙度,将等效粗糙度作为系统激励源进行输入[131]。

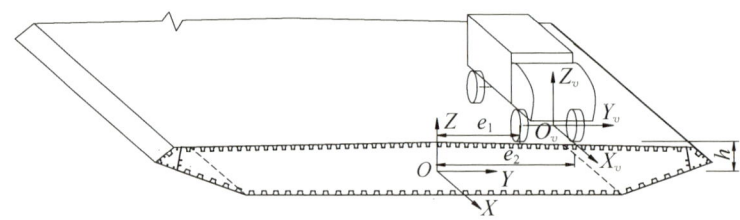

图 4-1 桥梁与车轮的几何关系

车轮和桥道的相对关系如图 4-1 所示,桥道截面发生位移 $\{u_b, v_b, w_b, \theta_{xb}, \theta_{yb}, \theta_{zb}\}^T$ 时,车轮 1 与路面接触点位置处的位移可表示为

$$\begin{Bmatrix} x_v \\ y_v \\ z_v \\ \theta_{xv} \\ \theta_{yv} \\ \theta_{zv} \end{Bmatrix} = \begin{bmatrix} 1 & 0 & 0 & 0 & h & e_1 \\ 0 & 1 & 0 & h & 0 & 0 \\ 0 & 0 & 1 & e_1 & 0 & 0 \\ 0 & 0 & 0 & 1 & 0 & 0 \\ 0 & 0 & 0 & 0 & 1 & 0 \\ 0 & 0 & 0 & 0 & 0 & 1 \end{bmatrix} \begin{Bmatrix} u_b \\ v_b \\ w_b \\ \theta_{xb} \\ \theta_{yb} \\ \theta_{zb} \end{Bmatrix} \quad (4-1)$$

式中,e_1 和 h 分别为桥梁截面形心至车轮 1 与路面接触点位置的水平距离

和竖向距离。

若车轮与路面接触点位置处的路面粗糙度为 $r_{ci}(x)$,则考虑桥梁位移后的竖向等效粗糙度为

$$Z_{ci} = r_{ci}(x) + w_b + e_1 \theta_{xb} \quad (4-2)$$

在以往的汽车-桥梁系统耦合振动分析中,通常仅考虑车桥间的竖向耦合关系,而对汽车-桥梁间侧向和扭转耦合关系研究很少,本研究在汽车-桥梁系统耦合振动和风-汽车-桥梁系统车辆驾驶舒适性分析中,假定车辆沿直线前进,车轮与桥面在侧向和扭转方向不发生相对位移,桥梁侧向和扭转振动对车辆动力响应的影响主要通过将桥梁侧向加速度和扭转加速度作为基础激励对车辆模型进行输入,如同地震波的激励一样,桥梁的侧向和扭转加速度为[76]

$$\ddot{Y}_{eq} = \ddot{v}_b + h\ddot{\theta}_{yb} \quad (4-3)$$

$$\ddot{\theta}_{eq} = \ddot{\theta}_{xb} \quad (4-4)$$

基于有限元的结构分析中得到的是离散节点处的位移和加速度,当车轮与路面接触点位置位于某单元 k 的两节点 i、j 之间时,接触点处的位移和加速度可根据有限元法的插值关系得到,以位移为例:

$$\begin{Bmatrix} u_b \\ v_b \\ w_b \\ \theta_{xb} \\ \theta_{yb} \\ \theta_{zb} \end{Bmatrix} = \begin{bmatrix} N_5 & 0 & 0 & 0 & 0 & 0 & N_6 & 0 & 0 & 0 & 0 & 0 \\ 0 & N_1 & 0 & 0 & 0 & -N_2 & 0 & N_3 & 0 & 0 & 0 & -N_4 \\ 0 & 0 & N_1 & 0 & N_2 & 0 & 0 & 0 & N_3 & 0 & N_4 & 0 \\ 0 & 0 & 0 & N_5 & 0 & 0 & 0 & 0 & 0 & N_6 & 0 & 0 \\ 0 & 0 & 0 & 0 & N_5 & 0 & 0 & 0 & 0 & 0 & N_6 & 0 \\ 0 & 0 & 0 & 0 & 0 & N_5 & 0 & 0 & 0 & 0 & 0 & N_6 \end{bmatrix} \begin{Bmatrix} u_i \\ v_i \\ w_i \\ \theta_{xi} \\ \theta_{yi} \\ \theta_{zi} \\ u_j \\ v_j \\ w_j \\ \theta_{xj} \\ \theta_{yj} \\ \theta_{zj} \end{Bmatrix}$$

$$(4-5)$$

式中，$N_1 = 1 - 3\dfrac{\xi_i^2}{l_k^2} + 2\dfrac{\xi_i^3}{l_k^3}$

$$N_2 = \xi_i - 2\dfrac{\xi_i^2}{l_k} + \dfrac{\xi_j^3}{l_k^2}$$

$$N_3 = 3\dfrac{\xi_i^2}{l_k^2} - 2\dfrac{\xi_i^3}{l_k^3}$$

$$N_4 = -\dfrac{\xi_i^2}{l_k} + \dfrac{\xi_j^3}{l_k^2}$$

$$N_5 = \dfrac{\xi_i}{l_k}$$

$$N_6 = 1 - \dfrac{\xi_i}{l_k}$$

ξ_i 为车轮接触点距 k 单元 i 节点的距离，l_k 为单元长度；

4.1.2 汽车—桥梁系统力学耦合关系

车轮与桥面接触点处，车辆所受荷载和桥梁所受荷载是一组大小相等、方向相反的相互作用力。车辆在桥面处所受荷载主要由等效路面粗糙度激励而产生。在等效竖向激励下，单个车轮所受竖向激励荷载如下：

$$F_{vz} = C_{lzi}\dot{Z}_{ci} + K_{lzi}Z_{ci} \qquad (4-6)$$

式中，C_{lzi}、K_{lzi} 为车轮的下层悬挂系统的阻尼系数和刚度系数。

$$\dot{Z}_{ci} = N_{vci1}(x)\{\dot{\delta}\}_{bi1}^e + U_V \dfrac{\partial N_{vci1}(x)}{\partial x}\{\delta\}_{bi1}^e + e_1 N_{vci2}(x)\{\dot{\delta}\}_{bi2}^e$$
$$+ e_1 U_V \dfrac{\partial N_{vci2}(x)}{\partial x}\{\delta\}_{bi2}^e + \dfrac{\partial r_{ci}(x)}{\partial x}U_V \qquad (4-7)$$

单个车轮施加给桥梁的作用力可以表示为

$$F_{vi} = M_{ci}\ddot{Z}_{ci} + C_{lzi}(\dot{Z}_{ci} - \dot{Z}_{si}) + K_{lzi}(Z_{ci} - Z_{si}) + F_{Gi} \qquad (4-8)$$

$$\ddot{Z}_{ci} = N_{vci1}(x)\{\ddot{\delta}\}_{bi1}^e + 2U_V \frac{\partial N_{vci1}(x)}{\partial x}\{\dot{\delta}\}_{bi1}^e + U_V^2 \frac{\partial^2 N_{vci1}(x)}{\partial x^2}\{\delta\}_{bi1}^e$$

$$+ a_V \frac{\partial N_{vci1}(x)}{\partial x}\{\delta\}_{bi1}^e + e_1\Big(N_{vci2}(x)\{\ddot{\delta}\}_{bi2}^e + 2U_V \frac{\partial N_{vci2}(x)}{\partial x}\{\dot{\delta}\}_{bi2}^e$$

$$+ U_V^2 \frac{\partial^2 N_{vci2}(x)}{\partial x^2}\{\delta\}_{bi2}^e + a_V \frac{\partial N_{vci2}(x)}{\partial x}\{\delta\}_{bi2}^e\Big) + \frac{\partial r_{ci}(x)}{\partial x}a_V$$

$$+ \frac{\partial^2 r_{ci}(x)}{\partial^2 x}U_V^2 \tag{4-9}$$

式中，a_V 为车体的竖向加速度；$N_{vci1}(x)$ 和 $N_{vci2}(x)$ 为传递函数。

当车轮与路面接触点位置位于某单元 k 的两节点 i,j 之间时，车轮施加给桥梁的作用力可以等效到单元 k 两端结点上：

$$\mathbf{P}_{eq} = \Big[0 \quad F_{vi}\Big(1+2\frac{\xi_i}{l_k}\Big)\Big(1-\frac{\xi_i}{l_k}\Big)^2 \quad 0 \quad e_1 F_{vi}\Big(1+2\frac{\xi_i}{l_k}\Big)\Big(1-\frac{\xi_i}{l_k}\Big)^2$$

$$0 \quad F_{vi}\xi_i\Big(1-\frac{\xi_i}{l_k}\Big)^2 \quad \Big| \quad 0 \quad F_{vi}\Big(3-2\frac{\xi_i}{l_k}\Big)\Big(\frac{\xi_i}{l_k}\Big)^2$$

$$0 \quad e_1 F_{vi}\Big(3-2\frac{\xi_i}{l_k}\Big)\Big(\frac{\xi_i}{l_k}\Big)^2 \quad 0 \quad -F_{vi}l_k\Big(1-\frac{\xi_i}{l_k}\Big)\Big(\frac{\xi_i}{l_k}\Big)^2\Big]^T \tag{4-10}$$

4.1.3 汽车-桥梁系统运动方程求解及程序实现

汽车-桥梁系统间的耦合通过车、桥两子系统间的分离迭代来实现。车桥系统运动方程可表示为

$$\mathbf{M}_b \ddot{u}_b + \mathbf{C}_b \dot{u}_b + \mathbf{K}_b u_b = \mathbf{F}_{bg} + \mathbf{F}_{vb} \tag{4-11a}$$

$$\mathbf{M}_v \ddot{u}_v + \mathbf{C}_v \dot{u}_v + \mathbf{K}_v u_v = \mathbf{F}_{vg} + \mathbf{F}_{bv} \tag{4-11b}$$

式中，$\mathbf{F}_{bg}$ 和 $\mathbf{F}_{vg}$ 分别是作用在桥梁和车辆的与桥梁车辆的运动无关的荷载（如自重）；$\mathbf{F}_{vb}$ 和 $\mathbf{F}_{bv}$ 分别表示车-桥系统间的相互作用力。

对于汽车-桥梁系统，将桥梁及车辆运动方程分别独立求解，通过分离

迭代来满足车、桥两子系统间的几何、力学耦合关系。分离迭代法求解汽车—桥梁系统运动方程的具体步骤如下：

1) 对于时间步 t，将前一时步桥道运动状态（$\ddot{u}_b^{t-1}$，$\dot{u}_b^{t-1}$，u_b^{t-1}）作为初始迭代值，组合 t 时刻的路面粗糙度；

2) 根据路面粗糙度求车辆受到的作用力；

3) 根据 Newmark 积分法求 t 时刻车辆的响应（$\ddot{u}_v^t$，$\dot{u}_v^t$，u_v^t）；

4) 计算 t 时刻桥梁结构的响应；

a) 计算车桥相互作用力；

b) 形成荷载阵，采用 Newmark 积分法求桥梁 t 时刻响应。

5) 根据 t 时刻桥梁响应，重复步骤 1)—步骤 5) 直至车辆与桥梁的几何耦合关系及力学耦合关系满足要求，再进行下一时步的计算。

根据前面介绍的车桥系统几何协调条件和力学平衡关系，采用分离迭代法，笔者编制出车桥系统空间耦合振动分析程序，程序框图如图 4-2 所示。

4.1.4 算例验证

分别采用集中力匀速通过简支梁、弹簧质量系统匀速通过简支梁和江阴长江公路大桥动载试验对本书所采用的汽车—桥梁系统分析模型的可靠性及程序模块的正确性进行验证。

4.1.4.1 集中力匀速通过简支梁

该简支梁长 $L=300\text{ m}$，宽 $B=40\text{ m}$，两端扭转自由度均固定。平板断面竖向和横向弯曲刚度分别为 $EI_z=2.1\times 10^6\text{ MPa}\cdot\text{m}^4$，$EI_y=1.8\times 10^7\text{ MPa}\cdot\text{m}^4$，扭转刚度 $GI_t=4.1\times 10^5\text{ MPa}\cdot\text{m}^4$。每延米长度质量 $m=20\ 000\text{ kg/m}$，质量惯矩 $I_m=4.5\times 10^6\text{ kg}\cdot\text{m}^2/\text{m}$，空气密度 $\rho=1.225\text{ kg/m}^3$。结构各固有模态的阻尼比均假设为 0.005。集中力 $P=42\text{ kN}$，移动速度 $V=40\text{ km/h}$。

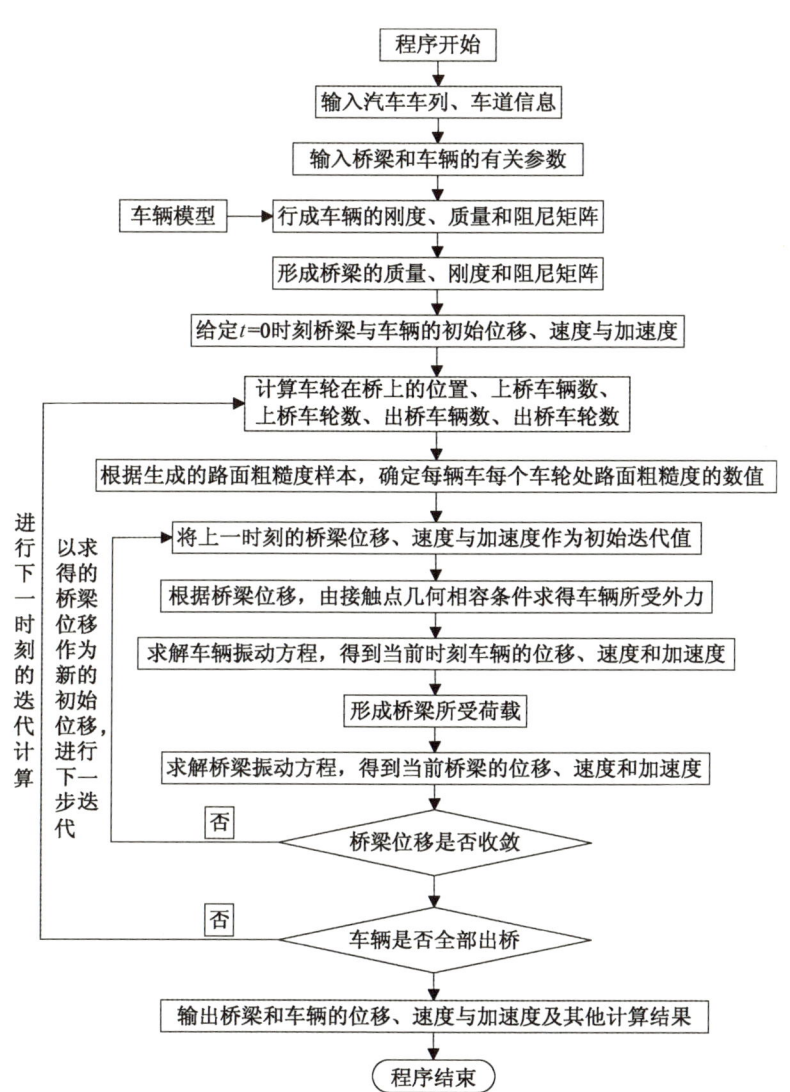

图 4-2 汽车-桥梁系统空间耦合振动分析程序框图

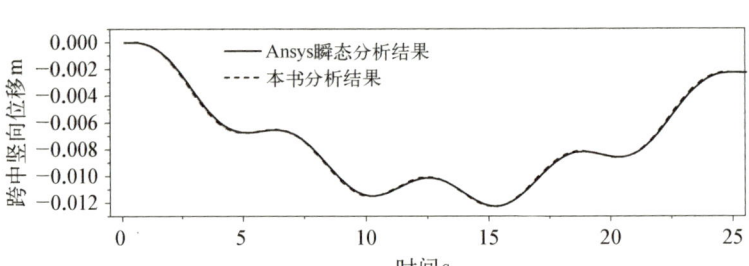

图 4-3 集中力匀速通过简支梁

采用 Newmark-β 法进行数值积分计算时间历程共 26.91 s,时间步长取 0.01 s。由图 4-3 可见本书计算结果与 ANSYS 瞬态动力有限元计算结果完全一致。

4.1.4.2 弹簧质量系统通过简支梁

梁参数：跨度为 $L=25$ m,弹性模量 $E_b=2.8$ GPa,泊松比 $\mu=0.2$,绕横轴抵抗矩 $I_x=2.9$ m^4,单位长度质量 $m=2\,303$ kg/m;悬挂质量参数：悬挂质量 $M_v=5\,750$ kg,悬挂刚度 $K_v=1\,595$ kN/m,移动速度 $V=100$ km/h。(见图 4-4)。

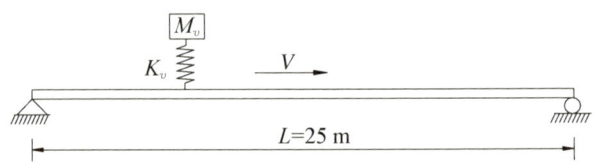

图 4-4 弹簧质量系统通过简支梁

弹簧质量系统通过简支梁时,跨中结点的竖向位移和竖向加速度、质量块的竖向位移和竖向加速度计算值与 Yang 和 Yau 计算结果[94]对比情况见图 4-5,由图可以看出二者吻合较好。

4.1.4.3 江阴长江大桥

江阴长江大桥是我国跨度名列前茅的悬索桥,主跨跨度为 1 385 m。

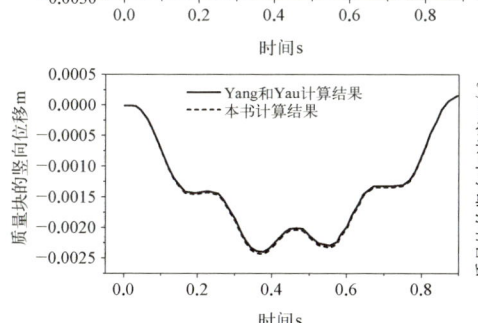

图4-5 本书计算结果与Yang和Yau计算结果对比图

主梁为宽 36.9 m，高 3.0 m 的扁平状闭口钢箱梁。主缆相距 32.5 m，吊杆间距为 16 m，矢跨比为 1/10.5。桥塔为门式框架结构，南北桥塔高分别为 187 m 和 184 m。桥面设置为 $R=27\,710$ m 的竖曲线。

根据设计资料，建立了用于车桥耦合振动分析的江阴长江大桥有限元空间计算模型（图 4-6）。桥面主梁和桥塔采用空间梁单元，主梁简化为鱼骨式模型，主缆和吊杆部分均采用杆单元。悬索桥的成桥初始内力状态依据大桥竣工验收时实测值确定。

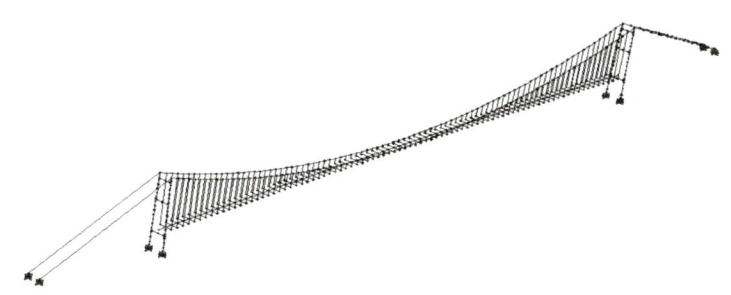

图4-6 江阴长江大桥三维有限元计算模型

在江阴长江公路大桥验收[149]时,进行了无障碍行车试验,试验方法为4辆满载的试验车辆并排,分别以 10 km/h、20 km/h、30 km/h 及 40 km/h 的速度通过桥跨结构,记录 3L/4 断面上动挠度测点的动挠度曲线。表 4-1 给出了 4 种车速下主梁 3L/4 截面最大动挠度计算值与试验值对比情况,二者的最小误差为对应于 10 km/h 的 -1.68%,最大误差为对应于 20 km/h 的 -7.54%,总体而言,最大动挠度计算值与试验值吻合较好。

表 4-1 不同试验工况主梁 3L/4 截面最大动挠度

试验工况		10 km/h	20 km/h	30 km/h	40 km/h
最大动挠度 (m)	计算值(A)	-0.238	-0.242	-0.238	-0.244
	试验值(B)	-0.234	-0.224	-0.254	-0.230
	(B-A)/A×100%	-1.68%	-7.54%	6.72%	-5.73%

图 4-7 给出了车辆以 30 km/h 通过桥跨结构时 3L/4 断面位移时程曲线对比图。当车辆进入桥跨结构的前 61.56 s 时,3L/4 断面的竖向位移响应先变大,后变小,方向向上。当车列从 61.56 s 直至离开桥跨结构时,桥梁跨中的竖向位移响应先达到最大值,后变小,方向向下,3L/4 断面动挠度时程计算曲线与实测曲线整体上吻合较好。

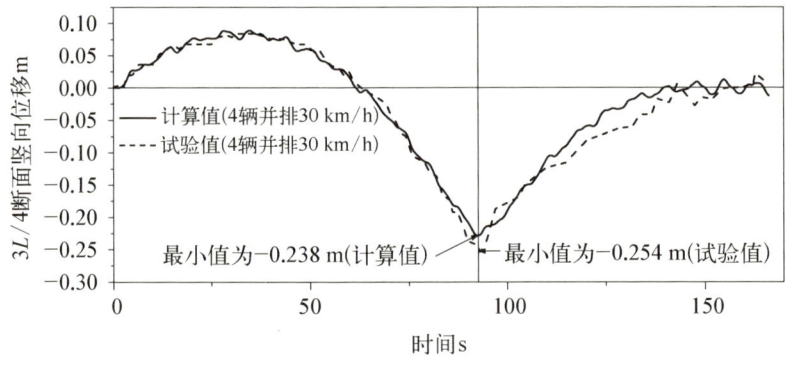

图 4-7 江阴长江公路大桥 3L/4 断面位移时程曲线对比图

4.2 杭州湾跨海大桥

杭州湾跨海大桥道路通行要求高,全线采用双向六车道高速公路标准建设,图4-8给出了车道布置示意图。车道一的中心线距桥梁中心的距离为1.875 m,车道二的中心线距桥梁中心的距离为5.262 5 m,车道三的中心线距桥梁中心的距离为9.375 m。

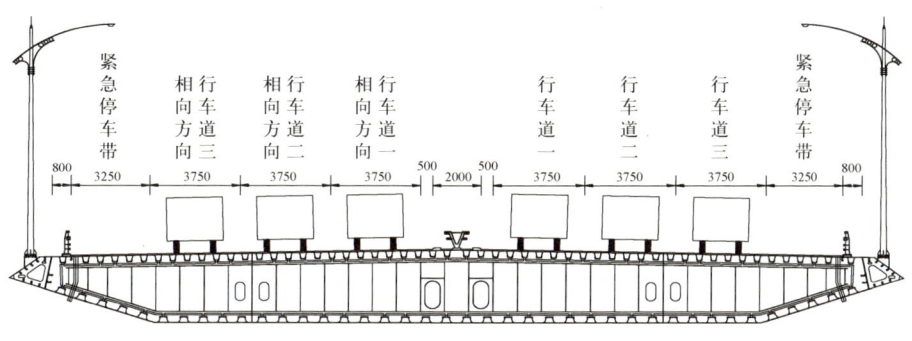

图4-8 车道布置示意图

4.2.1 桥梁的动力响应及冲击系数

以杭州湾跨海大桥为研究对象,运用所编制的程序详细研究车辆数目、车辆间距、不同车道、车辆相向行驶、不同路况以及不同车速时车流通过桥梁时桥梁的动力响应和冲击系数。计算时间为从车流的第一辆车进入桥跨结构开始,直至车流的最后一辆车离开桥跨结构。

桥梁冲击系数定义为最大动态位移和最大静态位移之比

$$\varphi = \frac{D_{dyn}(x)}{D_{st}(x)} \quad (4-12)$$

式中,$D_{dyn}(x)$为车辆荷载过桥时桥梁x位置处动挠度的峰值;$D_{st}(x)$为同一车辆荷载静力作用时桥梁 x 位置处挠度。

4.2.1.1 车辆数目的影响

通常而言,行驶于桥梁上的车辆数目是随机的,为了研究车辆数目对桥梁跨中响应的影响,计算中车辆数目分别取为 1 排、2 排、4 排、6 排、8 排和 10 排。其中一排是指三辆车辆并排于车道一、车道二和车道三上同时行进。车速为 80 km/h,路面粗糙度为好。

由图 4-9 可见,车辆数目对桥梁跨中的竖向位移响应影响显著。当车

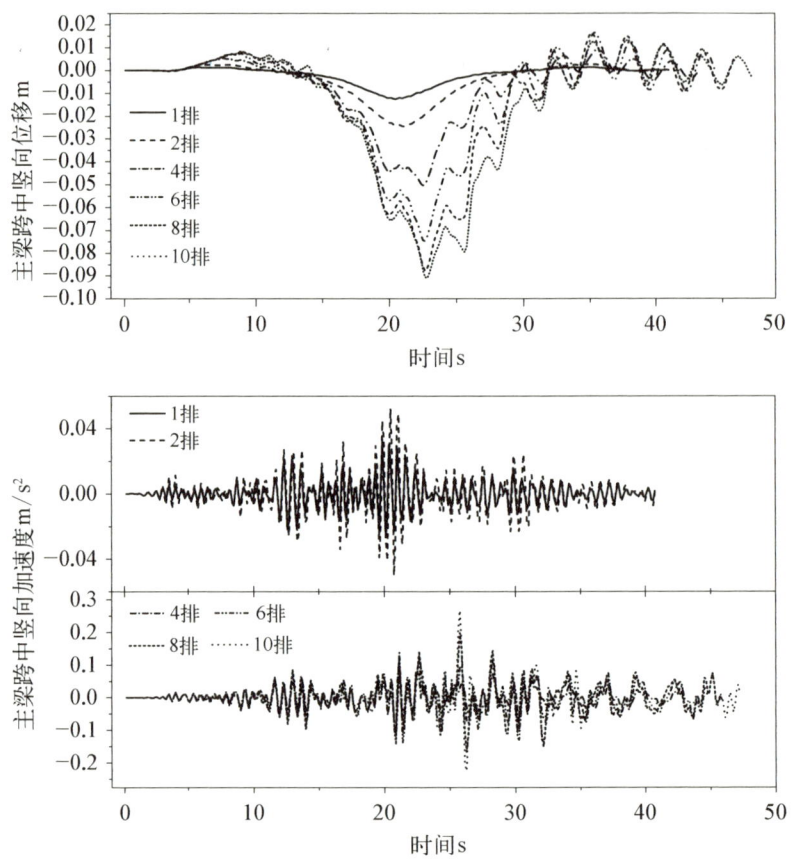

图 4-9　不同车辆数目下主梁跨中竖向位移和加速度对比图

辆数目为 1 排、2 排时,桥梁跨中的竖向位移时程非常光滑,并且响应曲线对称。而车辆数目为 4 排、6 排、8 排和 10 排时的竖向位移时程波动较大;车辆数目为 1 排、2 排时,当车列进入桥梁行至左辅助墩(时间 0 s～3.15 s)时,桥梁跨中的竖向位移响应很小,几乎为 0。当车列从左辅助墩行至左桥塔(时间 3.15 s～10.35 s)时,桥梁跨中的竖向位移响应先变大,后变小,方向向上。当车列行驶在中跨(时间 10.35 s～30.51 s)时,桥梁跨中的竖向位移响应先达到最大值,后变小,方向向下。当车列从右桥塔行至右辅助墩(时间 30.51 s～37.71 s)时,桥梁跨中的竖向位移响应重新变大,后变小,方向向上。当车列从右辅助墩直至离开桥梁(时间 37.71 s～40.86 s)时,桥梁跨中的竖向位移响应几乎为 0。总体而言,整条曲线比较对称。而车辆数目为 4 排、6 排、8 排、10 排时,当车列进入桥梁行至左辅助墩时,桥梁跨中的竖向位移响应几乎为 0,当车列从左辅助墩行至左桥塔时,桥梁跨中的竖向位移响应也是先变大,后变小,方向向上,有轻微波动。当车列行驶在中跨时,桥梁跨中的竖向位移响应先达到最大值,后变小,方向向下,波动较大。当车列从右桥塔直至离开桥梁时,桥梁跨中的竖向位移波动一直较大。

当车列经过跨中结点时,相应点的竖向加速度变得相当大,而当车列远离该点时,相应点的竖向加速度逐渐变小,这说明车辆移动荷载只改变斜拉桥的局部动力响应。

由图 4-10 可以看出当车流经过跨中结点时,跨中结点的扭转响应达到最大,而当车辆远离跨中结点时,相应点的扭转逐渐变小,这同样说明车辆移动荷载只改变斜拉桥局部动力响应。

由表 4-2 可见,随着车辆数目的增加,主梁跨中响应增加,但增加幅度递减。如车列从 1 排车增加至 2 排车时,跨中最大竖向位移从 -0.013 m 增至 -0.025 m,增幅为 92.3%,而车列从 8 排车增加至 10 排车时,跨中最大竖向位移从 -0.087 m 增至 -0.091 m,增幅仅为 4.6%;冲击系数并非

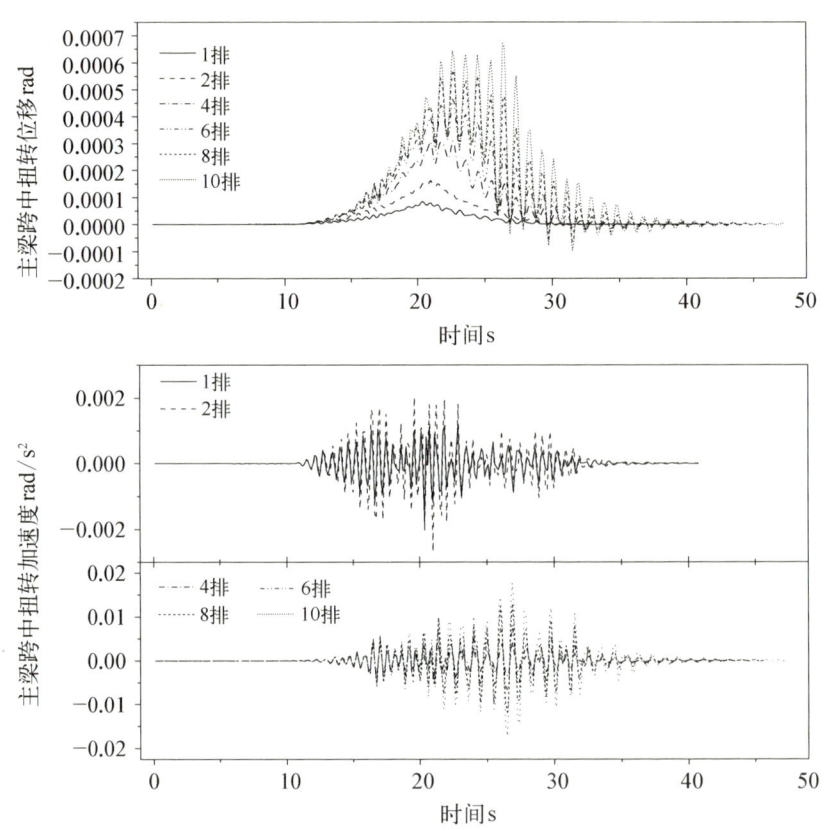

图 4-10 不同车辆数目下主梁跨中扭转位移和加速度对比图

随着车辆数目的增加而严格增加,当车列为 1 排、2 排时,冲击系数较小,而车列为 4 排、6 排、8 排、10 排时,冲击系数变得较大。

表 4-2 不同车辆数目下主梁跨中响应值及冲击系数

计 算 工 况	1排车	2排车	4排车	6排车	8排车	10排车
跨中最大竖向位移(m)	−0.013	−0.025	−0.051	−0.075	−0.087	−0.091
跨中竖向加速度 RMS 值 (m/s^2)	0.008	0.012	0.028	0.041	0.045	0.047
跨中最大扭转位移(rad)	0.00009	0.00016	0.00031	0.00047	0.00057	0.00067

续 表

计 算 工 况	1排车	2排车	4排车	6排车	8排车	10排车
跨中扭转加速度 RMS 值（rad/s²）	0.000 35	0.000 55	0.001 16	0.001 97	0.003 03	0.004 04
跨中冲击系数	1.013	1.005	1.071	1.149	1.151	1.127

4.2.1.2 车辆间距的影响

为了研究车辆间距对桥梁跨中响应的影响，计算中车辆间距分别取为 5 m、10 m、20 m、30 m 和 40 m。车辆数目为 10 排，车速为 80 km/h，路面粗糙度为好。

当车辆间距为 5 m、10 m、20 m、30 m 和 40 m 时，整个车列需要花费 45.25 s、47.25 s、51.38 s、55.38 s 和 59.50 s 通过桥梁，当车列经过主梁跨

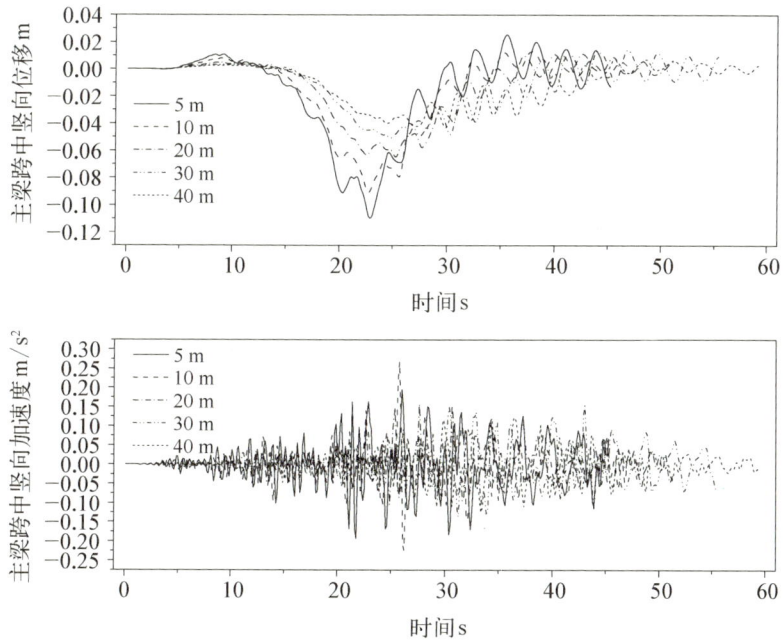

图 4-11 不同车辆间距主梁跨中竖向位移和加速度对比图

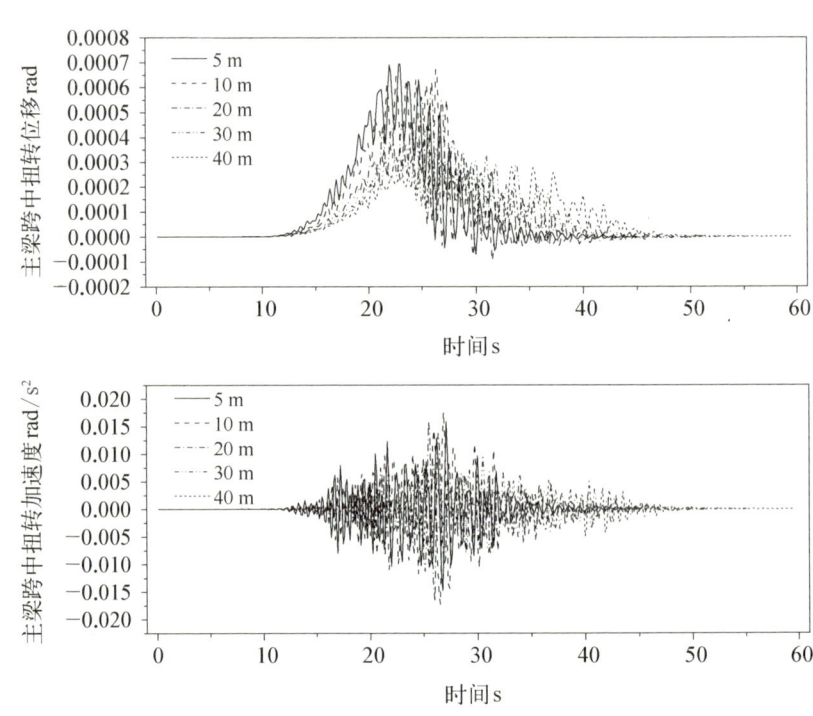

图 4-12　不同车辆间距主梁跨中扭转位移和加速度对比图

中时,主梁跨中的竖向位移达到最大值,尽管达到最大值的时间不同。

表 4-3　不同车辆间距下主梁跨中响应值及冲击系数

计　算　工　况	5 m	10 m	20 m	30 m	40 m
跨中最大竖向位移(m)	-0.110	-0.091	-0.065	-0.051	-0.043
跨中竖向加速度 RMS 值 (m/s^2)	0.060	0.047	0.037	0.045	0.035
跨中最大扭转位移(rad)	0.000 69	0.000 67	0.000 62	0.000 44	0.000 35
跨中扭转加速度 RMS 值 (rad/s^2)	0.003 58	0.004 04	0.003 08	0.002 14	0.001 79
跨中冲击系数	1.155	1.127	1.094	1.058	1.144

由图 4-11、图 4-12 和表 4-3 可见,随着车辆间距的增加,主梁跨中

响应逐渐减小,主梁跨中冲击系数也基本减小。

4.2.1.3 车道的影响

为调查车辆行驶于不同车道对主梁跨中响应的影响,计算中车列由 10 辆车辆组成,车辆间距为 10 m,车列分别行进在车道一、车道二和车道三。车速为 80 km/h,路面粗糙度为好。

由图 4-13 和图 4-14 可见,车列行驶于不同车道对主梁跨中的竖向响应几乎没有影响,而对主梁跨中的扭转响应影响显著,主梁跨中的扭转响应随着车列行驶的车道距桥梁中心距离的增加而增大。

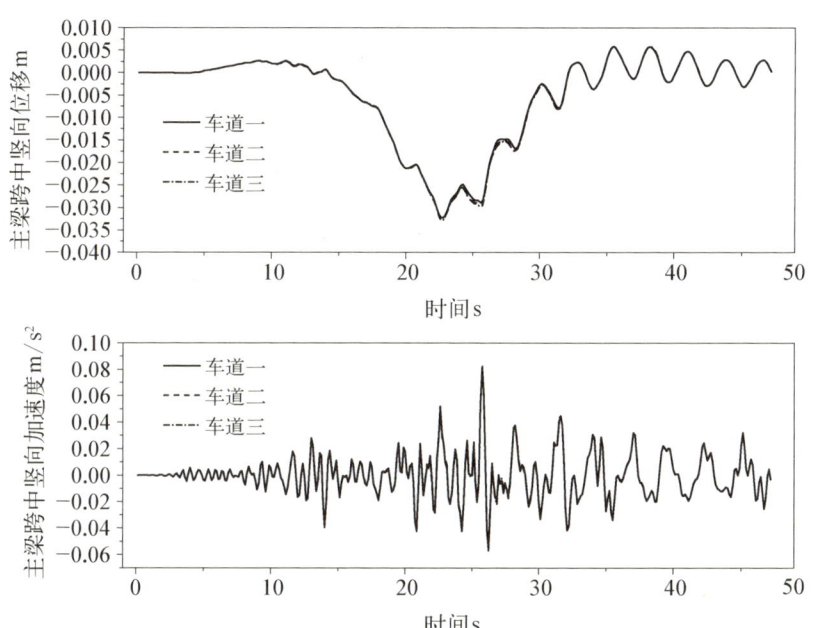

图 4-13 车列行驶于不同车道时主梁跨中竖向位移和加速度对比图

4.2.1.4 车辆相向行驶

为研究车辆单向行驶与相向行驶对主梁响应的影响,分别进行了车辆

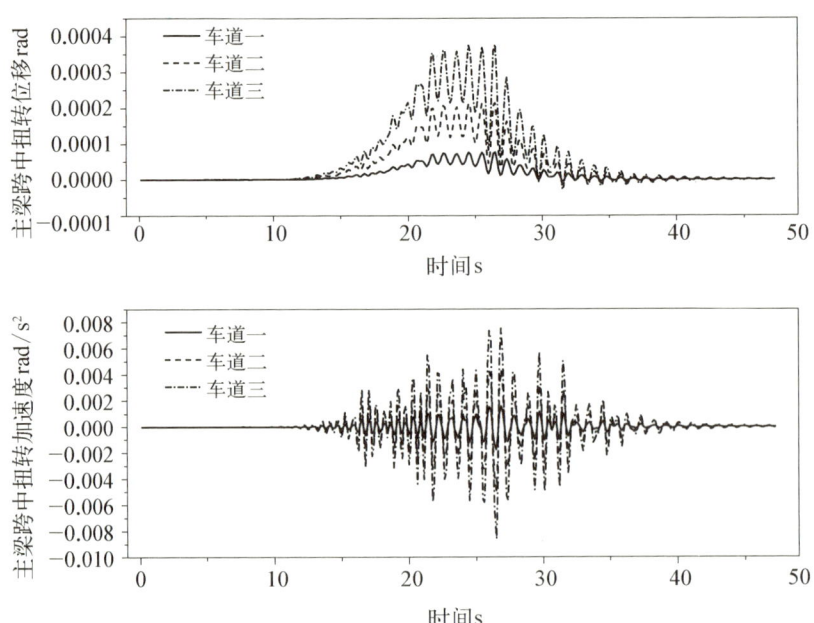

图 4-14 车列行驶于不同车道时主梁跨中扭转位移和加速度对比图

单向与双向行驶的计算,车辆单向行驶时车列由 10 排车组成,每排车 3 辆车并行,车辆间距 10 m。车辆双向行驶时由对开的两个车列组成,每个车列由 5 排车组成,每排车 3 辆车并行,车辆间距 10 m。车速为 80 km/h,路面粗糙度为好。

当车辆单向与相向行驶时,整个车列分别需要花费 47.25 s 和 42.90 s 完全通过桥梁。由图 4-15 可见,车辆相向行驶时的主梁跨中最大竖向位移明显大于车辆单向行驶时的主梁跨中最大竖向位移。如车辆相向行驶时的主梁跨中最大竖向位移−0.120 3 m 为车辆单向行驶时的主梁跨中最大竖向位移−0.091 0 m 的 1.32 倍,这主要由于车辆相向行驶时对开的两个车列同时到达跨中;车辆单向行驶时,当车列经过主梁跨中时,主梁跨中的扭转位移响应达到最大值而车辆双向行驶时主梁跨中扭转位移响应始终为 0。

第 4 章 汽车-桥梁系统空间耦合振动研究

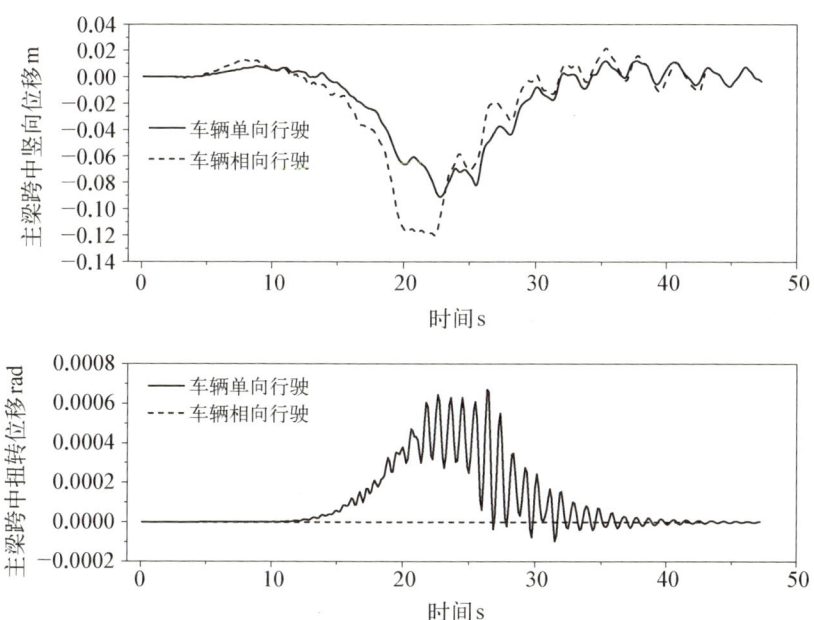

图 4-15 车辆单向与相向行驶时主梁跨中竖向位移和扭转位移对比图

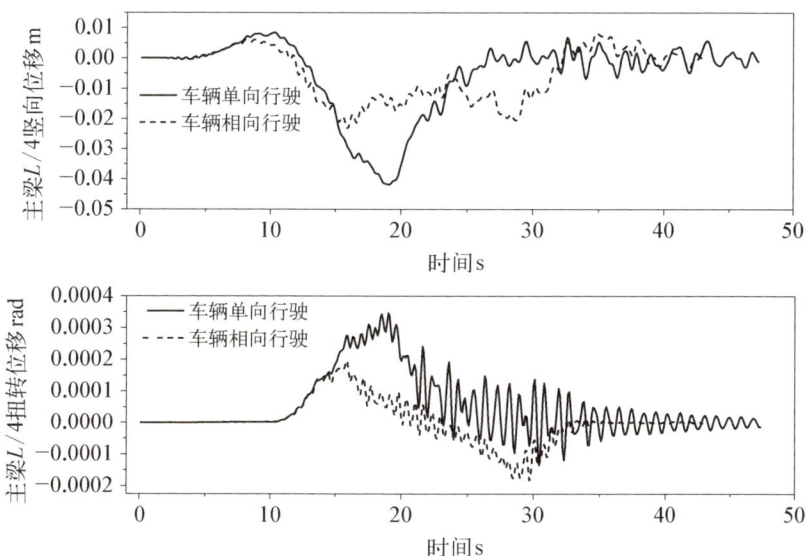

图 4-16 车辆单向与相向行驶时主梁 $L/4$ 处竖向位移和扭转位移对比图

由图 4-16 可见，车辆单向行驶时主梁 $L/4$ 处最大竖向位移和最大扭转位移明显大于车辆双向行驶时主梁跨中响应的相应值。这主要由于当车辆双向行驶时，两列车经过 $L/4$ 处的时刻存在明显的时间差。

4.2.1.5 粗糙度的影响

为研究路面粗糙度对主梁跨中响应的影响，计算中采用三种路况：非常好、好以及一般。计算中车速为 80 km/h，车辆数目为 10 排，车辆间距 10 m。

由图 4-17、图 4-18 和表 4-4 可见，随着路面粗糙度状况的变坏，不仅主梁跨中的最大竖向位移和最大扭转位移而且主梁跨中竖向位移和扭转位移的脉动部分都变大，因此，主梁跨中冲击系数也随着路面状况变坏而增大；当路面状况为非常好、好以及一般时，主梁跨中的竖向加速度 RMS 值和扭转加速度 RMS 值增加显著，即路况越差，桥梁的加速度响应就越大。以主梁跨中竖向加速度 RMS 值为例，当路面状况为非常好时，主梁跨

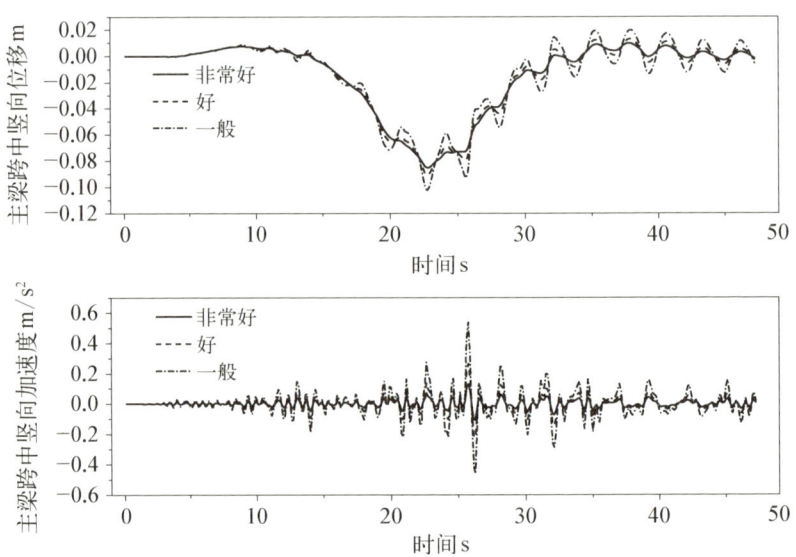

图 4-17 不同路面粗糙度下主梁跨中竖向位移和加速度对比图

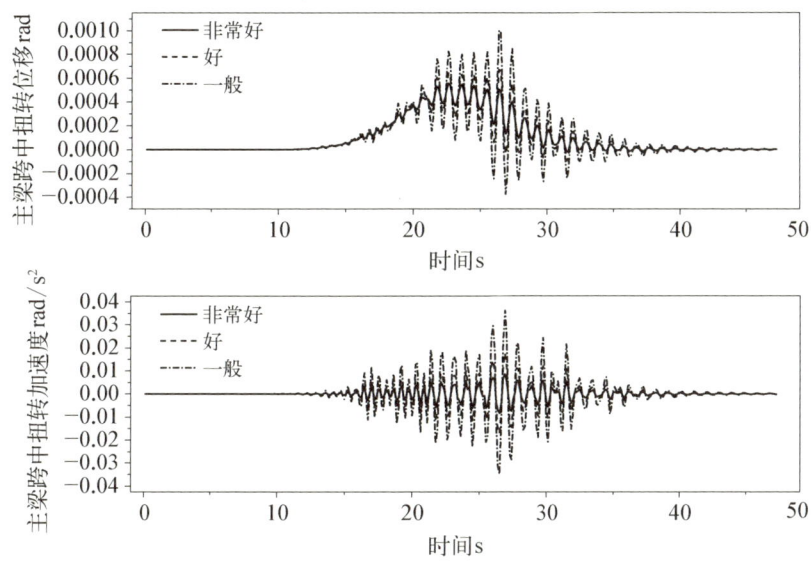

图 4-18 不同路面粗糙度下主梁跨中扭转位移和加速度对比图

表 4-4 不同路面粗糙度下主梁跨中响应值及冲击系数

计 算 工 况	非常好	好	一 般
跨中最大竖向位移(m)	−0.085	−0.091	−0.102
跨中竖向加速度 RMS 值(m/s²)	0.023	0.047	0.089
跨中最大扭转位移(rad)	0.000 56	0.000 67	0.001 00
跨中扭转加速度 RMS 值(rad/s²)	0.002 04	0.004 04	0.007 72
跨中冲击系数	1.057	1.127	1.269

中的竖向加速度 RMS 值为 0.023 m/s²,路面粗糙度为好和一般时所对应的主梁跨中竖向加速度 RMS 值 0.047 m/s²、0.089 m/s² 为其的 2.04 倍、3.87 倍。

4.2.1.6 车速的影响

许多研究表明车速是一个影响车桥系统相互作用的重要因素。为了研究车速对主梁跨中响应的影响,分别选用了 40 km/h、60 km/h、80 km/h 和 120 km/h 4 种车速进行分析。车辆数目为 10 排,车辆间距 10 m,路面粗糙度为好。

由图 4-19、图 4-20 和表 4-5 可见,当车速为 40 km/h、60 km/h、80 km/h 和 120 km/h 时,整个车列分别需要 94.75 s、63.125 s、47.25 s 和 31.5 s 通过桥梁,当车列经过主梁跨中时,主梁跨中的竖向位移达到最大值,尽管由于车速不同,达到最大值的时间不同;主梁跨中的响应并非随着车速的增加而增大,总体而言,车速为 80 km/h 时的主梁跨中响应大于其他车速时的主梁跨中响应。以主梁跨中扭转加速度 RMS 值为例,对应于 40 km/h、60 km/h、80 km/h 和 120 km/h 车速时的主梁跨中扭转加速度 RMS 值分别为 0.001 80 rad/s^2、0.002 63 rad/s^2、0.004 04 rad/s^2 和 0.002 23 rad/s^2,对应于 80 km/h 的主梁跨中扭转加速度 RMS 值分别为 40 km/h、60 km/h 和 120 km/h 车速时相应值的 2.24 倍、1.54 倍和 1.81 倍。这主要应由于在

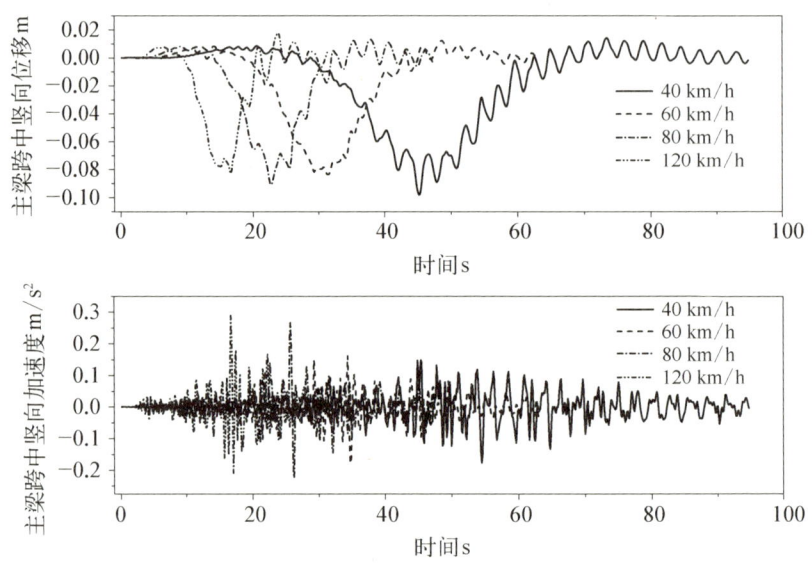

图 4-19　不同车速下主梁跨中竖向位移和加速度对比图

第4章 汽车-桥梁系统空间耦合振动研究

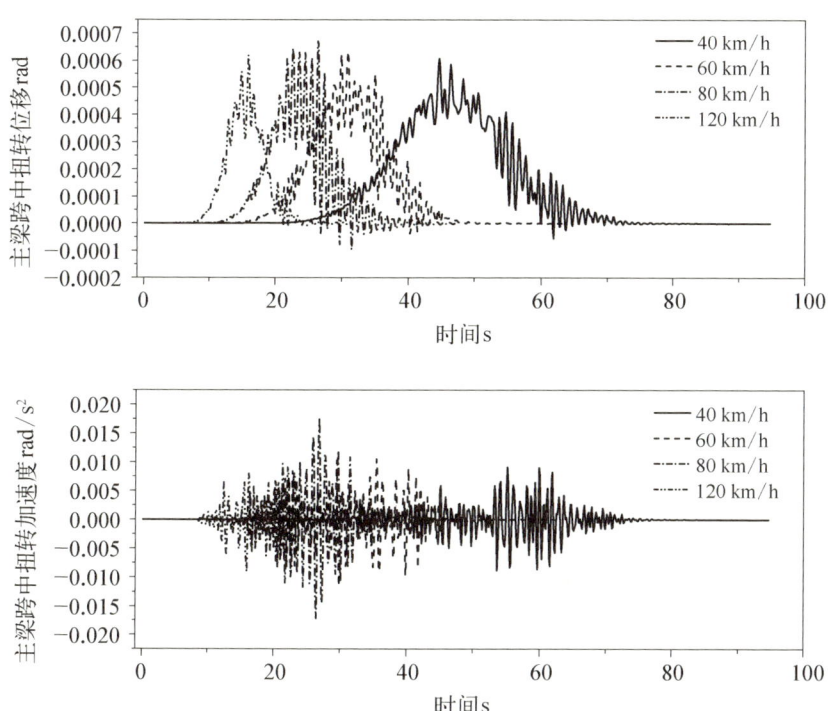

图4-20 不同车速下主梁跨中扭转位移和加速度对比图

表4-5 不同车速下主梁跨中响应值及冲击系数

计 算 工 况	40 km/h	60 km/h	80 km/h	120 km/h
跨中最大竖向位移(m)	−0.098	−0.084	−0.091	−0.083
跨中竖向加速度 RMS 值 (m/s^2)	0.040	0.038	0.047	0.058
跨中最大扭转位移(rad)	0.000 61	0.000 63	0.000 67	0.000 62
跨中扭转加速度 RMS 值 (rad/s^2)	0.001 80	0.002 63	0.004 04	0.002 23
跨中冲击系数	1.214	1.091	1.127	1.106

80 km/h 车速时,车桥系统发生了共振,而研究表明移动车辆产生的激发频率由车速、车辆的长度和两车之间的间距而定,而桥梁的最大响应由移动荷载的激发频率和桥梁的自振频率共同确定。

4.2.2 车辆的动力响应以及驾驶舒适性

4.2.2.1 粗糙度的影响

图 4-21 给出了无粗糙度、非常好、好和一般四种路面粗糙度情况下车列 3 第一辆车质心处的竖向位移和加速度时程曲线,计算时车速为 80 km/h,车辆数目为 10 排,车辆间距 10 m。

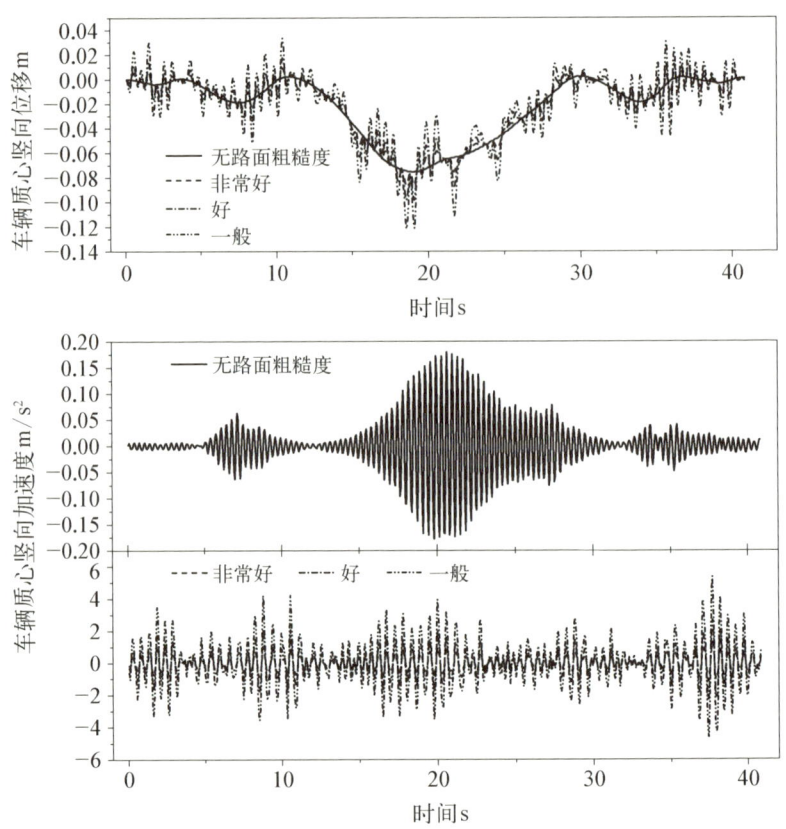

图 4-21 不同路面粗糙度下车辆质心竖向位移和加速度响应

当车辆进入桥梁时,车辆所受到的竖向激励包括两部分,一为车辆产生的桥梁的变形,二为路面粗糙度,那么车辆的竖向响应也为两者的综合作用共同产生的。为了研究二者在车辆竖向响应的贡献成分,特将路面粗糙度设置为理想光滑,即无路面粗糙度,仅研究桥梁变形在车辆竖向响应中的作用。由图 4-21 可以看出,当无路面粗糙度时,车辆质心的竖向位移响应非常平缓、光滑,如果将车辆质心的竖向位移响应人为的分为平均部分和脉动部分,那么桥梁的变形控制着车辆质心竖向位移响应的平均部分。而当路面为非常好、好和一般时,车辆质心的竖向位移响应出现明显脉动成分,并且随着路况的变坏,脉动越显著,即路面粗糙度主要控制着车辆质心竖向位移响应的脉动部分。

在无路面粗糙度时,当车列进入桥梁行至左辅助墩时,车辆质心的竖向加速度响应响应很小。当车列从左辅助墩行至左桥塔时,车体质心的竖向加速度响应先变大,后变小。当车列行驶在中跨时,车辆质心的竖向加速度响应先达到最大值,后变小。当车列从右桥塔直至离开桥梁时,车辆质心的竖向加速度响应重新经历了先变大,后变小的过程。总之,车辆质心的竖向加速度与桥梁变形的大小相关,桥梁的变形越大,车辆质心的竖向加速度也越大,但整体而言,桥梁变形所产生的车辆质心竖向加速度并不大,车辆质心竖向加速度最大值为 0.18 m/s^2。当路面为非常好、好和一般时,车辆质心的竖向加速度较无路面粗糙度时显著增加,并且随着路况的变坏,车辆质心竖向加速度越大,即车辆质心的竖向加速度主要由路面粗糙度控制。

为了评价行驶于大跨斜拉桥上的车辆驾驶舒适度,车辆驾驶员位置处的动力响应可以通过车辆质心的动力响应计算得到(表 4-6),然后对车辆质心竖向加速度进行傅立叶变换可以得到三种路面粗糙度情况下车辆驾驶员位置处竖向加速度的功率谱函数(图 4-22),图 4-22 不仅给出了不同粗糙度情况下车辆驾驶员位置处 1/3 倍频竖向加速度均方差,也给出了 ISO2631 标准对应于 1 min、25 min 和 1 h 的容许承受曲线。可以看出,由于车辆经过所关心路段的持续时间仅为 45 s,车辆在竖向的驾驶舒适性不仅小于 1 min 的容许承受曲线,也小于 25 min 的容许承受曲线。

表 4-6 不同路面粗糙度下车辆响应

路 况	非常好		好		一 般	
位 置	质 心	驾驶员座位处	中 心	驾驶员座位处	中 心	驾驶员座位处
最大竖向位移(m)	−0.086 9	—	−0.098 4	—	−0.121 4	—
竖向加速度 RMS 值(m/s²)	0.395 6	0.570 6	0.837 9	1.140 1	1.701 1	2.292 5

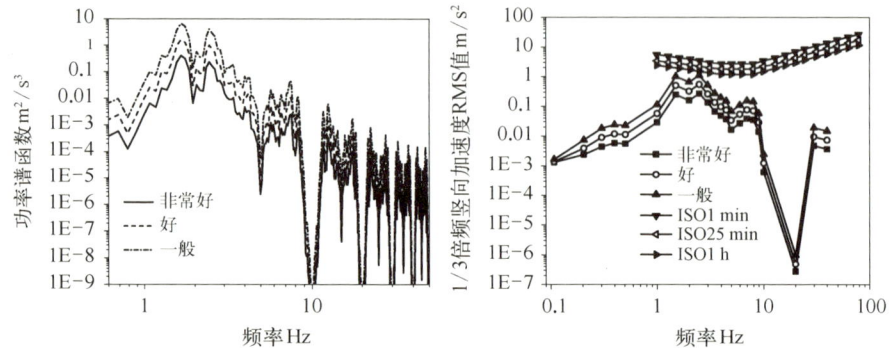

图 4-22 不同路面粗糙度下车辆驾驶员位置处竖向加速度 PSD 和 1/3 倍频竖向加速度 RMS 值

4.2.2.2 车速的影响

为了研究车速对车辆的动力响应和舒适性的影响,分别选用了 40 km/h、60 km/h 和 80 km/h 3 种车速进行分析。计算中车辆数目为 10 排,车辆间距 10 m,路面粗糙度为好。

由图 4-23 和表 4-7 可见,车辆质心的竖向位移响应并没有随着车速的增加而增大,如对应于 40 km/h 的车辆质心最大竖向位移为 −0.092 7 m 而对应于 60 km/h 时的车辆质心最大竖向位移为 −0.085 8 m;车辆质心的竖向加速度随着车速的增加而增大。

第4章 汽车—桥梁系统空间耦合振动研究

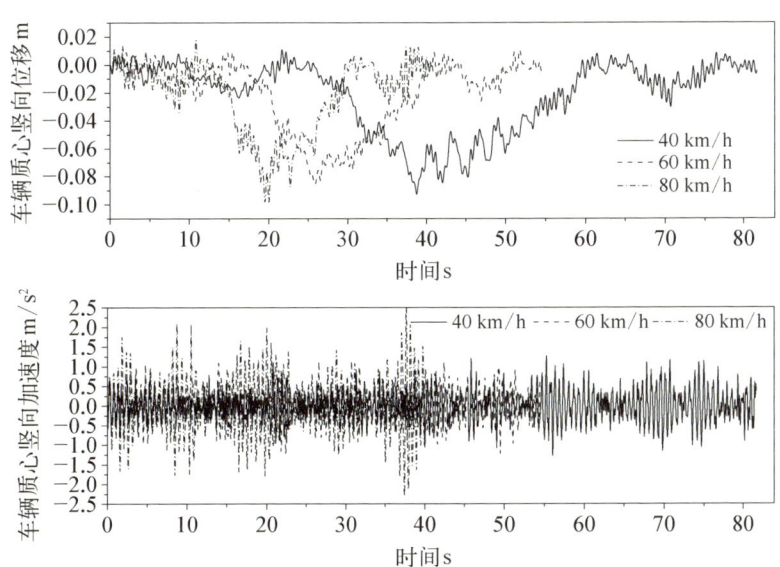

图 4-23 不同车速下车辆质心竖向位移和加速度响应

表 4-7 不同车速下车辆响应

路 况	40		60		80	
位 置	质心	驾驶员座位处	中心	驾驶员座位处	中心	驾驶员座位处
最大竖向位移(m)	−0.092 7	—	−0.085 8	—	−0.098 4	—
竖向加速度RMS值(m/s^2)	0.383 3	0.851 4	0.487 8	0.919 6	0.837 9	1.140 1

图 4-24 给出了不同车速下车辆驾驶员位置处 1/3 倍频竖向加速度均方差和 ISO2631 标准对应于 1 min、25 min 和 1 h 的容许承受曲线。可以看出,由于车辆经过所关心路段的持续时间仅为 45 s,车辆在竖向的驾驶舒适性明显小于 1 min、25 min 和 1 h 的容许承受曲线。

— 139 —

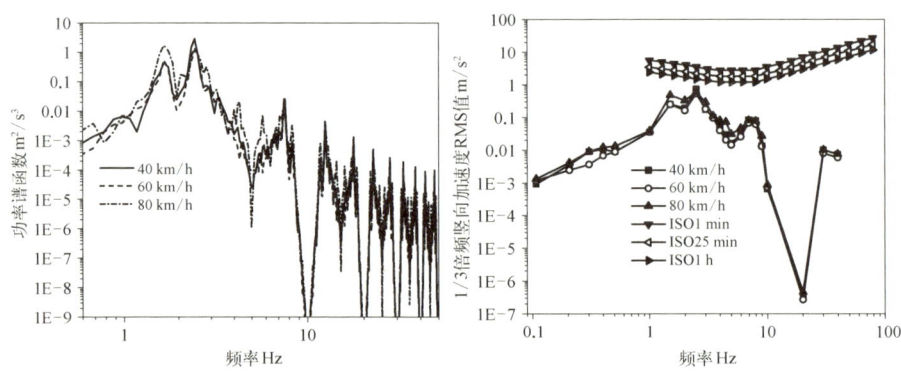

图4-24 不同车速下车辆驾驶员位置处竖向加速度PSD和1/3倍频竖向加速度RMS值

4.3 润扬长江公路大桥

润扬长江大桥是我国建成的大跨度悬索桥之一,主跨跨度为1 490 m,见图4-25所示。主梁截面(方案一)为宽38.7 m,高3.0 m的扁平状闭口钢箱梁,见图4-26。主缆中心距34.3 m,外径为0.857 m,吊杆间距为

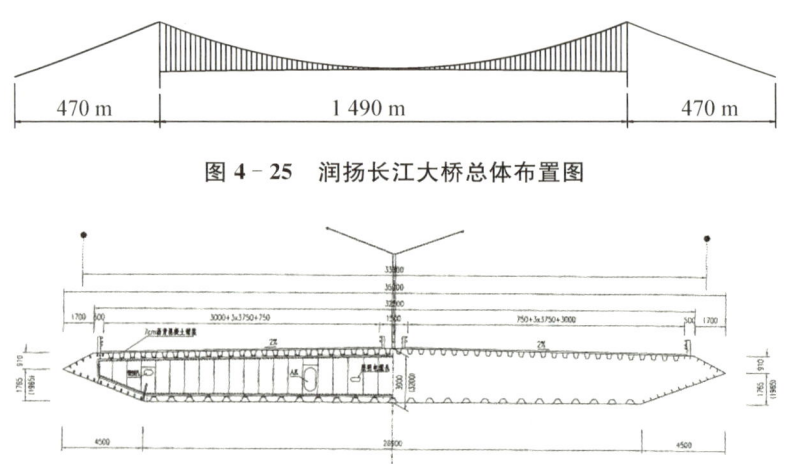

图4-25 润扬长江大桥总体布置图

图4-26 润扬长江大桥主梁横断面图(方案一)

第4章 汽车-桥梁系统空间耦合振动研究

16 m,外径为 0.068 m。桥塔为混凝土门式框架结构,塔高约为 209 m。跨中主梁与主缆之间设置中央扣联系。

4.3.1 粗糙度的影响

为研究路面粗糙度对大跨度悬索桥桥梁响应的影响以及对比路面粗糙度对斜拉桥、悬索桥车桥耦合振动特点的影响,计算中采用三种路面粗糙度:非常好、好以及一般。计算中车速为 80 km/h,车辆数目为 10 排,车辆间距 10 m。

由图 4-27、图 4-28 和表 4-8 可见,路面粗糙度对主梁跨中竖向位移响应影响很小,对应于非常好、好以及一般三种路面粗糙度情况的主梁跨中最大竖向位移分别为 -0.411 m、-0.410 m 和 -0.411 m,因此,主梁跨中冲击系数也保持不变;当路面状况由好变差时,主梁跨中扭转位移波动变得越显著,且主梁跨中的最大扭转位移响应也变大,主梁跨中的竖向、扭转加速度 RMS 值增加显著。

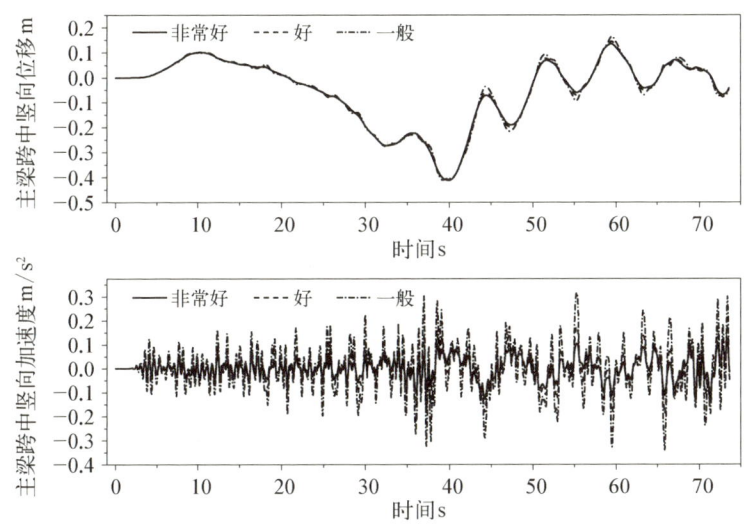

图 4-27 不同路面粗糙度下主梁跨中竖向位移和加速度对比图

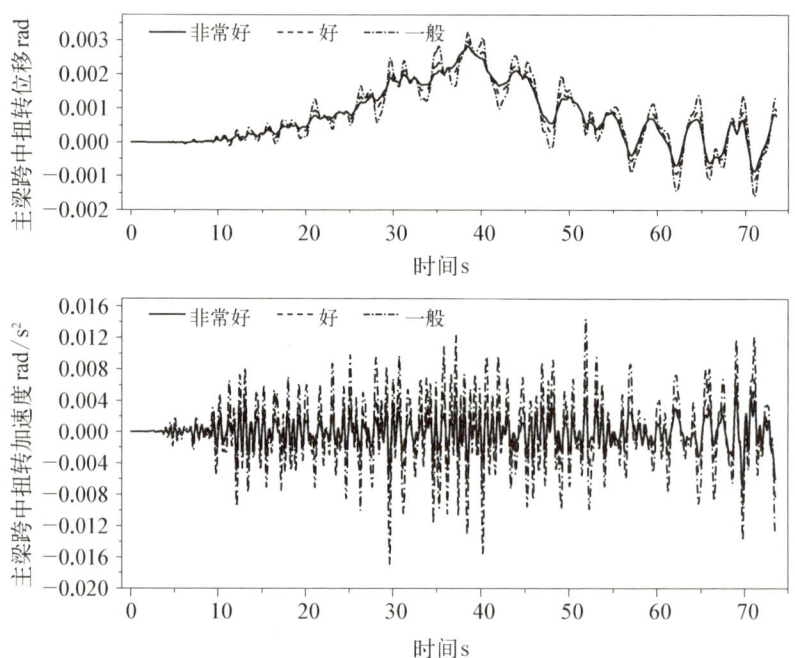

图 4-28 不同路面粗糙度下主梁跨中扭转位移和加速度对比图

表 4-8 不同路面粗糙度下主梁跨中响应值及冲击系数

计 算 工 况	非常好	好	一 般
跨中最大竖向位移(m)	−0.411	−0.410	−0.411
跨中竖向加速度 RMS 值(m/s²)	0.042	0.059	0.100
跨中最大扭转位移(rad)	0.002 8	0.003 0	0.003 2
跨中扭转加速度 RMS 值(rad/s²)	0.001 45	0.002 44	0.004 58
跨中冲击系数	1.168	1.168	1.168

与车辆移动荷载只改变斜拉桥局部动力响应不同,可以看出当车流经过跨中结点时,相应点的响应变的较大,而当车辆远离相应点时,该点的响应并没有显著减小,对于跨中竖向加速度和扭转位移,甚至还有增大的趋势,说明车辆移动荷载将会影响悬索桥的整体动力响应。

4.3.2 车速的影响

为了研究车速对大跨度悬索桥响应的影响,分别选用了 40 km/h、60 km/h、80 km/h 和 120 km/h 4 种车速进行分析。车辆数目为 10 排,车辆间距 10 m,路面粗糙度为好。

由图 4-29、图 4-30 和表 4-9 可见,主梁跨中的响应并非随着车速的增加而增大,总体而言,车速为 80 km/h 时的主梁跨中响应略大于其他车速时的主梁跨中响应。

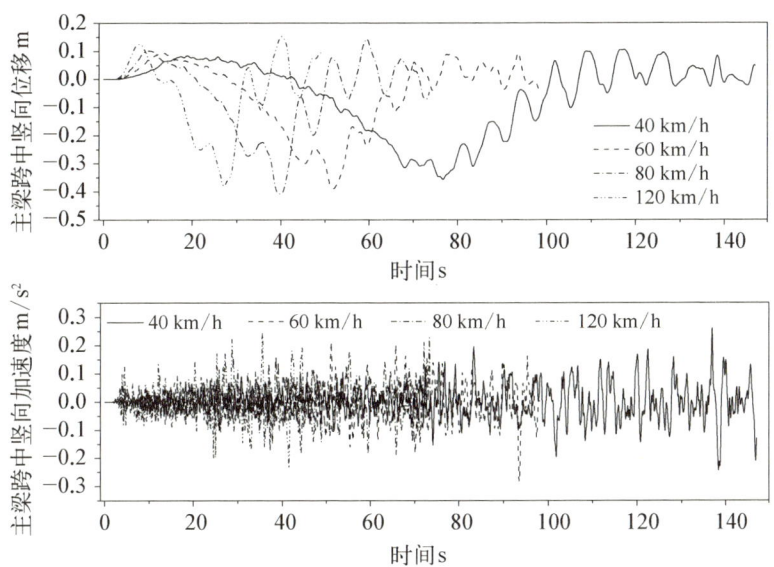

图 4-29 不同车速下主梁跨中竖向位移和加速度对比图

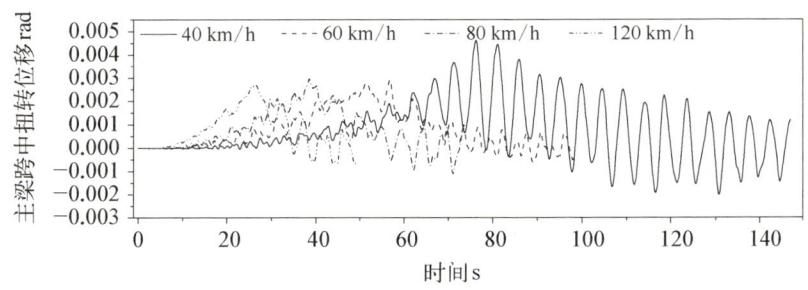

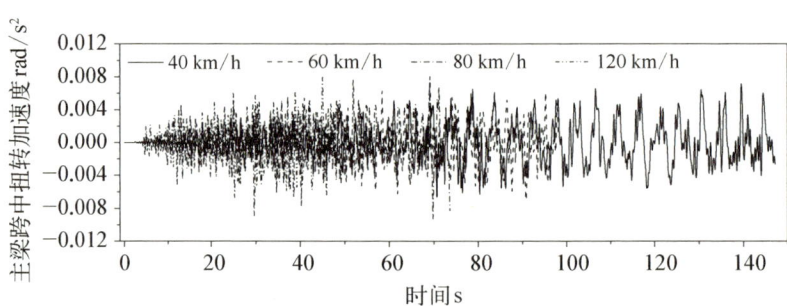

图 4-30 不同车速下主梁跨中扭转向位移和加速度对比图

表 4-9 不同车速下主梁跨中响应值及冲击系数

计 算 工 况	40 km/h	60 km/h	80 km/h	120 km/h
跨中最大竖向位移(m)	−0.357	−0.389	−0.410	−0.381
跨中竖向加速度 RMS 值 (m/s^2)	0.057	0.057	0.060	0.069
跨中最大扭转位移(rad)	0.004 62	0.002 92	0.002 96	0.002 71
跨中扭转加速度 RMS 值 (rad/s^2)	0.002 27	0.002 08	0.002 44	0.002 27
跨中冲击系数	1.017	1.108	1.168	1.085

4.4 本 章 小 结

首先引入车轮与桥面接触处的位移协调条件与车桥相互作用力的平衡关系,将车桥系统以车轮与桥面接触处为界,分为车辆与桥梁两个子系统,分别建立车辆与桥梁的运动方程,采用分离迭代法编制了车桥系统空间耦合振动分析程序,分别采用集中力匀速通过简支梁、弹簧质量系统匀速通过简支梁和江阴长江公路大桥动载试验对程序的可靠性与有效性进行了验证;然后

第4章 汽车-桥梁系统空间耦合振动研究

分别以杭州湾跨海大桥和润扬长江公路大桥为研究对象,运用所编制的程序详细研究了车辆数目、车辆间距、不同车道、车辆相向行驶、不同路况以及不同车速时车流通过桥梁时桥梁的动力响应和冲击系数,同时对斜拉桥和悬索桥在车流通过时振动特征进行了对比分析。得到了以下结论:

1. 车辆移动荷载只改变斜拉桥局部动力响应而影响悬索桥的整体动力响应。

2. 当车辆数目很少时,主梁跨中的竖向位移时程非常光滑,并且响应曲线对称,当车辆数目较多时,主梁跨中的竖向位移出现明显波动。且随着车辆数目的增加,主梁跨中响应增加,但增加幅度递减。

3. 随着车辆间距的增加,主梁跨中响应逐渐减小,跨中冲击系数也基本减小。

4. 车列行驶于不同车道对主梁跨中的竖向响应几乎没有影响,而对主梁跨中的扭转响应影响显著,主梁跨中的扭转响应随着车列行驶的车道距桥梁中心距离的增加而增大。

5. 对于斜拉桥而言,主梁跨中竖向位移响应和主梁跨中冲击系数随着路面状况变坏而显著增大;而对于悬索桥,主梁跨中竖向位移响应和主梁跨中冲击系数随着路面状况变坏几乎没有变化。

6. 主梁跨中响应并非随着车速的增加而增大,桥梁的最大响应由移动荷载的激发频率和桥梁的自振频率共同确定。

7. 车辆质心的竖向加速度与桥梁变形的大小相关,桥梁的变形越大,车辆质心的竖向加速度也越大,但整体而言,桥梁变形所产生的车辆质心竖向加速度并不大,车辆质心的竖向加速度主要由路面粗糙度控制。

8. 车辆驾驶员位置处1/3倍频的竖向加速度均方差随着路面粗糙度的变坏而显著增加,即车辆的竖向驾驶舒适性变差。车辆质心的竖向位移响应并没有随着车速的增加而增大,而车辆质心的竖向加速度随着车速的增加而增大。

第5章
风—汽车—桥梁系统空间耦合振动研究

基于第2章的风—桥相互作用研究、第3章的风—车相互作用研究以及第4章的车—桥相互作用研究,将风、汽车、桥梁三者作为一个相互作用的系统,提出一个较为完善的风—汽车—桥梁系统空间耦合振动分析模型,此模型涵盖了三个部分的相互作用,该模型能够综合考虑桥梁的静风响应、抖振响应、汽车—桥梁耦合振动、风荷载对车辆的影响、系统的时变特性以及结构非线性和气动非线性的影响等。

风—汽车—桥梁系统空间耦合振动分析模型中的车辆模型分为车辆安全性分析模型和车辆舒适性分析模型,二者之间的最大区别在于车辆安全性模型在车辆与桥面接触点引入了独立自由度,可以用来计算车辆发生的侧滑位移以及偏转位移,以判断车辆是否发生侧滑事故或偏转事故。运用所编制的风—汽车—桥梁系统空间耦合振动分析程序研究了路面粗糙度、风速以及雨、雪、冰、雾天气状况对行驶于桥梁上的车辆安全性的影响,并给出了典型车辆在桥梁上发生事故的临界风速;研究了侧风和桥梁振动对车辆驾驶舒适度的影响以及侧风和车辆移动荷载对桥梁振动的影响。

第5章 风—汽车—桥梁系统空间耦合振动研究

5.1 风—汽车—桥梁系统运动方程

5.1.1 风—汽车—桥梁系统安全性分析侧向耦合关系

第4章详细介绍了汽车车轮与桥面侧向不发生相对位移时的耦合关系,但在风—汽车—桥梁系统安全性分析中,由于车辆受到侧风将发生相对侧向位移,并以此来判断车辆是否会发生侧滑或偏转事故,因此车轮相对于主梁的侧向位移应该在风—汽车—桥梁系统分析中予以考虑(图5-1),第3章详细介绍了车辆行驶于路面上时车轮与路面侧向独立自由度的运动方程。本节将介绍车辆行驶于桥面上时车轮与桥面侧向独立自由度的运动方程。

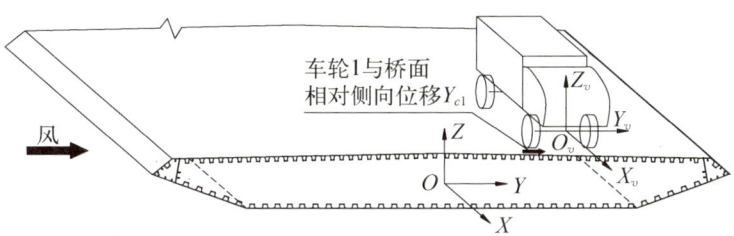

图 5-1 桥梁与车轮的侧向耦合关系

车轮的侧滑力可以由车轮上的竖向力近似表达。

$$F_{hci} = -m \frac{\dot{\Delta}_{yci}}{U_V} F_{vci} \quad (i = 1, 2, 3, 4) \tag{5-1}$$

式中,m 为侧滑摩擦系数,负号表示侧滑力始终抵抗轮胎相对于桥面的侧向运动;$\dot{\Delta}_{yci}$ 为第 i 个车轮相对于主梁的侧向速度;F_{vci} 为第 i 个车轮与桥面的竖向接触力。

$$\dot{\Delta}_{yci} = \dot{Y}_{ci} - \dot{Y}_{bci} \quad (i = 1, 2, 3, 4) \tag{5-2}$$

式中,$\dot{Y}_{ci}$ 为车轮与桥面独立自由度的侧向速度,$\dot{Y}_{bci}$ 为车轮第 i 个接触点处主梁的侧向速度。

第 i 个接触点处主梁的侧向位移和速度可以表示为

$$Y_{bci} = N_{hci}(x)\{\delta\}^e_{bi} \quad (i = 1, 2, 3, 4) \qquad (5-3)$$

$$\dot{Y}_{bci} = N_{hci}(x)\{\dot{\delta}\}^e_{bi} + U_V \frac{\partial N_{hci}(x)}{\partial x}(\delta)^e_{bi} \quad (i = 1, 2, 3, 4) \qquad (5-4)$$

式中，$N_{hci}(x)$ 为从桥梁单元结点位移转换至第 i 个接触点处主梁的侧向位移的传递函数，U_V 为车辆驾驶速度。

竖向力由下式得到

$$F_{vci} = M_{ci}\ddot{Z}_{ci} + C_{lzi}(\dot{Z}_{ci} - \dot{Z}_{si}) + K_{lzi}(Z_{ci} - Z_{si}) + F_{Gi} \quad (i = 1, 2, 3, 4)$$
$$(5-5)$$

方程(5-1)可以用一个新变量表示：

$$C_{scyi} = m\frac{F_{vci}}{U_V} \quad (i = 1, 2, 3, 4) \qquad (5-6)$$

式中，C_{scyi} 可以视为安装于第 i 个车轮与主梁之间的侧向黏滞阻尼器的阻尼系数。因此，第 i 个车轮的侧滑力可以用安装于第 i 个车轮与桥面之间的具有阻尼系数 C_{scyi} 的特殊阻尼器来表示。这个特殊阻尼器与一般阻尼器最主要的区别在于特殊阻尼器的阻尼系数由车轮竖向接触力确定，而车辆竖向接触力依赖于方程(5-5)表示的车辆与桥梁的未知运动，因此，在每一时间步内，必须要对 C_{scyi} 进行迭代直至 C_{scyi} 收敛[89]。

5.1.2　风-汽车-桥梁系统舒适性分析侧向耦合关系

在风-汽车-桥梁系统车辆驾驶舒适性分析中，假定车辆沿直线前进，车轮与桥面在侧向和扭转方向不发生相对位移，桥梁侧向和扭转振动对车辆动力响应的影响主要通过将桥梁侧向加速度和扭转加速度作为基础激励对车辆模型进行输入,如同地震波的激励一样,第 4 章已进行了介绍,风环境中的车辆受到侧向风力作用,汽车—桥梁间侧向又不发生相对位移,则车辆所受侧向风力最终都会传递给桥梁。以下将以一辆车辆为例,介绍车辆所受侧向风荷载传递给桥梁的计算方法。

作用于车辆上的侧向气动力为

$$F_y = \frac{1}{2}\rho U_R^2 C_S(\psi) A_f \tag{5-7}$$

式中,$C_S(\psi)$ 为车辆的侧力系数,U_R 为风速与车辆的相对风速。

当车辆位置位于某单元 k 的两节点 i,j 之间时,车辆所受侧向风作用力对桥梁的作用可以等效到单元 k 两端结点上:

$$\mathbf{P}_{eq} = \left[0 \quad 0 \quad F_y\left(1 + 2\frac{\xi_i}{l_k}\right)\left(1 - \frac{\xi_i}{l_k}\right)^2 \quad 0 \quad F_y\xi_i\left(1 - \frac{\xi_i}{l_k}\right)^2 \quad 0 \right.$$
$$\left. 0 \quad 0 \quad F_y\left(3 - 2\frac{\xi_i}{l_k}\right)\left(\frac{\xi_i}{l_k}\right)^2 \quad 0 \quad -F_y\xi_i\left(1 - \frac{\xi_i}{l_k}\right)\left(\frac{\xi_i}{l_k}\right)^2 \quad 0 \right]^T$$

$$\tag{5-8}$$

5.1.3 风—汽车—桥梁系统运动方程求解及程序实现

风—汽车—桥梁系统中,风—汽车系统间的相互作用仅考虑准定常力,风—桥系统间的耦合通过对自激力的迭代来实现,汽车—桥梁系统间的耦合通过汽车、桥梁两子系统间的分离迭代来实现。风—汽车—桥梁系统运动方程可表示为

$$\mathbf{M}_b \ddot{u}_b + \mathbf{C}_b \dot{u}_b + \mathbf{K}_b u_b = \mathbf{F}_{bg} + \mathbf{F}_{stb} + \mathbf{F}_{bub} + \mathbf{F}_{seb} + \mathbf{F}_{vb} \tag{5-9a}$$

$$\mathbf{M}_v \ddot{u}_v + \mathbf{C}_v \dot{u}_v + \mathbf{K}_v u_v = \mathbf{F}_{vg} + \mathbf{F}_{stv} + \mathbf{F}_{bv} \tag{5-9b}$$

式中,$\mathbf{F}_{stb}$,$\mathbf{F}_{bub}$,$\mathbf{F}_{seb}$ 分别表示作用于桥梁上静力风荷载、抖振风荷载及自激风荷载;$\mathbf{F}_{stv}$ 表示作用于车辆上风荷载;$\mathbf{F}_{vb}$,$\mathbf{F}_{bv}$ 分别表示汽车—桥梁系统间的相互作用力。

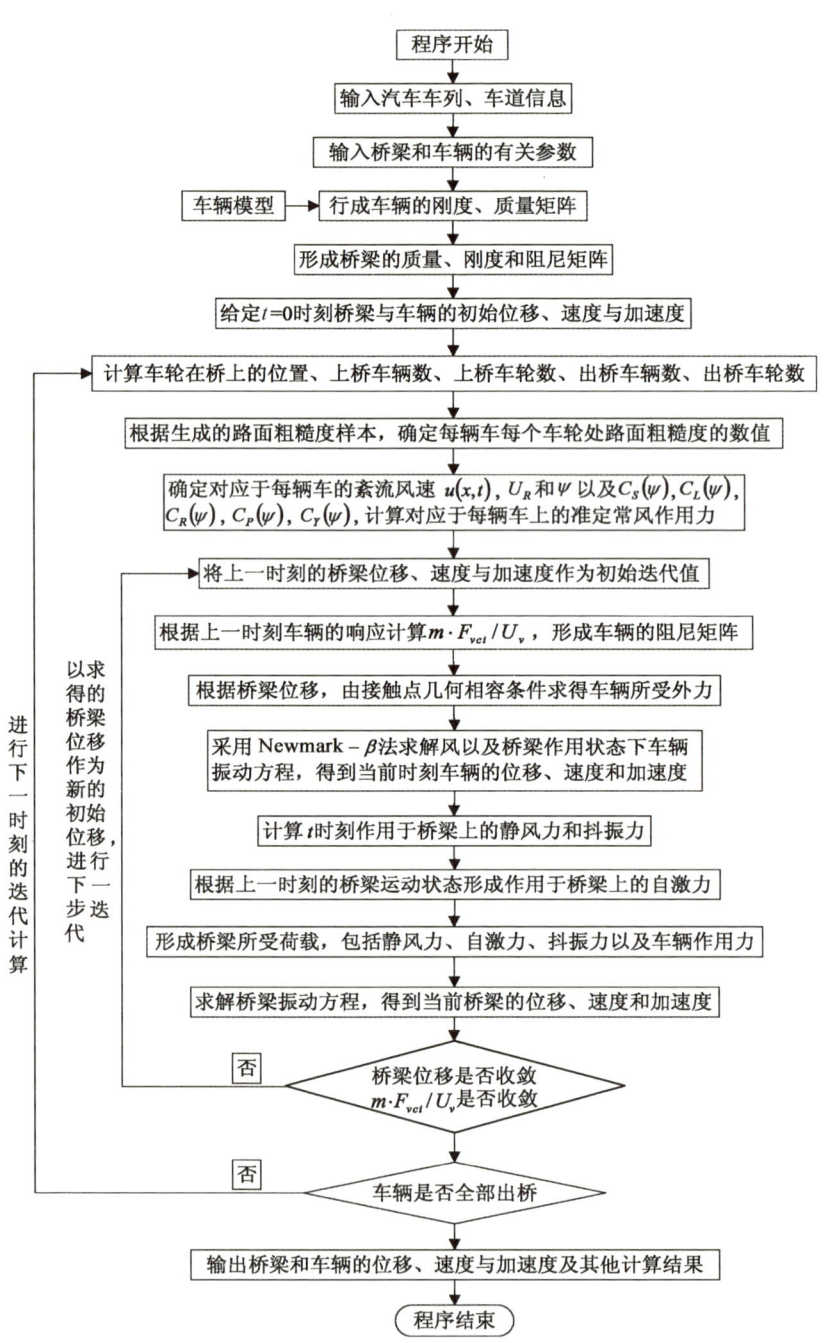

图 5-2 风-汽车-桥梁系统空间耦合振动分析程序框图

采用分离迭代法求解风-汽车-桥梁系统运动方程过程中,在每一时步内,不仅自激力要满足收敛而且特殊阻尼器的阻尼系数 C_{scyi} 也要满足收敛,分离迭代法求解风-汽车-桥梁系统运动方程的具体步骤如下:

① 对于时间步 t,将前一时步桥道运动状态($\ddot{u}_b^{t-1}$, $\dot{u}_b^{t-1}$, u_b^{t-1})作为初始迭代值,组合 t 时刻的路面粗糙度;

② 根据路面粗糙度求车辆受到的作用力及车辆所受风荷载;

③ 计算 t 时刻桥梁结构和车辆的响应:

a) 根据前一时步车辆的运动状态($\ddot{u}_v^{t-1}$, $\dot{u}_v^{t-1}$, u_v^{t-1})计算 mF_{vci}/U_V,形成车辆的阻尼矩阵;

b) 根据 Newmark 积分法求 t 时刻车辆的响应($\ddot{u}_v^t$, $\dot{u}_v^t$, u_v^t);

c) 计算车桥相互作用力,桥梁静风力和抖振力;

d) 根据 $t-1$ 时刻桥梁结构的响应($\ddot{u}_b^{t-1}$, $\dot{u}_b^{t-1}$, u_b^{t-1})求当前时刻桥梁自激力;

e) 形成荷载阵,采用 Newmark 积分法求桥梁 t 时刻响应;

f) 根据桥梁和车辆 t 时刻响应,重复步骤 a)~f)直至桥梁和 mF_{vci}/U_V 满足收敛要求。

④ 根据 t 时刻桥梁响应,重复步骤 1)~4)直至车辆与桥梁的几何耦合关系及力学耦合关系满足要求,再进行下一时步的计算。

5.2 杭州湾跨海大桥

5.2.1 行驶于桥梁上的车辆安全性分析

5.2.1.1 斜拉桥上车辆发生事故最不利计算工况

侧风环境下车辆行驶在桥梁上,当车辆经过桥塔处或者与其他并排的车辆行驶时就会被遮挡,当车辆通过桥塔后或者超越并行的车辆时,车辆就会突然受到侧风作用,这时车辆发生事故的概率最大。第 4 章研究发现车辆通过杭州湾跨海大桥的主梁跨中时,车辆的竖向位移最大值以及车辆的竖向加速度达到最大值。第 3 章研究了车辆突然受到侧风时,车辆就有发生侧翻、侧滑和偏转事故的可能并给出了相应事故量化准则。综合以上信息,车辆行驶在斜拉桥上发生事故最不利情况计算方案如下:三个车列并排进入桥梁,车列一、车列二和车列三分别行驶在车道一、车道二和车道三(图 5-3)上。每个车列由 10 辆车组成,车辆间距为 10 m。计算从第一排车的质心进入桥梁(通过点 A,图 5-4)开始,当车辆进入桥梁后,行驶在车道三上的车辆受到侧风作用,而车列一和车列二的车辆由于受到车列三的车辆遮挡将不考虑侧风作用。桥梁从初始计算时就受到静风力、抖振力和自激力的共同作用。当所有车辆进入桥梁(通过点 A)行驶至点 B 时,所有车辆模型为舒适度模型,即车辆沿直线前进,不会发生侧滑。当车列一的第一个车辆经过点 B 时,其车辆模型通过程序控制改换为安全性分析模型,即车辆可以发生侧滑,而其余所有车辆仍为舒适度分析模型。当车列一的第一个车辆经过点 C 时,假定其超过车列二和车列三的第一辆车,即车辆突然受到侧风作用,计算时间再持续 0.5 s 全部结束。为了对车辆行驶于路面上和桥梁上的响应进行对比,点 B 之后的粗糙度样本与车辆行驶于路面上的粗糙度样本完全一致,并且只对车列一的第一个车辆经过 B 点

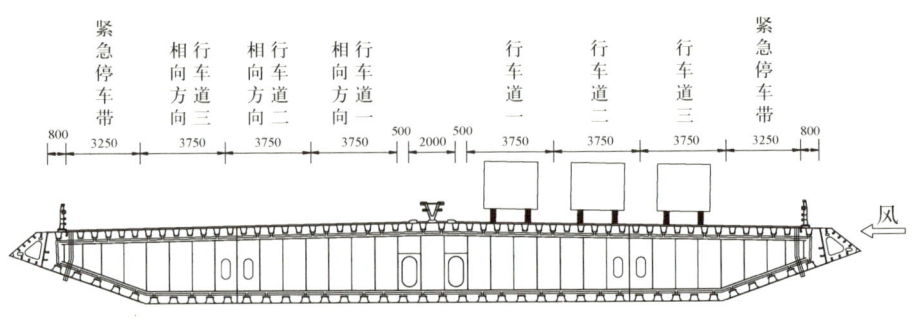

图 5-3 车道布置示意图

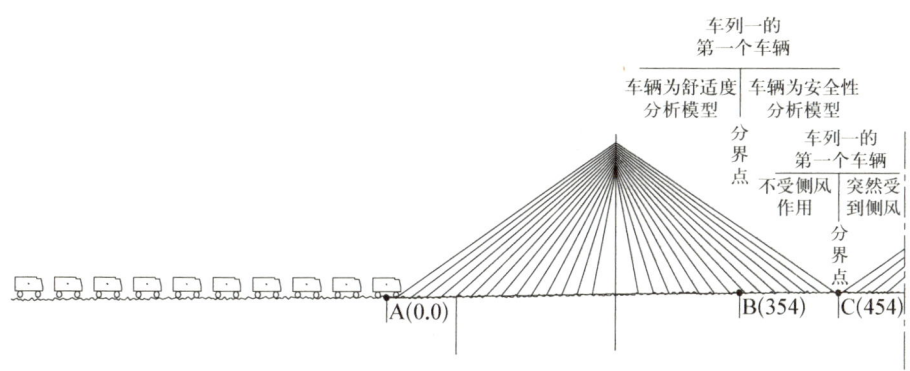

图 5-4 车列布置示意图

之后的响应进行提取。

车辆进桥前后所受风荷载差别很大,车辆进桥前后计算时本不应该采用相同的风载系数,但本书侧重于研究桥梁振动对车辆安全性和舒适性的影响,故采用相同的风载系数,否则车辆进桥前后就不具有可比性。

5.2.1.2 路面粗糙度对车辆安全性的影响

为研究路面粗糙度对侧风作用下车辆行驶于桥梁上的安全性的影响。分析中考虑三种粗糙度情况:非常好、好及一般。计算中车速为 60 km/h,侧向阵风的平均风速为 20 m/s。

图 5-5 给出了三种路面粗糙度状况下箱式货车质心的竖向、侧向和偏转位移时程曲线。计算虽然从车列的第一辆车的质心进入桥梁开始,但由于为了与车辆行驶于路面上响应进行对比,第一辆车的响应的提取从车辆经过点 B 开始,并把此时的时刻置为 0,车辆从点 B 需要 6 s 行进 100 m 才能到达点 C,进入风区,进入风区的持续时间为 0.5 s,整个时间为 6.5 s。从图 5-5 可以看出,车辆的竖向位移响应随着路面粗糙度的变坏波动越显著。与车辆行驶在路面上不同,在前 6 s 车辆不受风荷载情况下,车辆在路面粗糙度和振荡桥梁作用下会发生轻微的侧向和偏转位移响应,且对于不

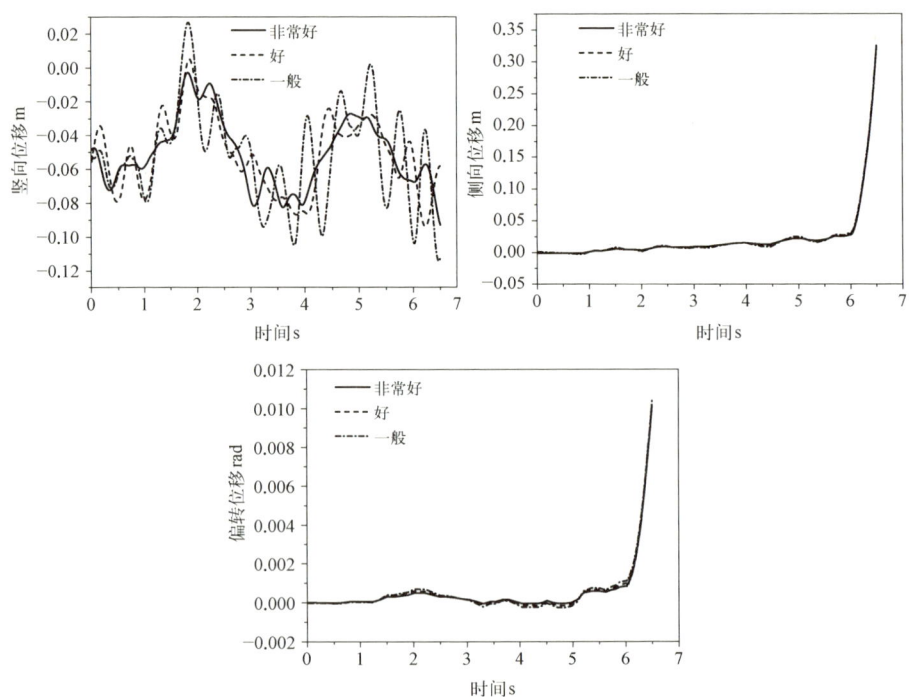

图 5-5 不同路面粗糙度状况下箱式货车质心的位移响应

同的路面粗糙度,车辆的侧向、偏转响应存在轻微的差异。

由图 5-6 可见,路况越差,接触力波动越显著。当车辆突然受到侧向

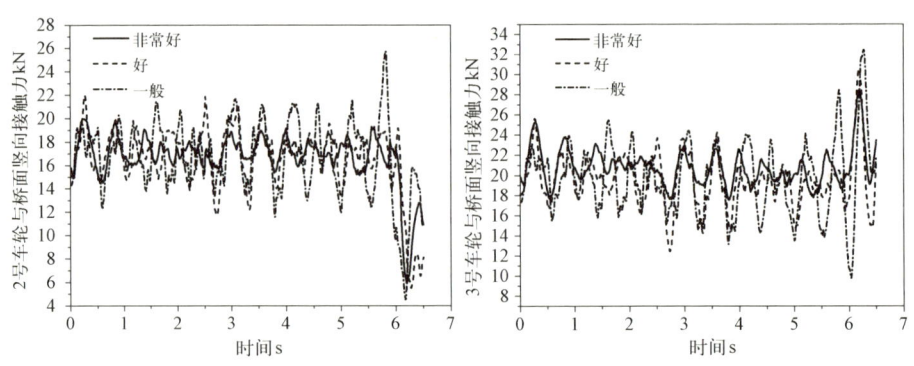

图 5-6 不同路面粗糙度状况下车轮与桥面竖向接触力

阵风时,迎风侧 2 号车轮的接触力会显著减小而背风侧的 3 号车轮的接触力显著增加,不论是迎风侧车轮接触力减小程度还是背风侧车轮接触力增加程度,均随着粗糙度的变坏而增加。当路况分别为一般、好、很好时,2 号车轮接触力的最小值分别为 4.34 kN、5.42 kN 和 5.96 kN,即路况越差,2 号车轮接触力最小值越小,车辆发生事故的临界风速越低。

5.2.1.3 风速对车辆安全性的影响

为研究风速对车辆行车安全性的影响,计算中风速分别取为 10 m/s、15 m/s 和 20 m/s,计算中车速为 60 km/h,路面粗糙度为好。

图 5-7 给出了不同风速下车辆质心的位移响应。在前 6 s 内,车辆不受风荷载作用,车辆所受激励包括路面粗糙度和桥梁的振动。由于三种风速下路面粗糙度完全相同,而车辆的竖向位移响应随着风速的增加显著增

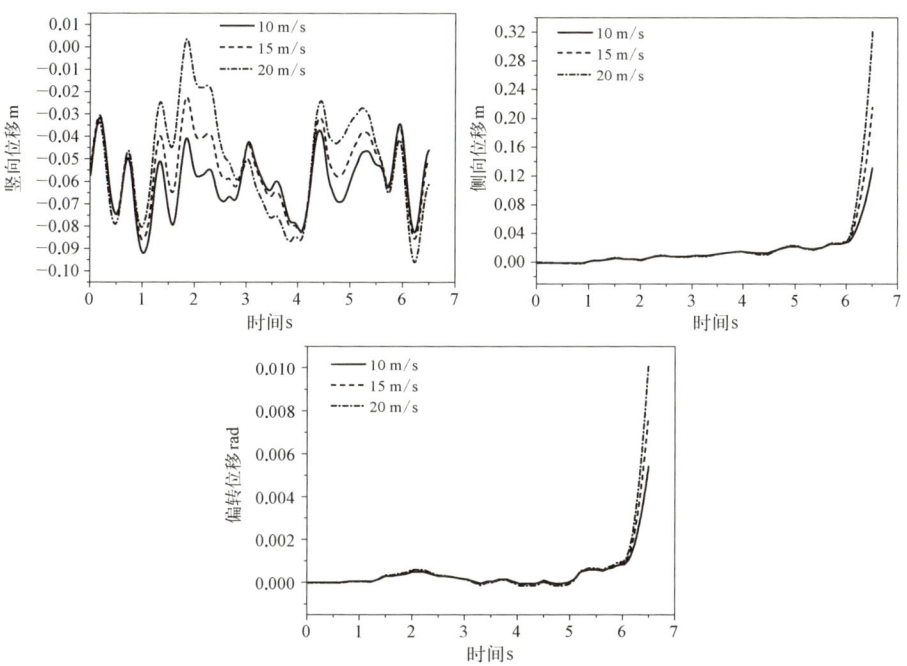

图 5-7 不同风速下箱式货车质心的位移响应

加,即车辆的竖向位移响应主要由振荡的桥梁所控制。当突然受到侧风时,车辆的侧向和偏转位移响应显著增加,且随着风速的增大,增加越显著。以侧向位移为例,对应于 10 m/s、15 m/s 和 20 m/s 时的 6.5 s 的侧向位移分别为 0.131 m、0.215 m 和 0.323 m。

由图 5-8 可见,在前 6 s 内,随着风速的增加车辆接触力的波动略有增加。当车辆突然受到侧风时,迎风侧 2 号车轮接触力减小程度和背风侧 3 号车轮接触力增加程度均随着风速的增加而增加。如对应于 10 m/s、15 m/s 和 20 m/s 时的 2 号车轮最小接触力分别为 10.09 kN、7.96 kN 和 5.42 kN。

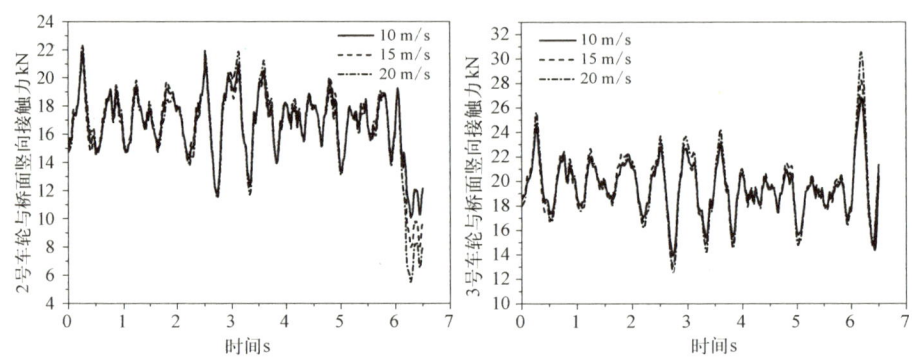

图 5-8　不同风速下车轮与桥面竖向接触力

5.2.1.4　路况对车辆安全性的影响

为研究气象因素对行车安全的影响,计算中考虑干、湿、雪和冰四种路面情况,侧滑摩擦系数 m 取值分别为 0.7,0.5,0.15 和 0.07。车速为 60 km/h,侧向阵风的平均风速为 20 m/s。

由图 5-9 可见,干、湿、雪和冰四种路面情况几乎不影响车体的竖向位移响应而对车辆的侧向和偏转位移响应影响显著,随着路面摩擦系数的减小,车辆的侧向位移响应和偏转位移响应都显著增加。

第 5 章　风-汽车-桥梁系统空间耦合振动研究

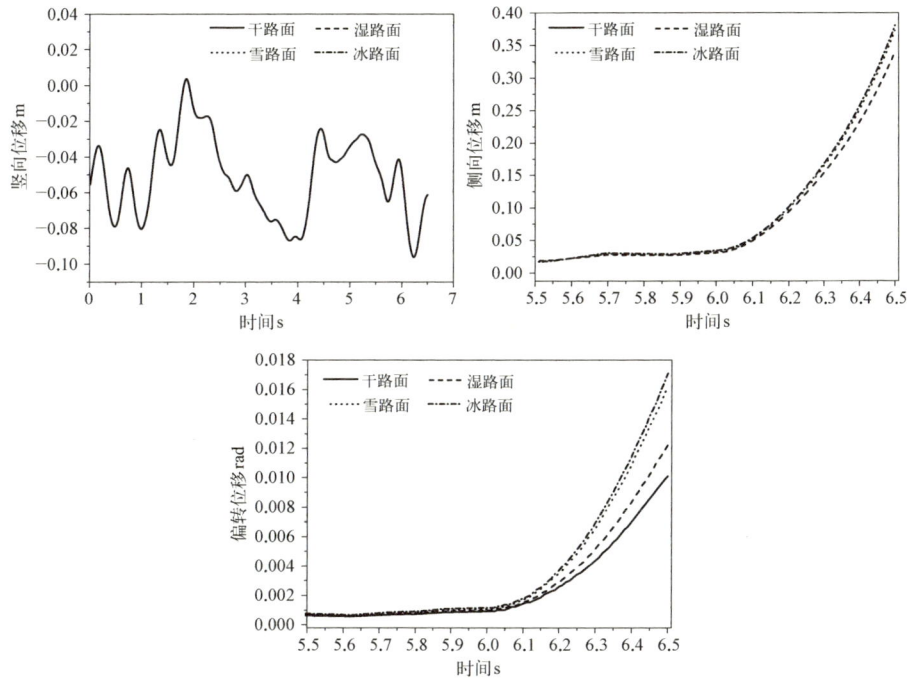

图 5-9　不同路况下箱式货车质心的位移响应

5.2.1.5　行驶于路面和桥梁上的车辆安全性对比

为研究振荡的桥梁对车辆行车安全性的影响,将车辆行驶在路面上和杭州湾跨海大桥上的响应进行对比,计算中车速为 60 km/h,侧向阵风的平均风速为 20 m/s,路面粗糙度为好。

由图 5-10 可见,行驶于桥梁上的竖向位移显著大于行驶于路面上的竖向位移,同时说明车辆行驶于桥梁的竖向位移响应主要由振荡的桥梁所控制的。在前 6 s 内,车辆行驶于路面上的侧向和偏转位移响应为 0 而车辆行驶在桥梁上会发生侧向和偏转位移响应。行驶于桥梁上对应于 6.5 s 时的最大侧向和偏转位移响应明显大于行驶于路面上的相应值。以侧向位移为例,行驶于路面和桥梁上对应于 6.5 s 时的侧向位移分别为 0.279 7 m 和 0.323 m。

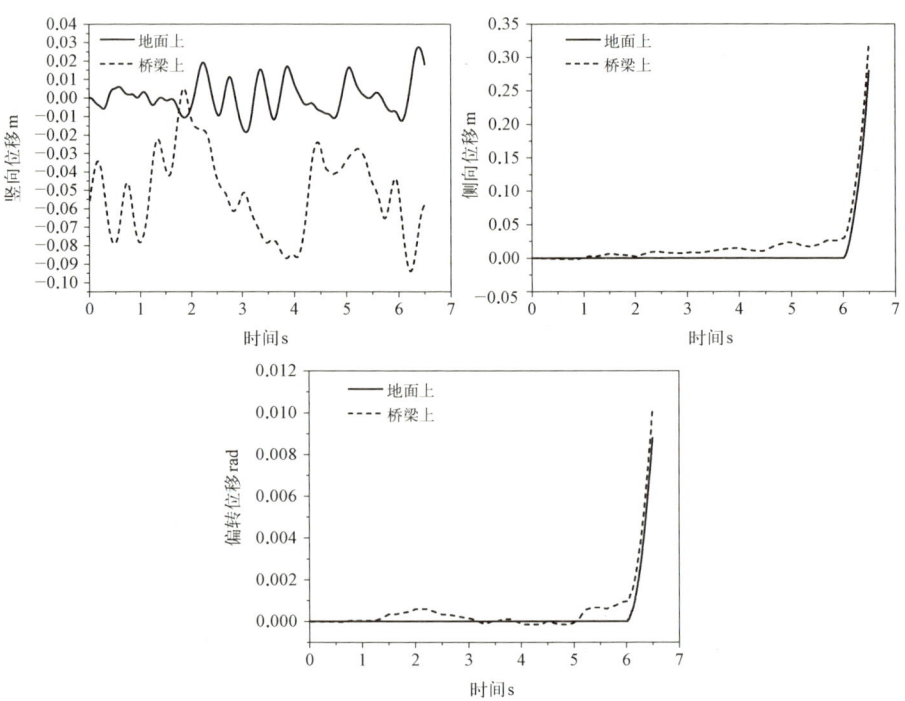

图 5-10　行驶于路面和桥梁上的箱式货车质心位移响应对比

由图 5-11 可见,在前 6 s 内,行驶在杭州湾跨海大桥上车轮接触力比行驶在路面上的接触力波动幅度略有增加,总体上相差不大。当突然受到侧风时,行驶于路面和杭州湾跨海大桥上的 2 号车轮接触力最小值分别为

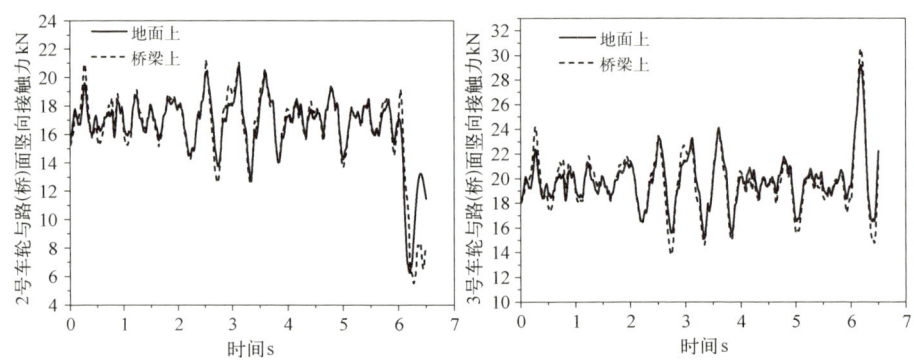

图 5-11　行驶于路面和桥梁上的车轮与路(桥)面竖向接触力对比

第5章 风−汽车−桥梁系统空间耦合振动研究

6.25 kN和5.42 kN,即车辆行驶在桥梁上突然受到侧风时迎风侧车轮最小接触力小于车辆行驶在路面上的相应值,这说明对于给定车速,振荡的桥梁将降低车辆发生事故的临界风速,但对于杭州湾跨海大桥而言,迎风侧车轮最小接触力降低幅度不大。

5.2.1.6 行驶在路面与桥梁上典型车辆事故临界风速(车速)对比

采用编制的风−汽车−桥梁系统空间耦合振动分析程序,计算了典型车辆行驶于杭州湾跨海大桥上发生事故的临界风速以及临界车速,并与车辆行驶于路面上发生事故的临界风速和临界车速进行了对比。

表 5−1 箱式货车行驶在路面上和桥梁上发生事故临界风速对比(m/s)

车速 (km/h)	一般(m/s)							
	干		湿		雪		冰	
	路面	桥梁	路面	桥梁	路面	桥梁	路面	桥梁
40	27.8(o)	26.3(o)	29.1(s)	28.7(s)	28.0(s)	27.5(s)	27.5(s)	27.1(s)
60	25.0(o)	23.6(o)	25.0(o)	23.6(o)	26.1(s)	25.7(s)	25.5(s)	24.9(s)
80	20.6(o)	18.9(o)	20.6(o)	18.9(o)	20.6(o)	18.9(o)	20.6(o)	18.9(o)
100	16.2(o)	14.7(o)	16.2(o)	14.7(o)	16.2(o)	14.7(o)	16.2(o)	14.7(o)
120	11.4(o)	10.2(o)	11.4(o)	10.2(o)	11.4(o)	10.2(o)	11.4(o)	10.2(o)

表 5−2 箱式货车行驶在路面上和桥梁上发生事故临界风速对比(m/s)

车速 (km/h)	好(m/s)							
	干		湿		雪		冰	
	路面	桥梁	路面	桥梁	路面	桥梁	路面	桥梁
40	29.5(o)	28.3(o)	29.1(s)	28.7(s)	28.0(s)	27.5(s)	27.5(s)	27.1(s)
60	26.3(o)	25.1(o)	26.3(o)	25.1(o)	26.1(s)	25.7(s)	25.5(s)	24.9(s)
80	21.6(o)	20.5(o)	21.6(o)	20.5(o)	21.6(o)	20.5(o)	21.6(o)	20.5(o)
100	17.1(o)	16.0(o)	17.1(o)	16.0(o)	17.1(o)	16.0(o)	17.1(o)	16.0(o)
120	12.5(o)	11.6(o)	12.5(o)	11.6(o)	12.5(o)	11.6(o)	12.5(o)	11.6(o)

表 5-3 箱式货车行驶在路面上和桥梁上发生事故临界风速对比(m/s)

车速 (km/h)	非常好(m/s)							
	干		湿		雪		冰	
	路面	桥梁	路面	桥梁	路面	桥梁	路面	桥梁
40	30.5(o)	29.7(o)	29.1(s)	28.7(s)	28.0(s)	27.5(s)	27.5(s)	27.1(s)
60	26.5(o)	25.8(o)	26.5(o)	25.8(o)	26.1(s)	25.7(s)	25.5(s)	24.9(s)
80	22.2(o)	21.4(o)	22.2(o)	21.4(o)	22.2(o)	21.4(o)	22.2(o)	21.4(o)
100	18.3(o)	17.5(o)	18.3(o)	17.5(o)	18.3(o)	17.5(o)	18.3(o)	17.5(o)
120	13.8(o)	13.0(o)	13.8(o)	13.0(o)	13.8(o)	13.0(o)	13.8(o)	13.0(o)

由表 5-1—表 5-3 可以看出,行驶于桥梁上车辆发生事故的临界风速小于行驶于路面上车辆发生事故临界风速,即振荡的桥梁会降低车辆发生事故的临界风速,但由于杭州湾跨海大桥跨度不太大,整体刚度较大,因此,行驶于杭州湾跨海大桥上车辆发生事故的临界风速比行驶于路面上车辆发生事故临界风速降低幅度不大,以 80 km/h,路面粗糙度为好路面情况为干时,行驶于杭州湾跨海大桥上车辆发生事故的临界风速 20.5 m/s 比行驶于路面上车辆发生事故临界风速 21.6 m/s 降低了 5%;对于给定车速,路况越差,车辆发生侧翻事故的临界风速越低;侧风作用下箱式货车发生的事故以侧翻事故为主,只有在高风速下才有发生侧滑事故的可能,高风速下车辆发生侧滑事故的概率随着路面摩擦系数的减小而提高。

表 5-4 箱式货车行驶在路面上和桥梁上发生事故临界车速对比(km/h)

风速 (m/s)	一般(km/h)							
	干		湿		雪		冰	
	路面	桥梁	路面	桥梁	路面	桥梁	路面	桥梁
10.0	126.0(o)	122.0(o)	126.0(o)	122.0(o)	126.0(o)	122.0(o)	126.0(o)	122.0(o)
15.0	104.0(o)	99.5(o)	104.0(o)	99.5(o)	104.0(o)	99.5(o)	104.0(o)	99.5(o)

续 表

风速(m/s)	一般(km/h)							
	干		湿		雪		冰	
	路面	桥梁	路面	桥梁	路面	桥梁	路面	桥梁
20.0	82.5(o)	76.5(o)	82.5(o)	76.5(o)	82.5(o)	76.5(o)	82.5(o)	76.5(o)
25.0	60.0(o)	51.5(o)	60.0(o)	51.5(o)	69.0(s)	66.0(s)	67.0(s)	63.5(s)
30.0	33.0(o)	28.0(o)	32.0(s)	29.0(s)	15.0(s)	12.5(s)	10.5(s)	8.0(s)

表 5-5 箱式货车行驶在路面上和桥梁上发生事故临界车速对比(km/h)

风速(m/s)	好(km/h)							
	干		湿		雪		冰	
	路面	桥梁	路面	桥梁	路面	桥梁	路面	桥梁
10.0	130.5(o)	127.5(o)	130.5(o)	127.5(o)	130.5(o)	127.5(o)	130.5(o)	127.5(o)
15.0	109.0(o)	105.5(o)	109.0(o)	105.5(o)	109.0(o)	105.5(o)	109.0(o)	105.5(o)
20.0	87.0(o)	83.0(o)	87.0(o)	83.0(o)	87.0(o)	83.0(o)	87.0(o)	83.0(o)
25.0	65.5(o)	61.5(o)	65.5(o)	61.5(o)	69.0(s)	66.0(s)	67.0(s)	63.5(s)
30.0	37.0(o)	33.5(o)	32.0(s)	29.0(s)	15.0(s)	12.5(s)	10.5(s)	8.0(s)

表 5-6 箱式货车行驶在路面上和桥梁上发生事故临界车速对比(km/h)

风速(m/s)	非常好(km/h)							
	干		湿		雪		冰	
	路面	桥梁	路面	桥梁	路面	桥梁	路面	桥梁
10.0	137.0(o)	134.5(o)	137.0(o)	134.5(o)	137.0(o)	134.5(o)	137.0(o)	134.5(o)
15.0	115.0(o)	112.0(o)	115.0(o)	112.0(o)	115.0(o)	112.0(o)	115.0(o)	112.0(o)
20.0	91.5(o)	88.0(o)	91.5(o)	88.0(o)	91.5(o)	88.0(o)	91.5(o)	88.0(o)
25.0	67.0(o)	64.5(o)	67.0(o)	64.5(o)	69.0(s)	66.0(s)	67.0(s)	63.5(s)
30.0	42.5(o)	39.5(o)	32.0(s)	29.0(s)	15.0(s)	12.5(s)	10.5(s)	8.0(s)

表 5-7 桑塔纳行驶在路面上和桥梁上发生事故临界风速对比(m/s)

车速(km/h) 路 况	80		100		120	
	路面	桥梁	路面	桥梁	路面	桥梁
干(好)	54.2(s)	53.1(s)	52.0(s)	51.0(s)	50.0(s)	48.8(s)
湿(好)	53.5(s)	52.4(s)	51.2(s)	50.1(s)	49.3(s)	48.4(s)
雪(好)	51.0(s)	49.8(s)	49.7(s)	48.5(s)	47.5(s)	46.2(s)
冰(好)	50.8(s)	48.9(s)	49.0(s)	47.8(s)	47.0(s)	45.7(s)

表 5-8 一汽佳宝行驶在路面上和桥梁上发生事故临界风速对比(m/s)

车速(km/h) 粗糙度	80		100		120	
	路面	桥梁	路面	桥梁	路面	桥梁
非常好(干路面)	46.5(o)	44.6(o)	43.4(o)	41.2(o)	40.0(o)	38.0(o)
好(干路面)	45.0(o)	43.8(o)	42.0(o)	39.9(o)	38.7(o)	36.5(o)
一般(干路面)	42.6(o)	40.1(o)	39.5(o)	37.6(o)	36.3(o)	34.2(o)

由表 5-7 和表 5-8 可以看出,给定车速下,侧风作用下桑塔纳发生的事故均为侧滑事故,车辆发生侧滑事故的临界风速随着路面摩擦系数的减小而降低。侧风作用下一汽佳宝在给定车速下发生的事故均为侧翻事故。振荡的桥梁会同样会降低桑塔纳和一汽佳宝发生事故的临界风速。

5.2.2 行驶于桥梁上的车辆响应与舒适性分析

为调查侧风作用下车辆行驶于桥梁上的驾驶舒适性,将风-汽车-桥梁系统空间耦合振动分析中的车辆模型选为车辆舒适性分析模型,即车辆在桥梁上沿直线行驶,车轮与桥面在竖向和侧向始终保持接触,车辆不会发生侧滑和侧翻。在风-汽车-桥梁系统空间耦合振动分析中,三个车列并排进入桥梁,车列一、车列二和车列三分别行驶在车道一、车道二和车道三(图 5-3)上。每个车列由 10 辆车组成,车辆间距为 10 m。行驶在车道三上所有车辆受到侧风作用,而车列一和车列二的车辆由于受到车列三的遮挡将不考虑侧风作用,并且仅对车列三的第一辆车的动力响应进行评价。计算从车列第一个车辆的质心进入桥梁开始,车列最后一个车辆的质心离开桥梁结束。

5.2.2.1　考虑与不考虑侧风时车辆行驶于桥梁上的车辆响应对比

为评价侧风对行驶于桥梁上车辆响应的影响,分别进行了车桥耦合振动分析(无侧风)和风-汽车-桥梁系统空间耦合振动分析(有侧风)。计算中车速为 60 km/h,路面粗糙度为好,平均风速分别取为 10 m/s、15 m/s 和 20 m/s。

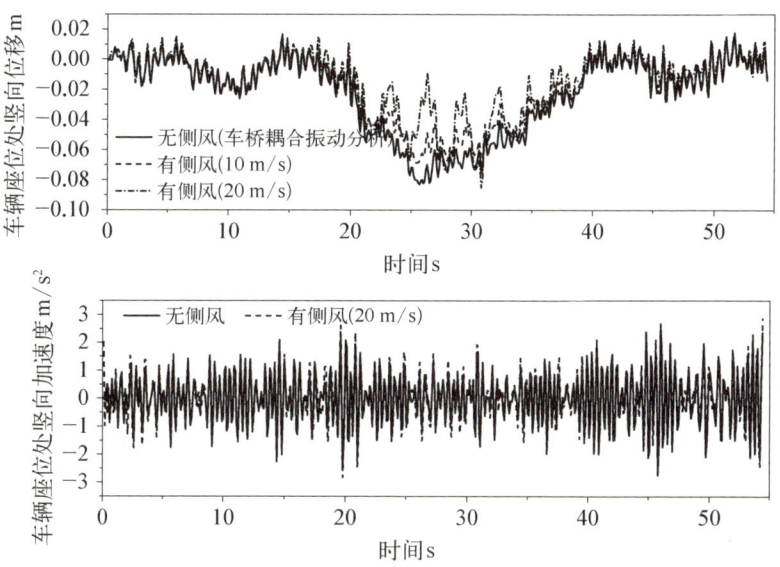

图 5-12　考虑与不考虑侧风时车辆座位处的竖向动力响应对比

由图 5-12 和表 5-9 可知,考虑侧风作用时车辆竖向位移响应的平均值小于不考虑侧风时车辆竖向位移响应的平均值。这主要由于考虑侧风作用后车桥系统受到气动升力作用将产生向上的平均位移;侧风作用下车辆的竖向位移响应较无侧风作用下车辆的竖向位移响应波动显著，尤其是当车辆行驶在中跨时，并且随着风速的增大，波动幅度越大；当风速较小时，未考虑侧风时车辆座位处竖向位移响应的最大值大于考虑侧风时的相应值，如风速为 10 m/s 和 15 m/s，而当风速增大时，未考虑侧风时车辆竖向位移响应的最大值反过来又小于考虑侧风时的相应值，如风速为 20 m/s；随着风速的增加，车辆竖向加速度均方差增大，但增幅不大；考虑与未考虑侧风作用时的车辆竖向加速度均方差相差不大，考虑侧风作用时的车辆竖向加速度均方差略大于不考虑侧风效应时的相应值。

表 5-9　考虑与不考虑侧风对车辆的动力响应对比

有无侧风	有（风、车、桥耦合分析）			无（车桥耦合分析）
风速(m/s)	10	15	20	—
车辆座位处竖向最大位移(m)	0.070 2	0.074 5	0.085 2	0.082 9
车辆座位处竖向加速度 RMS 值(m/s^2)	0.928 1	0.933 5	0.959 2	0.919 6

5.2.2.2　侧风作用下车辆行驶于路面上与桥梁上的响应对比

为评价侧风环境下振荡的桥梁对车辆响应及驾驶舒适性的影响，将运用编制的风-汽车-桥梁系统耦合振动分析程序详细研究车速、路面粗糙度和风速对车辆响应的影响，并与车辆行驶于路面上的车辆响应和驾驶舒适性进行对比。

5.2.2.2.1　车速的影响

为了研究车速对行驶于桥梁上的车辆响应和驾驶舒适性的影响，计算中分别采用 40 km/h、60 km/h 和 80 km/h 三种不同车速，风速为 10 m/s，路面粗糙度为好。

第5章 风-汽车-桥梁系统空间耦合振动研究

图 5-13 分别给出了侧风作用下以 40 km/h 行驶于桥梁及路面上车辆驾驶员位置处竖向位移响应的对比结果以及不同车速下车辆驾驶员位置处竖向位移。由车辆座位处竖向位移对比图可以看出,当车辆行驶于桥梁上时,车辆座位处的最大竖向位移以及振动幅度都要比车辆行驶于路面上的相应值大许多,这主要是由于车辆行驶于路面上时,车辆的竖向位移响应仅由路面粗糙度产生而车辆行驶于桥梁上时车辆的竖向位移响应由路面粗糙度和桥梁的变形共同产生,桥梁的振动对车辆的竖向位移响应的贡献起主要作用;车辆的最大竖向位移并非随着车速的增加而增大,如对应于 40 km/h、60 km/h 和 80 km/h 的车辆的最大竖向位移分别为 0.081 3 m、0.070 2 m 和 0.078 5 m。

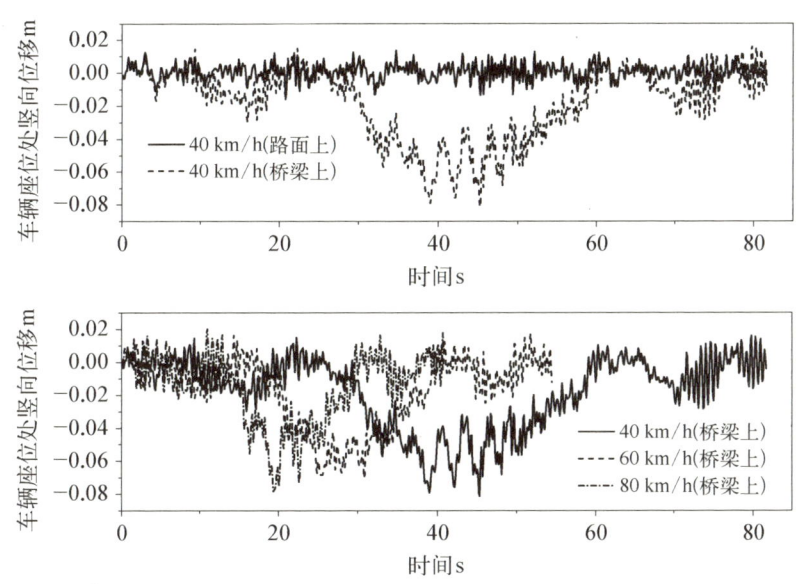

图 5-13 不同车速下车辆驾驶员位置处竖向位移

由表 5-10 和图 5-14 可见,行驶于桥梁上的车辆座位处的竖向加速度大于行驶于路面上的相应值。以 80 km/h 为例,行驶于桥梁上车辆座位处的竖向加速度 1.146 3 m/s² 为行驶于路面上相应值 1.031 2 m/s² 的 1.11

倍,但振荡的桥梁对车辆竖向加速度并不起主导作用,而是路面粗糙度对车辆的竖向加速度贡献起控制作用;行驶于桥梁上的车辆座位处的侧向位移和加速度略大于行驶于路面的相应值,但两者相差不大;行驶于桥梁上的车辆座位处的侧翻加速度略大于行驶于路面的相应值,以 80 km/h 为例,行驶于桥梁上车辆座位处的侧翻加速度 0.047 4 m/s² 为行驶于路面上的相应值 0.044 5 m/s² 的 1.06 倍。

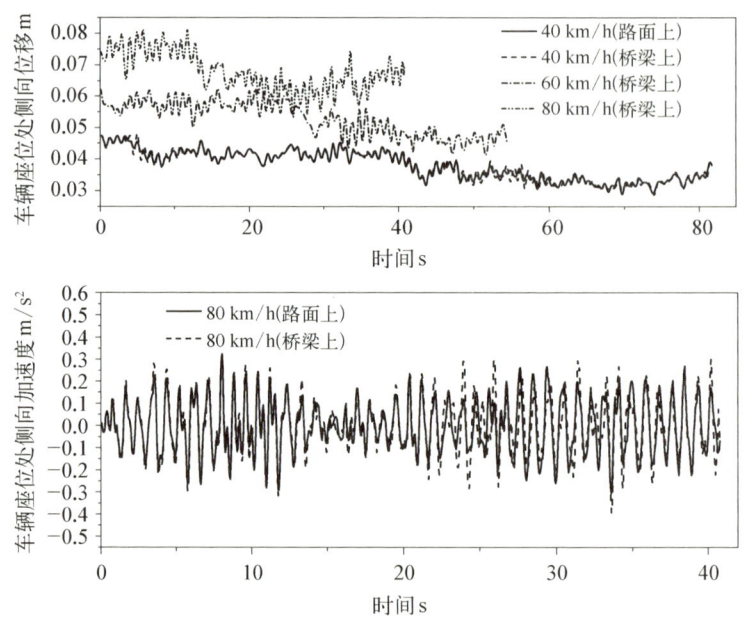

图 5-14 不同车速下车辆驾驶员位置处侧向位移和加速度

表 5-10 不同车速下车辆行驶在路面上与桥梁上车辆驾驶员位置处加速度响应对比

车速(km/h)	40		60		80	
位 置	桥梁	地面	桥梁	地面	桥梁	地面
竖向加速度 RMS 值(m/s²)	0.862 3	0.742 6	0.928 1	0.859 6	1.146 3	1.031 2
侧向加速度 RMS 值(m/s²)	0.042 1	0.041 3	0.077 8	0.076 5	0.125 4	0.123 1
侧翻加速度 RMS 值(m/s²)	0.008 7	0.008 2	0.020 2	0.019 0	0.047 4	0.044 5

由图 5-15 可见，车辆驾驶员位置处 1/3 倍频竖向和侧向加速度 RMS 值随着车速的增加而增大，且小于 1 min、25 min 和 1 h 的容许承受曲线；从 80 km/h 时车辆行驶于路面和桥梁上的 1/3 倍频加速度 RMS 值对比图可以看出，在较低的中心频率成分时(<1.50 Hz)，行驶于桥梁上的车辆驾驶员位置处 1/3 倍频竖向加速度 RMS 值大于行驶于路面上的相应值。对于任意中心频率成分，行驶于桥梁上的车辆驾驶员位置处 1/3 倍频侧向加速度 RMS 值始终大于行驶于路面上的相应值，尤其是对于中心频率小于 0.5 Hz 和中心频率大于 1 Hz 小于 3 Hz 两个区间。

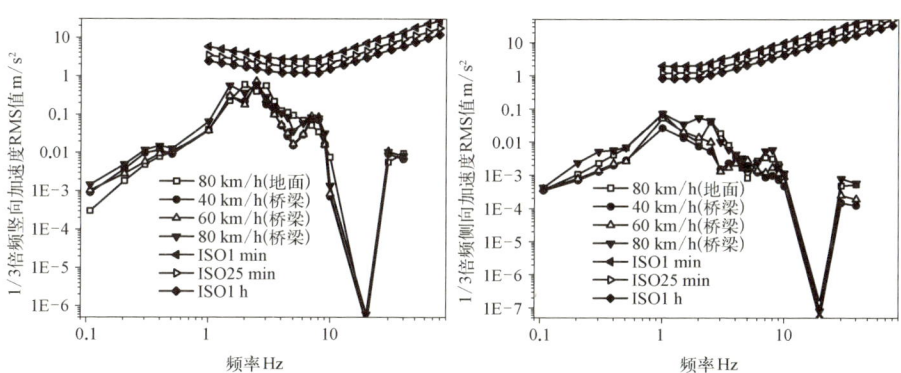

图 5-15 不同车速下车辆驾驶员位置处 1/3 倍频竖向和侧向加速度 RMS 值

5.2.2.2.2 路面粗糙度的影响

为研究路面粗糙度对行驶于桥梁上的车辆响应和驾驶舒适性的影响，计算中分别采用三种路面粗糙度：非常好、好以及一般，车速为 80 km/h，平均风为 10 m/s。

由图 5-16 和图 5-17 可见，车辆驾驶员位置处的竖向位移和加速度随着路况的变坏而增大；与车辆行驶于路面上路面粗糙度对车辆的侧向位移和侧向加速度几乎没有影响不同，当车辆行驶于桥梁上时，车辆的侧向位移、侧向加速度以及侧翻加速度等都随着路况的变坏而略有增加，这主要由于当车辆行驶于桥梁上时，路况变坏，则车辆与桥梁的竖向接触力变

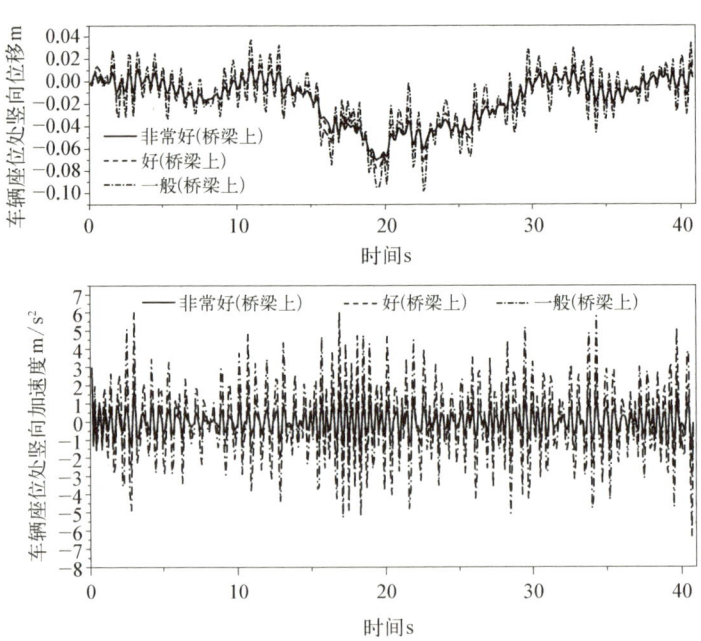

图 5‑16 不同路面粗糙度情况下车辆驾驶员位置处竖向位移和加速度

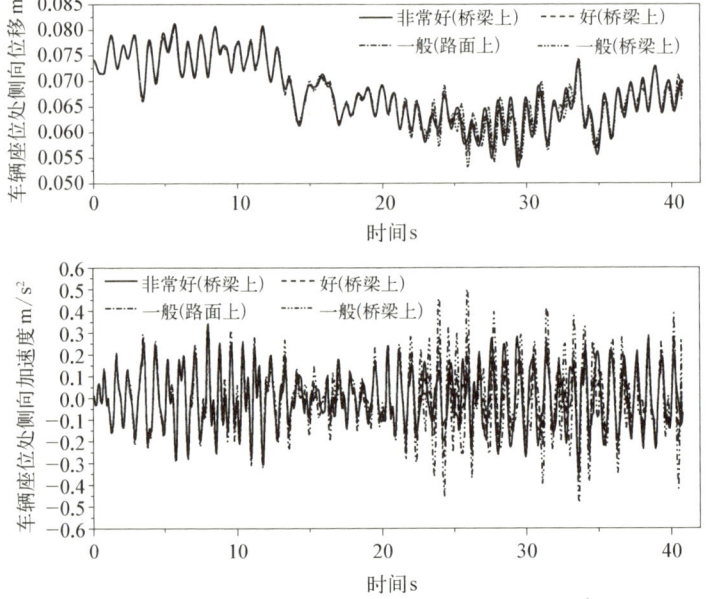

图 5‑17 不同路面粗糙度情况下车辆驾驶员位置处侧向位移和加速度

大,桥梁所受车辆荷载相应变大,则桥梁的响应也随之增大,桥梁响应又反过来作为车辆的激励,车辆的侧向位移、侧向加速度响应及侧翻加速度等相应增大。

由表5-11可见,随着路况的变坏,行驶于桥梁上的车辆驾驶员位置处的竖向加速度相对于行驶于路面上的车辆驾驶员位置处的竖向加速度的增大幅度增加。对应于非常好、好和一般时的增加幅度分别为10.7%,11.2%和15.7%。

表5-11 不同路面粗糙度下车辆行驶在路面上与桥梁上
车辆驾驶员位置处加速度响应对比

路 况	非常好		好		一般	
位 置	桥梁	地面	桥梁	地面	桥梁	地面
竖向加速度 RMS 值(m/s^2)	0.581 3	0.528 1	1.146 3	1.031 2	2.390 6	2.065 9
侧向加速度 RMS 值(m/s^2)	0.124 3	0.123 1	0.125 4	0.123 1	0.129 6	0.123 1
侧翻加速度 RMS 值(m/s^2)	0.047 2	0.044 5	0.047 4	0.044 5	0.047 9	0.044 5

由图5-18可见,车辆驾驶员位置处1/3倍频竖向加速度RMS值随着路况的变坏而显著增大而车辆驾驶员位置处1/3倍频侧向加速度RMS值随路况变坏变化不大。车辆在竖向的驾驶舒适性小于1 min 和 25 min 舒

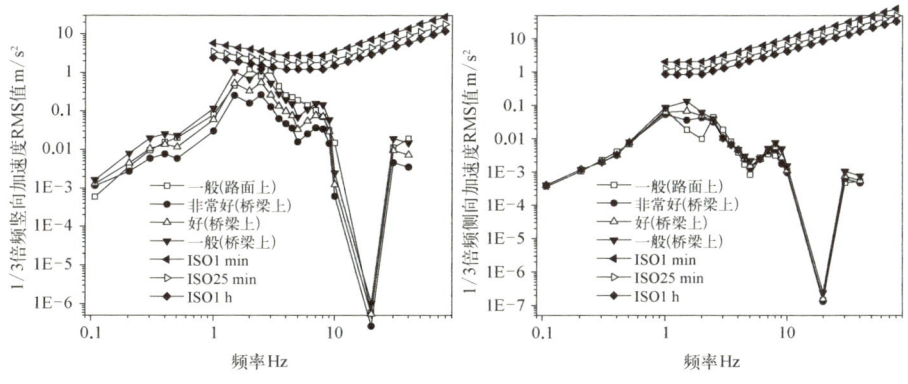

图5-18 不同路面粗糙度下车辆驾驶员位置处1/3倍频竖向和侧向加速度RMS值

适性界限,只有当路况为一般时,车辆驾驶员位置处1/3倍频竖向加速度均方差刚刚达到1 h舒适性界限,而车辆在侧向的驾驶舒适性远小于1 min、25 min和1 h的容许承受曲线;从路况为一般时车辆行驶于路面和桥梁上的1/3倍频竖向加速度RMS值对比图可以看出,在较低的中心频率成分时(<1.50 Hz),行驶于桥梁上的车辆驾驶员位置处1/3倍频竖向加速度均方差大于行驶于路面上的相应值;当中心频率小于1 Hz和大于3 Hz时,行驶于路面和桥梁上的车辆驾驶员位置处1/3倍频侧向加速度RMS值相差很小,几乎重合。当中心频率大于1 Hz且小于3 Hz时,行驶于桥梁上的车辆驾驶员位置处1/3倍频侧向加速度RMS值明显大于行驶于路面上的相应值。

5.2.2.2.3 风速的影响

为研究风速对行驶于桥梁上的车辆响应和驾驶舒适性的影响,计算中风速分别取为10 m/s、15 m/s和20 m/s,车速为60 km/h,路面粗糙度为好。

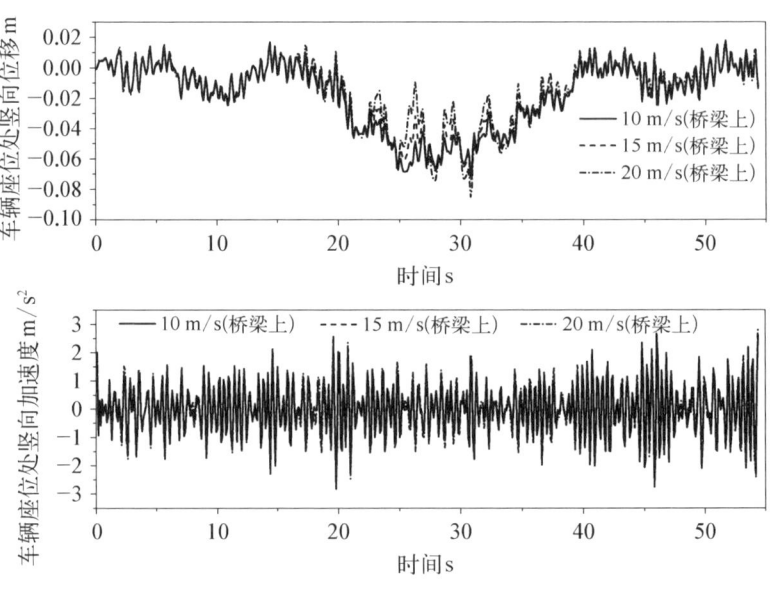

图5-19 不同风速下车辆驾驶员位置处竖向位移和加速度

由图 5-19 可见，车辆行驶于左边跨时，不同风速下车辆驾驶员位置处的竖向位移相差不大，当车辆行驶于中跨时，风速越大，车辆驾驶员位置处的竖向位移波动越大。当车辆行驶于右边跨时，不同风速下车辆驾驶员位置处的竖向位移差值重新变小。

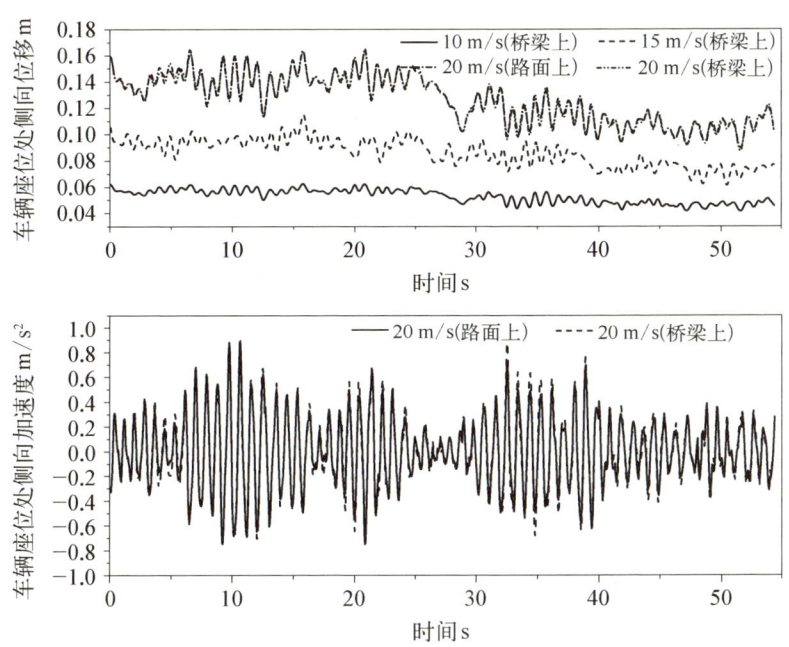

图 5-20 不同风速下车辆驾驶员位置处侧向位移和加速度

表 5-12 不同风速下车辆行驶在路面上与桥梁上车辆驾驶员位置处加速度响应对比

风速(m/s)	10		15		20	
位　　置	桥梁	地面	桥梁	地面	桥梁	地面
竖向加速度 RMS 值(m/s²)	0.928 1	0.859 6	0.933 5	0.859 3	0.959 2	0.860 9
侧向加速度 RMS 值(m/s²)	0.077 8	0.076 5	0.178 5	0.176 6	0.314 2	0.309 5
侧翻加速度 RMS 值(m/s²)	0.020 2	0.019 0	0.043 6	0.041 2	0.081 1	0.076 5

车辆驾驶员位置处的竖向加速度随着风速的增加而增大，但增大幅度不大。如对应于 10 m/s、15 m/s 和 20 m/s 的车辆驾驶员位置处的竖向加速度分别为 0.928 1 m/s^2、0.933 5 m/s^2 和 0.959 2 m/s^2；车辆驾驶员位置处的侧向位移和侧向加速度随着风速的增加而显著增大。

由图 5-21 可见，车辆驾驶员位置处 1/3 倍频侧向加速度 RMS 值随着风速的增加而显著增大。车辆驾驶员位置处 1/3 倍频竖向加速度 RMS 值在中心频率成分大于 0.5 Hz 时相差很小，当中心频率小于 0.5 Hz 时，风速越高，车辆驾驶员位置处 1/3 倍频竖向加速度 RMS 值越大。车辆驾驶员位置处 1/3 倍频竖向和侧向加速度 RMS 值均小于 1 min、25 min 和 1 h 的容许承受曲线。

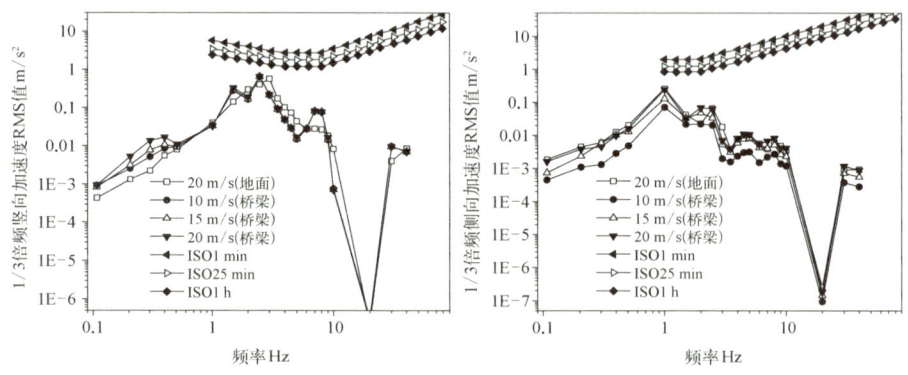

图 5-21 不同风速下车辆驾驶员位置处 1/3 倍频竖向和侧向加速度 RMS 值

5.2.3 侧风、车辆移动荷载对桥梁响应的影响

为了评价侧风和车辆移动荷载对桥梁动力响应的影响，分别进行了抖振时域分析、汽车-桥梁系统空间耦合振动分析和风-汽车-桥梁系统空间耦合振动分析。计算中平均风速为 20 m/s，车速为 60 km/h，路面粗糙度为好，车辆数目为 10 排，车辆间距为 10 m。

通过对比车桥耦合振动分析和风-汽车-桥梁系统空间耦合振动分析得到的主梁跨中响应可以看出：对于主梁跨中的竖向和扭转响应，考虑侧

第5章 风-汽车-桥梁系统空间耦合振动研究

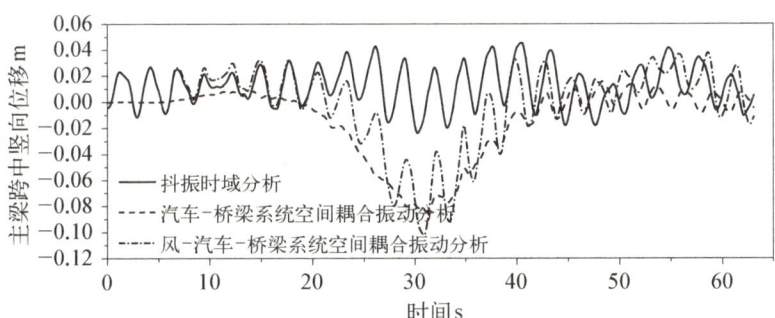

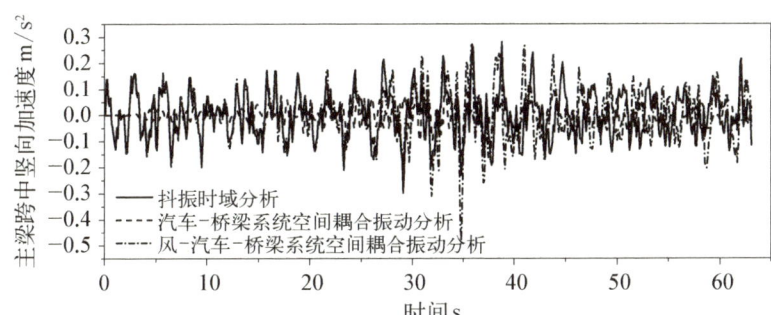

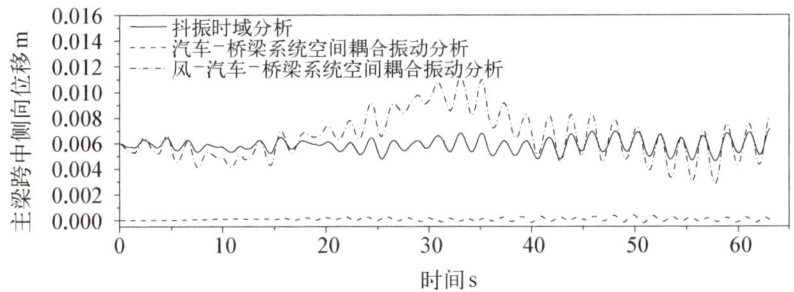

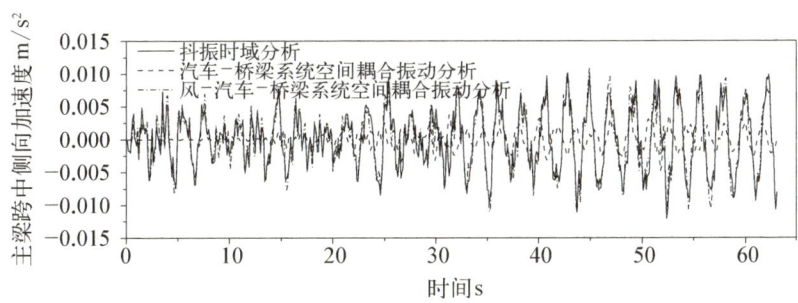

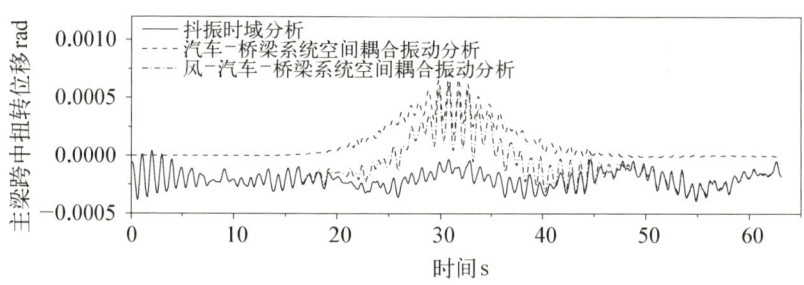

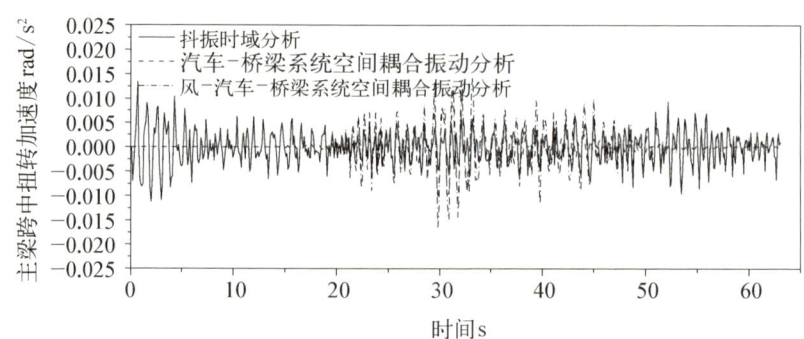

图 5-22　侧风、车辆移动荷载对主梁跨中响应的影响对比图

风时主梁跨中竖向位移的脉动部分和最大值、主梁跨中竖向加速度、主梁跨中扭转向位移的脉动部分和主梁跨中扭转加速度均大于未考虑侧风时的相应值,即考虑侧风作用会显著增加桥梁的响应。只有车辆经过主梁所关心点时,该点的竖向和扭转响应由风荷载和车辆荷载共同控制,而当车辆远离主梁所关心点时,该点的响应主要由风荷载控制。对于主梁跨中的侧向响应,未考虑侧风时(车桥耦合振动分析)主梁跨中的侧向位移和侧向加速度均很小,几乎为零。考虑侧风后主梁跨中的侧向响应显著增大,即主梁的侧向响应主要由风荷载控制。

通过对比抖振时域分析和风-汽车-桥梁系统空间耦合振动分析得到的主梁跨中响应可以看出：当车列未到达主梁跨中时,考虑与未考虑车辆荷载的主梁跨中竖向和扭转位移响应几乎重合,当车列经过该点时,由于车列作用桥梁将会产生竖向和扭转变形，桥梁产生竖向和扭转变形的大小与车列的数目密切相关，此时桥梁的变形由车列荷载和风荷载共同控制，车列荷载主要控制桥梁动力响应的平均部分而风荷载主要控制着脉动部分，当车辆远离该点时，主梁跨中竖向和扭转响应的平均部分又逐渐变小。对于主梁跨中的侧向响应，与仅考虑主梁的侧风效应（抖振时域分析）相比，在风-汽车-桥梁系统空间耦合振动分析中，主梁和车辆均受到侧风影响，并且车辆和主梁在侧向不发生相对位移，则整个车辆主梁系统所受侧风明显增加，因此，当车列经过主梁跨中时，考虑车辆荷载的主梁跨中侧向位移响应显著大于未考虑车辆荷载的主梁跨中侧向位移响应。

5.3 苏通长江公路大桥

苏通大桥主桥为一座钢箱梁斜拉桥，主跨为 1 088 m，桥塔为倒 Y 字形，高度约为 300 m。主梁为带风嘴的闭口钢箱梁，梁高为 4.0 m，主梁总宽度为 41.0 m。桥型布置图见图 5-23，钢箱梁横断面图见图 5-24。

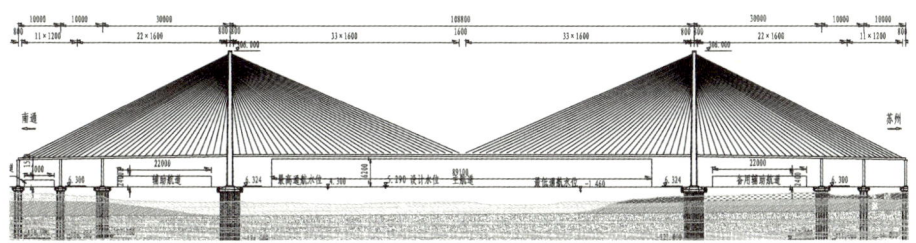

图 5-23 苏通大桥桥型总体布置图

5.3.1 车辆行驶于路面和桥梁上安全性对比

为研究振荡的桥梁对车辆行车安全性的影响，将车辆行驶在路面上和

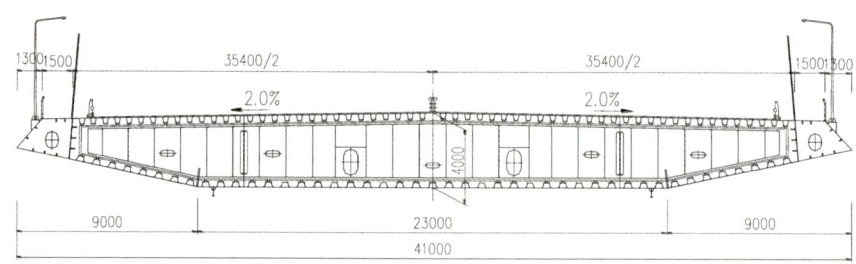

图 5-24 苏通大桥主梁标准横断面布置图

苏通大桥上的响应进行对比,计算中车速为 60 km/h,侧向阵风的平均风速为 20 m/s,路面粗糙度为好。

由图 5-25 可见,车辆行驶于桥梁的竖向位移响应主要由振荡的桥梁所控制的。在前 6 s 内,车辆行驶于路面上的侧向和偏转位移响应为 0 而

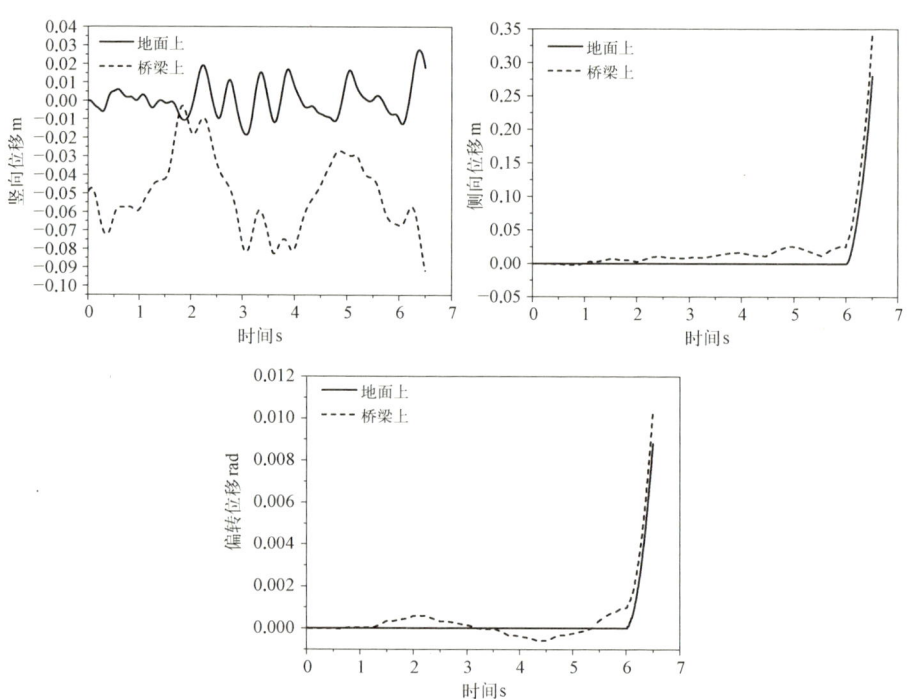

图 5-25 行驶于路面和桥梁上的箱式货车质心位移响应对比

车辆行驶在桥梁上会发生侧向和偏转位移响应。行驶于桥梁上的对应于 6.5 s 时的最大侧向和偏转位移响应明显大于行驶于路面上的相应值。以侧向位移为例,行驶于路面和桥梁上的对应于 6.5 s 时侧向位移分别为 0.279 7 m 和 0.341 4 m。

由图 5-26 可见,在前 6 s 内,行驶在苏通大桥上车轮接触力比行驶在路面上的接触力波动显著增加。当突然受到侧风时,行驶于路面和苏通大桥上的 2 号车轮接触力最小值分别为 6.24 kN 和 4.50 kN,即车辆行驶在苏通大桥上突然受到侧风时迎风侧车轮最小接触力明显小于车辆行驶在路面上的相应值。

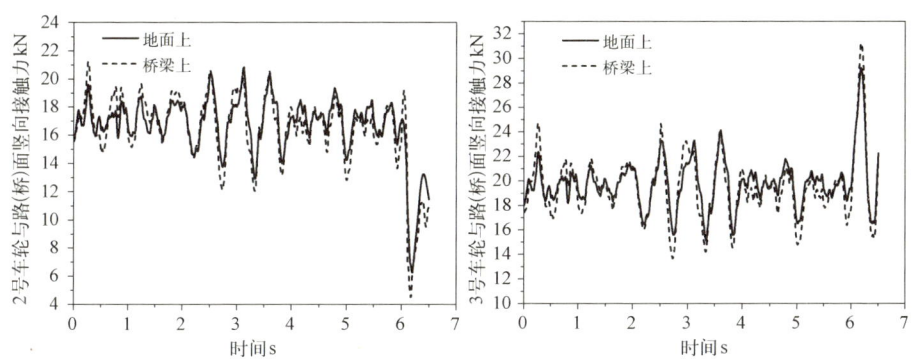

图 5-26 行驶于路面和桥梁上的车轮与路(桥)面竖向接触力对比

5.3.2 行驶在路面与桥梁上典型车辆事故临界风速(车速)对比

采用编制的风-汽车-桥梁系统空间耦合振动分析程序,计算了典型车辆行驶于苏通大桥上发生事故的临界风速以及临界车速,并与车辆行驶于路面上发生事故的临界风速和临界车速进行了对比。

由表 5-13—表 5-15 可见,车辆行驶于苏通大桥上发生事故的临界风速明显小于车辆行驶于路面上发生事故的临界风速。

表 5-13　箱式货车行驶在路面上和桥梁上发生事故临界风速对比(m/s)

车速 (km/h)	一般(m/s)							
	干		湿		雪		冰	
	路面	桥梁	路面	桥梁	路面	桥梁	路面	桥梁
40	27.8(o)	24.8(o)	29.1(s)	28.3(s)	28.0(s)	27.2(s)	27.5(s)	26.8(s)
60	25.0(o)	22.2(o)	25.0(o)	22.2(o)	26.1(s)	25.3(s)	25.5(s)	24.6(s)
80	20.6(o)	17.8(o)	20.6(o)	17.8(o)	20.6(o)	17.8(o)	20.6(o)	17.8(o)
100	16.2(o)	13.4(o)	16.2(o)	13.4(o)	16.2(o)	13.4(o)	16.2(o)	13.4(o)
120	11.4(o)	9.1(o)	11.4(o)	9.1(o)	11.4(o)	9.1(o)	11.4(o)	9.1(o)

表 5-14　箱式货车行驶在路面上和桥梁上发生事故临界风速对比(m/s)

车速 (km/h)	好(m/s)							
	干		湿		雪		冰	
	路面	桥梁	路面	桥梁	路面	桥梁	路面	桥梁
40	29.5(o)	27.1(o)	29.1(s)	28.3(s)	28.0(s)	27.2(s)	27.5(s)	26.8(s)
60	26.3(o)	24.0(o)	26.3(o)	24.0(o)	26.1(s)	25.3(s)	25.5(s)	24.6(s)
80	21.6(o)	19.2(o)	21.6(o)	19.2(o)	21.6(o)	19.2(o)	21.6(o)	19.2(o)
100	17.1(o)	14.8(o)	17.1(o)	14.8(o)	17.1(o)	14.8(o)	17.1(o)	14.8(o)
120	12.5(o)	10.3(o)	12.5(o)	10.3(o)	12.5(o)	10.3(o)	12.5(o)	10.3(o)

表 5-15　箱式货车行驶在路面上和桥梁上发生事故临界风速对比(m/s)

车速 (km/h)	非常好(m/s)							
	干		湿		雪		冰	
	路面	桥梁	路面	桥梁	路面	桥梁	路面	桥梁
40	30.5(o)	28.8(o)	29.1(s)	28.3(s)	28.0(s)	27.2(s)	27.5(s)	26.8(s)
60	26.5(o)	24.9(o)	26.5(o)	24.9(o)	26.1(s)	25.3(s)	25.5(s)	24.6(s)
80	22.2(o)	20.6(o)	22.2(o)	20.6(o)	22.2(o)	20.6(o)	22.2(o)	20.6(o)
100	18.3(o)	16.7(o)	18.3(o)	16.7(o)	18.3(o)	16.7(o)	18.3(o)	16.7(o)
120	13.8(o)	12.4(o)	13.8(o)	12.4(o)	13.8(o)	12.4(o)	13.8(o)	12.4(o)

第5章　风-汽车-桥梁系统空间耦合振动研究

表 5-16　箱式货车行驶在路面上和桥梁上发生事故临界车速对比（km/h）

风速 (m/s)	一般（km/h）							
	干		湿		雪		冰	
	路面	桥梁	路面	桥梁	路面	桥梁	路面	桥梁
10.0	126.0(o)	116.0(o)	126.0(o)	116.0(o)	126.0(o)	116.0(o)	126.0(o)	116.0(o)
15.0	104.0(o)	93.5(o)	104.0(o)	93.5(o)	104.0(o)	93.5(o)	104.0(o)	93.5(o)
20.0	82.5(o)	70.0(o)	82.5(o)	70.0(o)	82.5(o)	70.0(o)	82.5(o)	70.0(o)
25.0	60.0(o)	39.5(o)	60.0(o)	39.5(o)	69.0(s)	64.0(s)	67.0(s)	61.5(s)
30.0	33.0(o)	23.0(o)	32.0(s)	27.0(s)	15.0(s)	11.0(s)	10.5(s)	7.0(s)

表 5-17　箱式货车行驶在路面上和桥梁上发生事故临界车速对比（km/h）

风速 (m/s)	好（km/h）							
	干		湿		雪		冰	
	路面	桥梁	路面	桥梁	路面	桥梁	路面	桥梁
10.0	130.5(o)	121.5(o)	130.5(o)	121.5(o)	130.5(o)	121.5(o)	130.5(o)	121.5(o)
15.0	109.0(o)	99.0(o)	109.0(o)	99.0(o)	109.0(o)	99.0(o)	109.0(o)	99.0(o)
20.0	87.0(o)	77.5(o)	87.0(o)	77.5(o)	87.0(o)	77.5(o)	87.0(o)	77.5(o)
25.0	65.5(o)	53.5(o)	65.5(o)	53.5(o)	69.0(s)	64.0(s)	67.0(s)	61.5(s)
30.0	37.0(o)	29.5(o)	32.0(s)	27.0(s)	15.0(s)	11.0(s)	10.5(s)	7.0(s)

表 5-18　箱式货车行驶在路面上和桥梁上发生事故临界车速对比（km/h）

风速 (m/s)	非常好（km/h）							
	干		湿		雪		冰	
	路面	桥梁	路面	桥梁	路面	桥梁	路面	桥梁
10.0	137.0(o)	131.0(o)	137.0(o)	131.0(o)	137.0(o)	131.0(o)	137.0(o)	131.0(o)
15.0	115.0(o)	108.5(o)	115.0(o)	108.5(o)	115.0(o)	108.5(o)	115.0(o)	108.5(o)
20.0	91.5(o)	83.0(o)	91.5(o)	83.0(o)	91.5(o)	83.0(o)	91.5(o)	83.0(o)
25.0	67.0(o)	59.5(o)	67.0(o)	59.5(o)	69.0(s)	64.0(s)	67.0(s)	61.5(s)
30.0	42.5(o)	35.5(o)	32.0(s)	27.0(s)	15.0(s)	11.0(s)	10.5(s)	7.0(s)

5.3.3 侧风作用下车辆行驶于路面上与桥梁上的响应对比

本节将运用编制的风-汽车-桥梁系统空间耦合振动分析程序详细研究车速、路面粗糙度和风速对侧风环境下行驶于苏通大桥的车辆响应及驾驶舒适性的影响,并与行驶于路面上的车辆响应和驾驶舒适性进行对比。

5.3.3.1 车速的影响

为了研究车速对行驶于桥梁上的车辆响应和驾驶舒适性的影响,计算中分别采用 40 km/h、60 km/h 和 80 km/h 三种不同车速,风速为 10 m/s,路面粗糙度为好(图 5-27)。

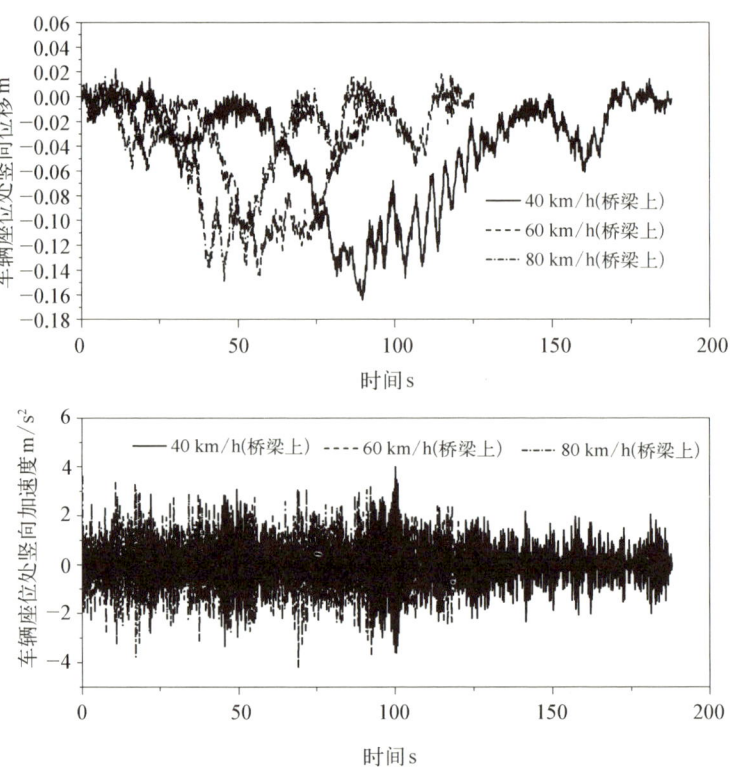

图 5-27 不同车速下车辆驾驶员位置处竖向位移和加速度

表 5-19 不同车速下车辆行驶在路面上与桥梁上车辆驾驶员位置处加速度响应对比

车速(km/h)	40		60		80	
位置	桥梁	地面	桥梁	地面	桥梁	地面
竖向加速度 RMS 值(m/s^2)	0.928 7	0.742 6	0.956 3	0.859 6	1.208 1	1.031 2
侧向加速度 RMS 值(m/s^2)	0.041 7	0.041 3	0.077 2	0.076 5	0.124 3	0.123 1
侧翻加速度 RMS 值(m/s^2)	0.008 6	0.008 2	0.019 3	0.019 0	0.045 2	0.044 5

由表 5-19 可见,行驶于桥梁上的车辆驾驶员位置处的竖向加速度明显大于行驶于路面上的相应值。当车辆行驶于桥梁上时,车辆驾驶员位置处的竖向加速度主要由路面粗糙度和桥梁变形共同产生。对于桥梁变形所产生的车辆竖向加速度而言,其大小与桥梁变形的大小密切相关,桥梁的变形越大,所产生车辆的竖向加速度也越大;行驶于桥梁上的车辆驾驶员位置处的侧向加速度和侧翻加速度略大于行驶于路面的相应值。

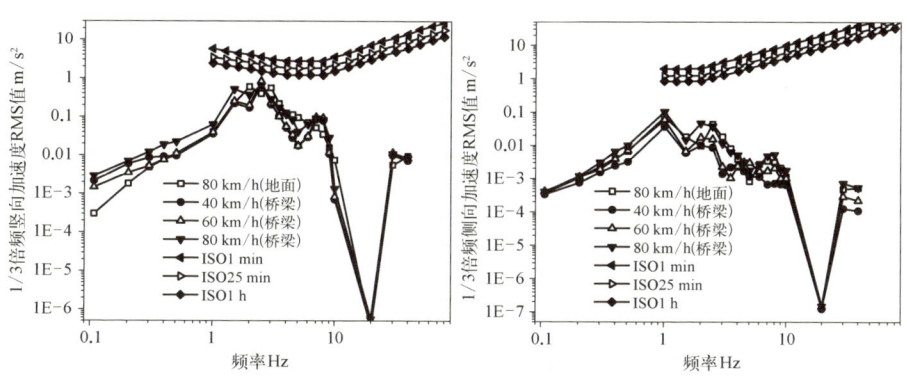

图 5-28 不同车速下第一辆车驾驶员位置处 1/3 倍频竖向和侧向加速度 RMS 值

由图 5-28 可见,车辆驾驶员位置处 1/3 倍频竖向和侧向加速度 RMS 值随着车速的增加而增大,且小于 1 min、25 min 和 1 h 的容许承受曲线;从 80 km/h 时车辆行驶于路面和桥梁上的 1/3 倍频加速度 RMS 值对比情况可以看出,在较低的中心频率成分时(<1.50 Hz),行驶于桥梁上的车辆驾

驶员位置处 1/3 倍频竖向加速度 RMS 值大于行驶于路面上的相应值。对于任意中心频率成分,行驶于桥梁上的车辆驾驶员位置处 1/3 倍频侧向加速度 RMS 值均不小于行驶于路面上的相应值。

5.3.3.2　路面粗糙度的影响

为研究路面粗糙度对行驶于桥梁上的车辆响应和驾驶舒适性的影响,计算中分别采用三种路面粗糙度:非常好、好以及一般,车速为 80 km/h,平均风为 10 m/s。

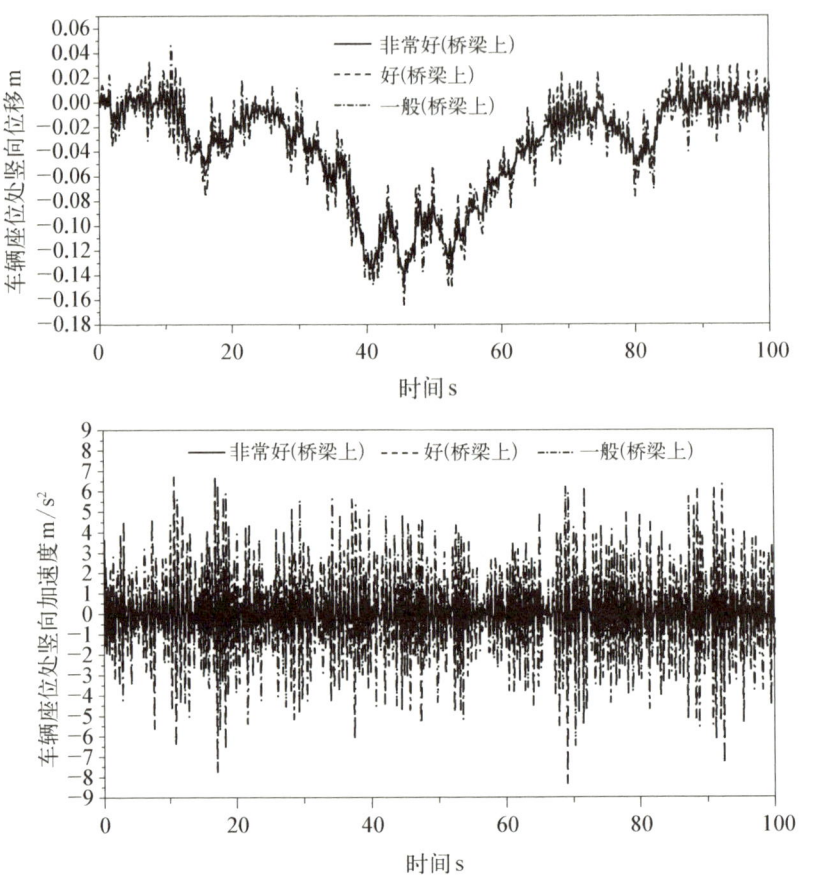

图 5-29　不同路面粗糙度情况下车辆驾驶员位置处竖向位移和加速度

表 5-20　不同路面粗糙度下车辆行驶在路面上与桥梁上
车辆驾驶员位置处加速度响应对比

路况	非常好		好		一般	
位置	桥梁	地面	桥梁	地面	桥梁	地面
竖向加速度 RMS 值(m/s^2)	0.606 2	0.528 1	1.208 1	1.031 2	2.455 9	2.065 9
侧向加速度 RMS 值(m/s^2)	0.123 7	0.123 1	0.124 3	0.123 1	0.126 4	0.123 1
侧翻加速度 RMS 值(m/s^2)	0.045 2	0.044 5	0.045 2	0.044 5	0.045 4	0.044 5

由图 5-29 可见，随着路况的变坏，车辆驾驶员位置处竖向位移的波动部分越显著，车辆驾驶员位置处竖向加速度显著增加。

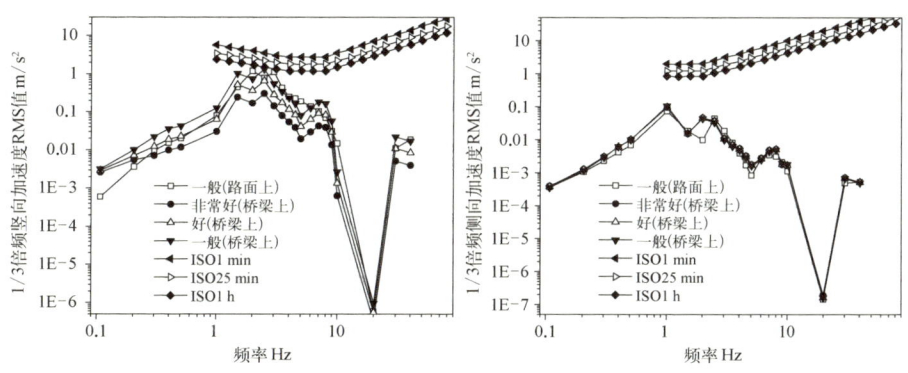

图 5-30　不同路面粗糙度下车辆驾驶员位置处 1/3 倍
频竖向和侧向加速度 RMS 值

由图 5-30 可见，车辆驾驶员位置处 1/3 倍频竖向加速度 RMS 值随着路况的变坏而显著增大而车辆驾驶员位置处 1/3 倍频侧向加速度 RMS 值随路况变坏几乎没有变化。车辆在竖向的驾驶舒适性小于 1 min 和 25 min 舒适性界限，只有当路况为一般时，车辆驾驶员位置处 1/3 倍频竖向加速度 RMS 值刚刚达到 1 h 舒适性界限，而车辆在侧向的驾驶舒适性远小于 1 min、25 min 和 1 h 的容许承受曲线；从路况为一般时车辆行驶于路面和桥梁上的 1/3 倍频加速度 RMS 值对比图可以看出，在较低的中心频率成分时(<1.50 Hz),行驶于桥梁上的车辆驾驶员位置处 1/3 倍频竖向加速度 RMS 值大于行驶于路面上的相应值;当中心频率小于 1.5 Hz 和大于 2.5 Hz 时,行驶于桥梁上与行驶于路面上的车辆驾驶员位置处 1/3 倍频侧向加速度 RMS 值相差很小,几乎重合。当中心频率大于 1.5 Hz 且小于 2.5 Hz 时,行驶于桥梁上的车辆驾驶员位置处 1/3 倍频侧向加速度 RMS 值明显大于行驶于路面上的相应值。

5.3.3.3 风速的影响

为研究风速对行驶于桥梁上的车辆响应和驾驶舒适性的影响,计算中风速分别取为 10 m/s、15 m/s 和 20 m/s,车速为 60 km/h,路面粗糙度为好。

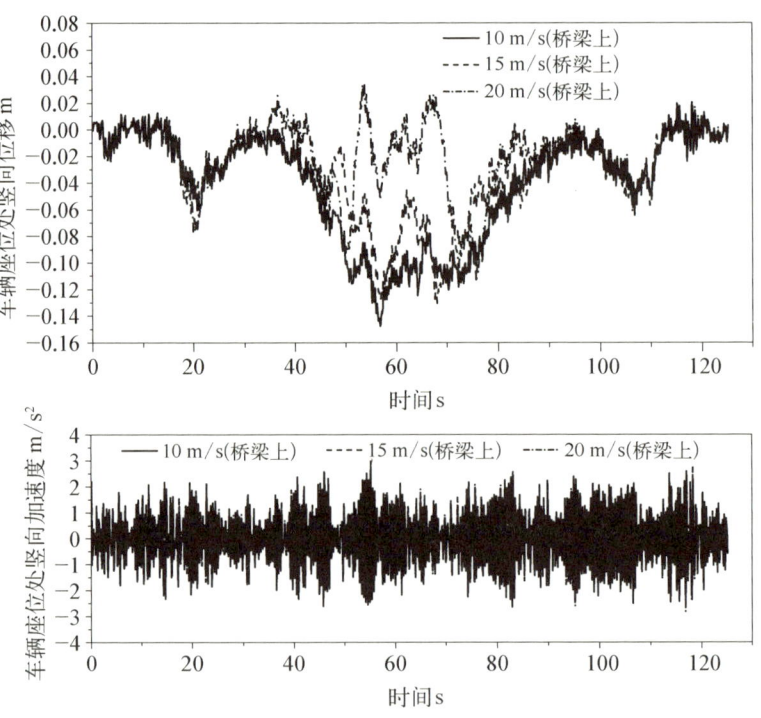

图 5-31　不同风速下车辆驾驶员位置处竖向位移和加速度

第5章 风—汽车—桥梁系统空间耦合振动研究

由图 5-31 可见,风速对行驶于苏通大桥上车辆驾驶员位置处的竖向位移影响非常显著。尤其是当车辆行驶在中跨时,风速越大,车辆驾驶员位置处的竖向位移波动越大。

由表 5-21 可见,车辆驾驶员位置处的竖向加速度随着风速的增加而增大,但增大幅度不大。而车辆驾驶员位置处的侧向加速度随着风速的增加而显著增大。

表 5-21 不同风速下车辆行驶在路面上与桥梁上
车辆驾驶员位置处加速度响应对比

风速(m/s)	10		15		20	
位 置	桥梁	地面	桥梁	地面	桥梁	地面
竖向加速度 RMS 值(m/s^2)	0.9563	0.8596	0.9656	0.8593	0.9991	0.8609
侧向加速度 RMS 值(m/s^2)	0.0772	0.0765	0.1776	0.1766	0.3119	0.3095
侧翻加速度 RMS 值(m/s^2)	0.0193	0.0190	0.0418	0.0412	0.0777	0.0765

由图 5-32 可见,车辆驾驶员位置处 1/3 倍频侧向加速度 RMS 值随着风速的增加而显著增大,而车辆驾驶员位置处 1/3 倍频竖向加速度 RMS 值在中心频率成分大于 1 Hz 时相差很小,当中心频率小于 1 Hz 时,风速越高,车辆驾驶员位置处 1/3 倍频竖向加速度 RMS 值越大。车辆驾驶员

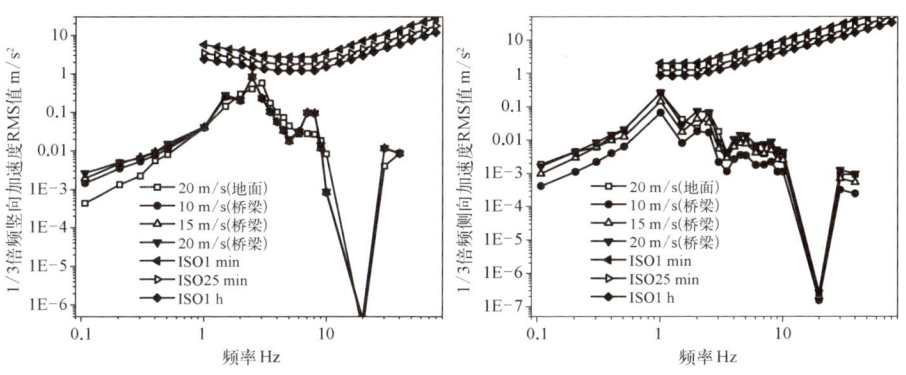

图 5-32 不同风速下车辆驾驶员位置处 1/3 倍频竖向和侧向加速度 RMS 值

位置处 1/3 倍频竖向和侧向加速度 RMS 值均小于 1 min、25 min 和 1 h 的容许承受曲线。

5.4 本章小结

与以往的汽车-桥梁耦合振动分析中仅考虑竖向耦合关系不同,为模拟车轮与桥面接触处的侧向耦合关系,引入了一个特殊阻尼器,并推导了车辆行驶于桥面上时车轮与路面侧向独立自由度的运动方程。在综合考虑汽车-桥梁耦合关系基础上,编制了较为完善的风-汽车-桥梁系统空间耦合分析程序。运用该程序详细研究了路面粗糙度、平均风速以及干、湿、雪、冰路面情况对侧风作用下行驶在振荡桥梁上行车安全的影响,并给出了典型车辆在桥梁上发生事故的临界风速,并与车辆行驶于路面上的安全行车风速进行了对比。此外,详细研究了路面粗糙度、平均风速和车速对行驶在桥梁上车辆驾驶舒适性的影响。最后,研究了侧风和桥梁振动对车辆驾驶舒适度的影响以及侧风和车辆移动荷载对桥梁振动的影响。本章主要结论如下:

1. 路面粗糙度对车辆的安全性和竖向舒适性影响显著,路况越差,车辆突然受到侧风时发生事故的临界风速越低,且车辆驾驶员座位处 1/3 倍频的竖向加速度 RMS 值显著增加,即竖向驾驶舒适性变差。路面粗糙度对车辆的侧向位移、侧向加速度以及侧翻加速度有影响,但影响不大。

2. 除对车辆的竖向加速度影响甚微之外,风速对车辆的竖向位移、侧向响应和偏转响应影响显著。随着风速的提高,车辆的竖向位移、侧向响应和偏转响应显著增大而车辆的竖向加速度均方差增幅不大。

3. 干、湿、雪、冰路面情况几乎不影响车体的竖向位移响应而对车辆的侧向和偏转位移响应影响显著,随着路面摩擦系数的减小,车辆的侧向位移响应和偏转位移响应都显著增加,振荡的桥梁会增加车辆的侧向和偏转响应。

4. 车速对车辆的竖向、侧向和侧翻响应均有影响。车辆的响应总体上随着车速的提高而变大。

5. 与未考虑侧风时车辆耦合振动分析得到的车辆竖向响应相比,侧风不仅会影响车辆竖向位移响应的平均部分,而且还会增大车辆竖向位移脉动部分的振幅,但侧风对车辆的竖向加速度影响甚微。

6. 与侧风作用下行驶在路面上的车辆响应相比,振荡的桥梁对车辆的竖向位移响应起主要作用。此外,振荡的桥梁会明显增加车辆的竖向、侧向和偏转加速度响应,降低车辆的安全行车风速。

7. 通过抖振时域、汽车-桥梁系统空间耦合振动分析和风-汽车-桥梁系统空间耦合振动分析得到的桥梁响应对比发现:车辆只改变所经过点的竖向、扭转响应,即当车辆经过所关心点时,该点的竖向和扭转动力响应由车辆荷载和风荷载共同控制,当车辆未到达或远离该点时,该点的竖向、扭转响应由风荷载控制。与车辆经过关心点时对该点的动力响应起作用不同,风荷载自始至终对桥梁的响应起作用,且考虑风的作用会显著增加桥梁的响应。

第6章 结　语

6.1 理论方法上的进步

在发展完善颤抖振时域分析、风-汽车系统相互作用和汽车-桥梁系统空间耦合振动分析的基础上,将风、汽车、桥梁三者作为一个相互作用的系统,建立了风-汽车-桥梁系统空间耦合振动分析模型。本书研究在理论和方法上的进步之处表现在以下四个方面:

一、颤抖振时域分析

采用改进的谐波合成方法实现了三维空间脉动风场的模拟,风场模拟时采用风洞实测的风谱和空间相关系数。讨论了桥梁结构上风荷载在时域中的处理问题和在风荷载作用下桥梁结构的非线性颤抖振时程分析问题。在此基础上,可以从时域的角度较为全面地分析和研究大跨度桥梁的颤抖振问题,考虑斜拉索和桥塔上的脉动风荷载、结构的几何非线性和气动荷载非线性等因素的影响。对杭州湾跨海大桥全桥模型的抖振位移和抖振内力进行测量,并根据风洞实测的紊流风谱和空间相关性计算桥梁的抖振响应,与试验值进行对比并进行了详细的参数分析。

二、风-汽车系统相互作用研究

针对两轴四轮、三轴六轮车辆,并且考虑车辆轮胎与地面之间侧向位移的独立自由度,分别建立了17个和23个自由度的空间分析模型,推导了车辆系统的运动方程。将路面粗糙度假设为零均值平稳高斯随机过程,采用逆傅立叶变换模拟了路面粗糙度样本。在综合考虑路面粗糙度、车辆所受风荷载和车辆悬挂系统的基础上,编制了风-汽车系统相互作用分析程序,分别给出了风致车辆事故模型和汽车行驶平顺性评价方法。研究了路面粗糙度、车辆悬挂系统以及干、湿、雪、冰等主要路面状况对行车安全的影响,获得了侧风作用下典型车辆的安全行车风速标准。此外,也对侧风作用下行驶在道路上车辆的驾驶舒适性以及路面粗糙度、平均风速以及车速对驾驶舒适性的影响进行了研究。

三、汽车-桥梁系统空间耦合振动分析

将车桥系统以车轮与桥面接触处为界,分为车辆与桥梁两个子系统,引入了车轮与桥面接触处的位移协调条件与车桥相互作用力的平衡关系,分别建立车辆与桥梁的运动方程,采用分离迭代法编制了汽车-桥梁系统空间耦合振动分析程序。该程序功能较为强大:由于桥梁采用有限元模型,因此不限定具体的桥梁形式和构造;刚体单元、弹簧单元和阻尼器元件单元用来模拟任意车型的车辆,车型单元模型包括两轴、三轴车;可以考虑不同车型、任意数目车辆、多车道以及车辆相向行驶等功能。

四、风-汽车-桥梁系统空间耦合振动分析

在车轮与桥面之间引入了侧向独立自由度,在综合考虑汽车-桥梁系统耦合关系的基础上,提出一个较为完善的风-汽车-桥梁系统空间耦合振动分析模型,该模型能够综合考虑桥梁的静风响应、抖振响应、汽车-桥

梁耦合振动、风荷载对车辆的影响、系统的时变特性以及结构几何非线性和气动荷载非线性的影响等。编制相应程序，运用所编制的程序分析风-汽车-桥梁系统振动特点。

6.2 实际应用结论

根据本研究的实际工程应用和试验方面的工作，得出了如下的主要结论：

1. 结合杭州湾跨海大桥全桥模型风洞试验研究项目，对抖振位移和桥塔内力进行了测量，同时也对风洞的空间相关性进行了测量研究，采用抖振时域分析方法计算出结构的抖振响应，与试验值进行了对比，得到以下几点认识：

a. 风洞模拟紊流场的空间相关性在不同风速以及不同间距 D 时存在一定的差异，衰减因子 λ 总体上随着风速的增加而不断增大。

b. 考虑斜拉索上脉动风的主梁跨中横向抖振位移响应明显大于不考虑斜拉索上脉动风的响应；考虑斜拉索上的脉动风对塔顶横桥向抖振位移 RMS 值有影响，但影响不大；考虑桥塔抖振效应会显著增大桥塔的横桥向抖振响应。

c. 不论是位移还是内力，采用 Sears 气动导纳函数所得到抖振响应 RMS 计算值比导纳为 1 所得 RMS 计算值和风洞试验结果均较小，因此，抗风设计中采用 Sears 气动导纳函数将得到偏危险的结果。此外还发现 Sears 气动导纳函数对桥梁各分量响应（如主梁竖向、侧向及扭转 RMS 响应）的影响有所差异。

d. 导纳为 1 且 λ 取风洞实测值时，抖振响应 RMS 计算值整体上较风洞试验结果略偏大但与风洞试验结果吻合较好，相对于抖振内力，抖振位移与风洞实测结果吻合的更好,尤其是主梁跨中侧向、扭转抖振位移 RMS 值及塔顶横桥向抖振位移 RMS 值。因此,笔者建议在暂时没有合适气动导纳函数的情况下,抗风设计中以导纳为 1 且 λ 取实测值时为控制值。

e. 空间相关系数对抖振响应影响显著,采用风洞实测的相关系数得到的抖振响应比采用《公路桥梁抗风设计规范》建议相关系数所得抖振响应平均小约 20% 且与风洞试验结果较为吻合,所以要正确预测抖振响应,空间相关性的实测是一个重要的方面。

2. 采用编制的风-汽车系统相互作用分析程序探讨了路面粗糙度、车辆悬挂系统以及干、湿、雪、冰路面情况对行车安全的影响,获得了侧风作用下典型车辆的安全行车风速标准。此外,采用国际标准(ISO2631,1978)对车辆的行驶舒适性进行评价,并对路面粗糙度、平均风速以及车速对驾驶舒适性的影响进行了研究。得到以下结论:

a. 路面粗糙度对车辆的安全性和竖向行驶舒适性影响显著,路况越差,不仅车辆突然受到侧风时发生事故的临界风速越低而且竖向行驶舒适性变差。路面粗糙度对车辆的侧向和偏转响应没有影响。

b. 干、湿、雪、冰路面情况对车辆的竖向位移几乎没有影响,而对车辆的侧向和偏转位移影响显著。随着路面摩擦系数的减小,不仅车辆的侧向位移响应而且车辆的偏转位移响应都显著增加,且车辆偏转位移增加幅度明显大于侧向位移增加幅度,车辆的行驶稳定性显著下降。

c. 车辆悬挂系统对车辆响应影响显著,合适的车辆悬挂系统参数的选取是风-汽车系统相互作用计算的基础。

d. 随着车速的增加,车辆发生事故的临界风速降低。对于给定车速,路况越差,车辆发生事故的临界风速越低。侧风作用下箱式货车发生的事故以侧翻事故为主,只有在高风速下才有发生侧滑事故的可能,高风速下车辆发生侧滑事故的概率随着路面摩擦系数的降低而提高。对于给定车速,侧风作用下桑塔纳发生的事故均为侧滑事故而一汽佳宝发生的事故均为侧翻事故。

e. 车速对车辆的竖向、侧向和侧翻响应均有影响。车辆的响应总体上随着车速的提高而变大。

f. 随着风速的增加，车辆的竖向位移和竖向加速度几乎没有变化，而车辆驾驶员位置处的侧向响应和侧翻响应都显著增加。

3. 以杭州湾跨海大桥为例，运用所编制汽车－桥梁空间耦合振动分析程序详细研究了车辆数目、车辆间距、不同车道、车辆相向行驶、不同路况以及不同车速时车流通过桥梁时桥梁的动力响应和冲击系数，并对车辆通过桥梁的舒适性进行了评价。此外，还研究了不同路况和不同车速时车流通过润扬长江公路大桥时桥梁的动力响应和冲击系数，并对斜拉桥和悬索桥在车流通过时振动特征进行了对比分析。得到了以下结论：

a. 车辆移动荷载只改变斜拉桥局部动力响应而影响悬索桥的整体动力响应；对于斜拉桥而言，主梁跨中响应和主梁跨中冲击系数随着路面状况变坏而显著增大，而对于悬索桥，主梁跨中响应和主梁跨中冲击系数随着路面状况变坏几乎没有变化。

b. 当车辆数目很少时，主梁跨中的竖向位移时程非常光滑，并且响应曲线对称，当车辆数目较多时，主梁跨中的竖向位移出现明显波动。且随着车辆数目的增加，主梁跨中响应增加，但增加幅度递减。

c. 随着车辆间距的增加，桥梁跨中响应逐渐减小，跨中冲击系数也基本减小。

d. 车列行驶于不同车道对主梁跨中的竖向响应几乎没有影响，而对主梁跨中的扭转响应影响显著，主梁跨中的扭转响应随着车列行驶的车道距桥梁中心距离的增加而增大。

e. 主梁跨中的响应并非随着车速的增加而增大，桥梁的最大响应由移动荷载的激发频率和桥梁的自振频率共同确定。

f. 车辆质心的竖向加速度与桥梁变形的大小相关，桥梁的变形越大，车辆质心的竖向加速度也越大,但整体而言,桥梁变形所产生的车辆质心竖向加速度并不大,车辆质心的竖向加速度主要由路面粗糙度控制。

g. 车辆驾驶员位置处 1/3 倍频的竖向加速度均方差随着路面粗糙度的变坏而显著增加,即车辆的竖向驾驶舒适性变差。车辆质心的竖向位移响应并没有随着车速的增加而增大,而车辆质心的竖向加速度随着车速的增加而增大。

4. 运用编制的风-汽车-桥梁系统空间耦合分析程序详细研究了路面粗糙度、平均风速以及干、湿、雪、冰路面情况对侧风作用下行驶在振荡桥梁上行车安全的影响,并给出了典型车辆在桥梁上发生事故的临界风速,并与车辆行驶于路面上的安全行车风速进行了对比。此外,详细研究了路面粗糙度、平均风速和车速对行驶在桥梁上车辆驾驶舒适性的影响。最后,研究了侧风和桥梁振动对车辆驾驶舒适度的影响以及侧风和车辆移动荷载对桥梁振动的影响。得到了以下结论:

a. 路面粗糙度、风速以及干、湿、雪、冰路面情况对行驶于桥梁上的车辆安全性和舒适性的影响与其对行驶于路面上的车辆安全性和舒适性的影响规律基本一致。

b. 与未考虑侧风时车辆耦合振动分析得到的车辆竖向响应相比,侧风不仅会影响车辆竖向位移响应的平均部分,而且还会增大车辆竖向位移脉动部分的振幅。但侧风对车辆的竖向加速度影响甚微。

c. 与侧风作用下行驶在路面上的车辆响应相比,振荡的桥梁对车辆的竖向位移响应起主要作用。此外,振荡的桥梁会明显增加车辆的竖向、侧向和偏转加速度响应,降低车辆的安全行车风速。

d. 通过抖振时域、汽车-桥梁系统空间耦合振动分析和风-汽车-桥梁系统空间耦合振动分析得到的桥梁响应对比发现:车辆只改变所经过点的竖向、扭转响应,即当车辆经过所关心点时,该点的竖向和扭转动力响应由车辆荷载和风荷载共同控制,当车辆未到达或远离该点时,该点的竖向、扭转响应由风荷载控制。与车辆经过关心点时对该点的动力响应起作用不同,风荷载自始至终对桥梁的响应起作用,且考虑风的作用会显著增加桥梁的响应。

6.3 需要改进之处和对进一步研究的建议

针对本书的不足之处,笔者对今后的进一步研究提出如下几点建议:

1. 需加强对车辆驾驶员行为模型的研究,并引入到风-汽车-桥梁系统空间耦合振动分析系统;

2. 对桥梁进行交通流观测及统计分析获得车流数据,并对车流进行随机模拟,较为真实的反映汽车桥梁系统的随机性;

3. 需加强车辆所行驶场地的自然风环境特性研究,如车辆进桥前后所受风荷载差别很大,当车辆行驶于桥梁上,车辆就会受到护栏或风障遮挡;

4. 完善和发展风-汽车-桥梁系统空间耦合振动分析模型,并通过实例验证。

参考文献

[1] Davenport A G. Buffeting of a suspension bridge by storm winds[J]. Journal of Struct. Div., 1962, Vol. 88(3): 233-268.

[2] Davenport A G. The response of slender line-like structures to a gusty wind. Proc. Inst. Civ. Engrg, 1962, Vol. 23: 389-407.

[3] Davenport A G. The action of wind on suspension bridges. Proc., Int. Symp. On Suspension Bridges, 1966, 79-100.

[4] Davenport A G. The application of statistical concepts to the wind loading of structures. Proc ICE, 1961, Vol. 19: 449-472.

[5] Davenport A G. The action of wind on suspension bridges. Proc. Int'l. Symposium on Suspension Bridges, Lisbon, Portugal. 1966.

[6] Davenport A G. The dependence of wind load upon meteorological parameters. Proceedings of the International Research Seminar on Wind Effects on Buildings and Structures, University of Toronto Press, Toronto, 1968, 19-82.

[7] Davenport A G, et al. A study of wind action on a suspension bridge during erection and on completion. Rep. BLWT-3-69, Boundary Layer Wind Tunnel Lab., Univ. of Western Ontario, London, Canada, May, 1969.

[8] Jain A, Jones N P, Scanlan R H. Fully-coupled buffeting analysis of long-span bridges. 9ICWE, New Delhi, India, 1995, 962-971.

[9] Jain A, Jones N P, Scanlan R H. Coupled flutter and buffeting analysis of long-span bridges[J]. Journal of Struct. Engrg., 1996, Vol. 122(7): 716 - 725.

[10] Agar T J A. The analysis of aerodynamic flutter of suspension bridges[J]. Computers & structures, 1988, Vol. 30(3): 593 - 560.

[11] Augusti G, et al. On the time-domain analysis of wind response of structures[J]. Journal of Wind Engineering and Industrial Aerodynamics, 1986, Vol. 23.

[12] Ayre R S, Jacobsen L S. Transverse vibration of a two-span beam under the action of a moving alternating forces[J]. Journal of Appl. Mech., 1950, Vol. 17: 283 - 290.

[13] Ayre R S, Ford, Jacobsen L S. Transverse vibration of a two-span beam under the action of a moving constant forces[J]. Journal of Appl. Mech., 1950, Vol. 17: 1 - 12.

[14] Aerodynamic Testing of Road Vehicles: Testing Methods and Procedures, Soc. Automot. Eng. (Detroit), SAE Information Report J2084, 1991.

[15] Baker C J. The overturning of road and rail vehicles in high winds. The sixth Asia-Pacific Conference on Wind Engineering. Seoul. Korea. 2005.

[16] Baker C J. A simplified analysis of various types of wind induced road vehicle accidents[J]. Journal of Wind. Eng. Ind. Aerodyn. 1986, Vol. 22: 69 - 85.

[17] Baker C J. Ground vehicles in high cross winds Part I: The interaction of aerodynamic forces and the vehicle system[J]. Journal of Fluid Struct. 1991, Vol. 5: 111 - 125.

[18] Baker C J. The quantification of accident risk for road vehicles in cross winds[J]. Journal of Wind. Eng. Ind. Aerodyn. 1994, Vol. 52: 93 - 107.

[19] Baker C J, Robinson C G. The assessment of wind tunnel testing techniques for groud vehicles in cross winds[J]. Journal of Wind. Eng. Ind. Aerodyn. 1990, Vol. 34: 147 - 163.

[20] Baker C J. Train aerodynamic forces and moments from moving model experiments[J]. Journal of Wind. Eng. Ind. Aerodyn. 1986, Vol. 24:

227-251.

[21] Baker C J. Measures to control vehicle movement at exposed sites during windy periods[J]. Journal of Wind. Eng. Ind. Aerodyn. 1987, Vol. 25: 151-161.

[22] Bucher C G, Lin Y K. Stochastic stability of bridges considering coupled modes [J]. Journal of Engineering Mechanics, 1988, Vol. 114(12): 2055-2071.

[23] Bucher C G, Lin Y K. Effect of spanwise correlation of turbulence field on the motion stochastic stability of long-span bridges[J]. Journal of Fluids and Structures, 1988, Vol. 2.

[24] Bucher C G, Lin Y K. Effect of wind turbulence on motion stability of long-span bridges[J]. Journal of Wind. Eng. Ind. Aerodyn. 1990, Vol. 36: 1355-1364.

[25] Bucher C G, Lin Y K. Stochastic stability of bridges considering coupled modes: II[J]. Journal of Engineering Mechanics, 1989, Vol. 115(2): 384-400.

[26] Bucher C G, Wall F J. Stochastic response of bridges in turbulent wind[J]. Journal of Wind. Eng. Ind. Aerodyn. 1992, Vol. 41: 1347-1358.

[27] Borri C, Zahlten W. Fully simulated nonlinear analysis of large structures subjected to turbulent artificial wind[J]. Mech. Struct. & Mach, 1991, Vol. 19 (2): 213-250.

[28] Boonyapinyo V, Miyata T, Yamada H. Analysis of cable-supported bridges under wind load. part I: ultimate strength.

[29] Boonyapinyo V, Miyata T, Yamada H. Analysis of cable-supported bridges under wind load. part II: combined flutter and buffeting response in time domain [J]. 1999, Vol. 125(11): 1321-1338.

[30] Boonyapinyo V, Miyata T, Yamada H. Advanced aerodynamic analysis of suspension bridges by stat-space approach[J]. Journal of Struct. Engrg. 1999, Vol. 125(12): 1357-1365.

[31] Dodds C J, Robson J D. The description of road surface roughness[J]. Journal of Sound and Vibration, 1973, Vol. 31: 175-183.

[32] Chen X, Matsumoto M, Kareem A. Aerodynamic coupled effects on flutter and

buffeting of bridges[J]. Journal of Engrg. Mech. , 2000, Vol. 126(1): 17 – 26.

[33] Chen X, Matsumoto M, Kareem A. Time domain flutter and buffeting response analysis of bridges[J]. Journal of Engrg. Mech. , 2000, Vol. 126(1): 7 – 16.

[34] Chen X, Kareem A, et al. Nonlinear aerodynamic analysis of bridge s under turbulent winds: the new frontier bridge aerodynamics[J]. Advance in structural dynamics. 2000, Vol. 1: 475 – 482.

[35] Cai C S, Chen S R. Framework of vehicle-bridge-wind dynamic analysis[J]. Journal of Wind Engineering and Industrial Aerodynamics, 2004, Vol. 92: 579 – 607.

[36] Diana G, Cheli F. Dynamic interaction of railway systems with large bridges. Vehicle System Dynamics[J]. 1989, Vol. 18(1): 71 – 106.

[37] Deodatis G. Simulation of ergodic multivariate stochastic processes[J]. Journal of Engrg. Mech. ASCE, 1996, 122(8): 778 – 787.

[38] Guo W H, Xu Y L. Fully computerized approach to study cable-stayed bridge-vehicle interaction [J]. Journal of Sound and Vib. , 2001, Vol. 248 (4): 745 – 761.

[39] Guo Santos, et al. Gust response of a long-span bridge by the time-domain approach. Third Asia-Pacific Symposium On Wind Engineering, Dec, 13 – 15, Hong Kong, 1993, 221 – 216.

[40] Huang D Z, Wang T L. Impact analysis of cable-stayed bridges[J]. Comput. Struct. 1992, Vol. 43(5): 897 – 908.

[41] Huang D Z, Wang T L. Shahawy. Impact analysis of continuous multigirder bridges due to moving vehicles[J]. Journal of Struct. Eng, 1992, Vol. 118 (12): 3427 – 3443.

[42] Huang D Z, Wang T L. Shahawy. Vibration of thin-walled box girder bridges excited by vehicles[J]. Journal of Struct. Eng. , 1995, Vol. 121(9): 1330 – 1337.

[43] Huang D Z, Wang T L. Shahawy. Dynamic behaviour of horizontally curved I-

girder bridges[J]. Journal of Struct. Eng. , 1995, Vol. 121(9): 1330 – 1337.

[44] Henchi K, Fafard M, Dhatt G, et al. Dynamic behaviour of multi-span beams under moving loads[J]. Journal of Sound and Vib. , 1997, Vol. 240 (3): 447 – 465.

[45] Henchi K, Fafard M, Talbot M, et al. An efficient algorithm for dynamic analysis of bridge under moving vehicles using a coupled model and physical components approach[J]. Journal of Sound and Vib. , 1998, Vol. 212 (3): 663 – 683.

[46] Hayashikawa T, Watanahe N. Dynamic behavior of continuous highway bridges, PhD thesis, Univesity of Illinois, Urbana, Ill, 1981.

[47] Katsuchi H, Jones N P, Scanlan R H, et al. A study of mode coupling in flutter and buffeting of the Akashi-Kaikyo bridge[J]. Journal of Struct. Mech. And Earthquake Engrg. , 1998, Vol. 15(2).

[48] Hiroshi Katsuchi, Jones N P, Scanlan R H. Multimode Coupled flutter and buffeting analysis of the A KASHI-K AI KYO bridge[J]. Journal of Struct. Engrg. , 1999, Vol. 125(1): 60 – 70.

[49] Inglis C E. A mathematical treatise on vibration in railway bridges. Cambridge, 1934.

[50] Inbanathan M, Wieland M. Bridge Vibration Due to Vehicle Moving over rough surface[J]. Journal of Struct. Engrg. , 1987, 113(9): 1994 – 2008.

[51] International Organization for Standardization. Guide for the evaluation of human exposure to whole-body vibration, 2nd edition[S]. International Standard 2631, 1978.

[52] Jones N P, Scanlan R H, Jain A, et al. Advanced (and challenges) in the prediction of long-span bridges response. Bridge aerodynamics[M]. Larsen & Esdahl(eds), 1998, 59 – 85.

[53] Yau J D, Yang Y B. Vertical accelerations of simple beams due to successive loads traveling at resonant speeds[J]. Journal of Sound and Vibration, 2006,

Vol. 289(2): 210-228.

[54] Yau J D, Yang Y B. Vibration reduction for cable-stayed bridges traveled by high-speed trains[J]. Finite Elements in Analysis and Design, 2004, Vol. 40: 341-359.

[55] Kovacs I, Svensson H S, Jordet E. Analytical aerodynamic investigation of cable-stayed Helgeland bridge[J]. Journal of Struct. Engrg. ASCE. 1992, Vol. 118(1): 147-168.

[56] Klaus H. Ostenfeld & Allan Larsen, Bridge Engineering and Aerodynamics, Aerodynamics of Large Bridge, Proceeding of the First International Symposium on Aerodynamics of Large Bridges, A. Larsen(ed), Rotterdam, 1992, 3-22.

[57] Klaus H. Ostenfeld, Denmarks Great Belt Link, The 1989 ASCE Annual Civil Engineering Convention, New Orleans, 1989.

[58] Liepmann H W. On the application of statistical concepts to the buffeting problem[J]. Journal of Aeronautical science, 1952, Vol. 19(12): 793-800.

[59] Morris N F. Dynamic Analysis of Cable-Stiffened Structures[J]. Journal of Struct. Div., ASCE, 1974, 100(5): 971-981.

[60] Li Q C, Lin Y K. New stochastic theory for bridge stability in turbulent flow. II [J]. Journal of Engineering mechanics, ASCE, Vol. 121(1): 102-116.

[61] Scanlan R H. The action of flexible bridges under wind: II. Buffeting theory[J]. Journal of Sound and Vibration, 1978, Vol. 60(2): 201-211.

[62] Scanlan R H. Amplitude and Turbulence effects on bridge flutter derivatives[J]. Journal of structure engineering, 1997, Vol. 123(2): 232-236.

[63] Scanlan R H, Jones N P. Aeroelastic analysis of cable-stayed bridges[J]. Journal of structure engineering, 1990, Vol. 116(2): 279-297.

[64] Scanlan R H, Gade R H. Motion of suspension spans under gusty wind[J]. Journal of Struct. Div., 1977, Vol. 103.

[65] Scanlan R H. On flutter and buffeting mechanisms in long-span bridges. Prob. Engrg. Mech., 1988, Vol. 3(1): 22-27.

[66] Scanlan R H. Role of indicial functions in buffeting analysis of bridges[J]. Journal of structure engineering, 1984, Vol. 110(7).

[67] Scanlan R H. The action of flexible bridges under wind: I. Flutter theory[J]. Journal of Sound and Vibration, 1978, Vol. 60(2): 187-199.

[68] Scanlan R H, et al. Indicial aerodynamic functions for bridges decks[J]. Journal of Engrg. Mech. Div. 1974, Vol. 100(4): 657-672.

[69] Clough R W, Penzien J. Dynamics of structures, McGraw-Hill, NY, 1993.

[70] Toriumi R, Katsuchi H, Furuya N. A study on spatial correlation of natural wind[J]. Journal of Wind Eng. Ind. Aerodyn., 2000, Vol. 87: 203-216.

[71] Coleman S A, Baker C J. High sided road vehicles in cross winds[J]. Journal of Wind Eng. Ind. Aerodyn., 1990, Vol. 36: 1383-1392.

[72] Coleman S A, Baker C J. An experimental study of the aerodynamic behaviour of high sided lorries in cross winds[J]. Journal of Wind Engineering and Industrial Aerodynamics, 1994, Vol. 53: 401-429.

[73] Santos, et al. Gust response of a long-span bridge by the time-domain approach. Third Asia-Pacific Symposium On Wind Engineering, Dec, 13-15, Hong Kong, 1993: 221-216.

[74] Spanos P D, Zeldin B A. Monte Carlo treatment of random fields: a broad perspective[J]. Appl Mech Rev, 1998, Vol. 51(3): 219-237.

[75] Sears W R. Some aspects of non-stationary airfoil theory and its practical application[J]. Journal of Aeronautical Science, 1941, Vol. 8(3).

[76] Chen S R, Cai C S. Accident assessment of vehicles on long-span bridges in windy environments [J]. Journal of Wind Engineering and Industrial Aerodynamics, 2004, Vol. 92: 991-1024.

[77] Shinozuka M. Simulation of multivariate and multidimensional random processes [J]. Journal of Acoust. Soc. Amer., 1971, Vol. 49(1): part 2, 357-367.

[78] Shinozuka M. Digital simulation of random processes in engineering mechanics with the aid of FFT technique. Stochastic problems in mechanics[M]. S. T.

Ariaratnam and H. H. E. Leipholz, eds., University of Waterloo Press, Walterloo, Cananda, 1974: 277-286.

[79] Shinozuka M, Deodatis G. Simulation f stochastic processes by spectral respresentation[J]. Appl Mech Rev. 1991, Vol. 44(4): 191-203.

[80] Timoshenko S P. Forced vibration of prismatic bars. Izvestiya Kievskogo Politekhnicheeskogo Institute, 1908.

[81] Timoshenko S P. On the forced vibration of bridges[J]. Philosoph Magazine. 1922, Ser. 6.

[82] Timoshenko S P. On the Transverse Vibrations of Bars of Uniform Cross Section [J]. Phil Mag V43, 1922.

[83] Veletos A S, Huang T. Analysis of Dynamic Response of Highway Bridges[J]. Journal of Engrg. Mech. Div., 1970, Vol. 90(5): 593-620.

[84] Vehicle Aerodynamics Terminology, Soc. Automot. Eng. (Detroit), SAE Information Report J1594, 1987.

[85] Zhong W X. Review of a high-efficiency algorithm series for structural random responses[J]. Progress in natural sciences, 1996, Vol. 6(3): 257-268.

[86] Wen P R. Dynamic response of beams traversed by two-axle loads[J]. Journal of Engrg. Mech., 1960, 86(EM5): 91-111.

[87] Wang T L. Ramp/Bridge Interface in Railway Prestressed Concrete Bridges[J]. Journal of Struct. Engrg, 1990, Vol. 116(6): 1648-1659.

[88] Wang T L, Huang D Z. Computer Modeling Analysis in Bridge Evaluation. Interim Res. Report, Florida Department of Transportation. Report No. FL/DOT/RMC/0542-3394, Tallahassee, Fla, 1991.

[89] Guo W H. Dynamic analysis of coupled road vehicle and long span cable-stayed bridge systems under cross winds. 2003[D]. A thesis for the degree of doctor of philosophy. Hong Kong Polytechnic university.

[90] Xia H, Xu Y L. Dynamic interaction of long suspension bridges with running trains[J]. Journal of Sound and Vibration. 2000, Vol. 237(2): 263-280.

[91] Yang Y B, Lin B H. Vehicle-bridge interaction analysis by dynamic condensation method[J]. Journal of Structural Engineering, 1995, Vol. 121(11): 1636 – 1643.

[92] Yang Y B, Liao S S, Lin B H. Impact formulas for vehicle moving over simple and continuous beams[J]. Journal of Structural Engrg., 1995, Vol. 121(11): 1644 – 1650.

[93] Yang Y B, Yau J D. Vehicle-bridge interaction element for dynamic analysis[J]. Journal of Structural Engrg., ASCE. 1997, Vol. 123(11): 1512 – 1518.

[94] Yang Y B, Yau J D, Hsu L C. Vibration of simple beams due to trains moving at high speed[J]. Engineering Structures. 1997, Vol. 19(11): 936 – 944.

[95] Lin Y K, Ariaratnam S T. Self-excited bridge motion in turbulent wind. Presented at the 3rd U.S. National Conference on Wind Engineering Research. Gainesville, Florida, Feb. 26 – Mar. 1, 1978, 367 – 370.

[96] Lin Y K, Li Q C. New stochastic theory for bridge stability in turbulent flow [J]. Engineering mechanics, ASCE, Vol. 119(1): 113 – 127.

[97] Lin Y K. Motion of suspension bridges in turbulent wind[J]. Engineering Mechanics Diversion, 1979, Vol. 105(6).

[98] Lin Y K. Stochastic analysis of bridge motion in large-scale turbulent winds, Proc. 5th Int. Conf. On Wind Engrg., 1979, Vol. 2.

[99] Xu Y L, Sun D K, Ko J M, et al. Buffeting analysis of long span bridges: A new algorithm[J]. Computers and Structures, 1998, Vol. 68: 303 – 313.

[100] Xu Y L, Guo W H. Dynamic analysis of coupled road vehicle and cable-stayed bridge systems under turbulent wind [J]. Eng. Struct. 2003, Vol. 25: 473 – 486.

[101] Xu Y L, Guo W H. Effects of bridge motion and crosswind on ride comfort of road vehicles[J]. Journal of Wind Engineering and Industrial Aerodynamics, 2004, Vol. 92: 641 – 662.

[102] Xu Y L, Zhang N, Xia H. Vibration of coupled train and cable-stayed bridge

systems in cross winds[J]. Engineering Structures. 2004, Vol. 26: 1389-1406.

[103] Yang F, Fonder G. An iterative solution method for dynamic response of bridge-vehicles systems[J]. Earthquake Eng. & Struct. Dyn., 1996, Vol. 25: 195-215.

[104] Yang J N. Simulation of random envelope processes[J]. Journal of Sound and Vibration. 1972, Vol. 25(1): 73-85.

[105] Yang J N. On the normality and accuracy of simulated random processes[J]. Journal of Sound and Vibration. 1973, Vol. 26(3): 417-428.

[106] Yang W W, Chang T Y P, Chang C C. An efficient wind field simulation technique for bridges[J]. Journal of Wind. Eng. Ind. Aerodyn. 1997, Vol. 67: 697-708.

[107] Timoshenko 著. 工程中的振动问题[M]. 胡人礼,译. 北京: 中国铁道出版社,1978.

[108] 埃米尔·希缪,罗伯特·H. 斯坎伦. 风对结构的作用——风工程导论[M]. 上海: 同济大学出版社,1992.

[109] 贝斯 K J. ADINA/ADINAT 使用手册——自动动态增量非线性分析程序[M]. 北京: 机械工业出版社,1981.

[110] 陈艾荣. 杭州湾大桥抗风性能研究——北航道桥桥节段模型风洞试验研究[R]. 同济大学土木工程防灾国家重点试验室,2003.

[111] 陈艾荣. 杭州湾大桥抗风性能研究——全桥气弹模型风洞试验研究[R]. 同济大学土木工程防灾国家重点试验室,2004.

[112] 陈艾荣. 苏通长江公路大桥主桥结构抗风性能研究——主桥节段模型风洞试验研究[R], 同济大学土木工程防灾国家重点试验室,2002.

[113] 陈艾荣. 苏通长江公路大桥结构抗风性能分析与试验研究——全桥气弹模型风洞试验研究[R]. 同济大学土木工程防灾国家重点试验室,2004.

[114] 陈艾荣. 风对杭州湾大桥行车安全的影响和对策[R]. 同济大学土木工程防灾国家重点试验室,2004.

[115] 陈艾荣. 杭州湾跨海大桥风障研究[R]. 同济大学土木工程防灾国家重点试验室,2005.

[116] 陈政清. 桥梁颤振临界风速值上下限预测与多模态参与效应. 结构工程研究的新进展及应用. 1993.

[117] 陈政清. 桥梁颤振临界状态的三维分析与机理研究[D]. 1994 年斜拉桥国际学术讨论会论文集. 上海:1994.

[118] 陈伟. 大跨度桥梁抖振反映谱研究[D]. 同济大学博士学位论文. 1993.

[119] 曹映泓. 大跨度桥梁非线性颤振和抖振时程分析[D]. 同济大学博士学位论文. 1999.

[120] 丁泉顺. 大跨度桥梁耦合颤抖响应的精细化分析[D]. 同济大学博士学位论文. 2001.

[121] 葛玉梅,李永乐,何向东. 作用在车-桥系统上风荷载的风洞试验研究[J]. 西南交通大学学报,2001,Vol. 36(6):612-616.

[122] 葛玉梅,周述华,李龙安. 斜拉桥在考虑风效应时的车-桥耦合振动[J]. 西南交通大学学报,2001,Vol. 36(4):369-373.

[123] 郭向荣,曾庆元. 京沪高速铁路南京长江斜拉桥方案行车临界风速分析[J]. 铁道学报,2001,Vol. 23(5):75-80.

[124] 郭薇薇,夏禾,Xu Y L. 风荷载作用下大跨度悬索桥的动力响应及列车运行安全分析[J]. 铁道学报,2006,Vol. 23(2):103-110.

[125] 黄向东著. 汽车空气动力学与车身造型[M]. 北京:人民交通出版社,1999.

[126] 何光渝,高永利. Visual Fortran 常用数值算法集[M]. 北京:科学出版社,2002.

[127] 靳晓雄,张立军,江浩. 汽车振动分析[M]. 上海:同济大学出版社,2002.

[128] 《汽车百科全书》编纂委员会. 汽车百科全书[M]. 北京:机械工业出版社,1989.

[129] 《汽车工程手册》编辑委员会. 汽车工程手册-基础篇[M]. 北京:人民交通出版社,2001.

[130] 李国豪. 桥梁结构稳定与振动(修订版)[M]. 北京:中国铁道出版社,1996.

[131] 李永乐. 风-车-桥系统非线性空间耦合振动研究[D]. 西南交通大学博士学位

论文,2003.

[132] 李小珍.高速铁路列车-桥梁系统耦合振动理论及应用研究[D].博士学位论文,西南交通大学博士学位论文,2000.

[133] 林家浩,钟万勰.关于虚拟激励法与结构随机响应的注记[J].计算力学学报,1998,Vol.15(2):217-223.

[134] 刘春华.大跨度桥梁抖振响应的非线性时程分析[D].同济大学博士学位论文,1995.

[135] 林志兴.汽车模型风洞建设及其测试分析技术[R].同济大学土木工程防灾国家重点实验室,1998.

[136] 林志兴.TJ-2汽车模型风洞测试报告[R].同济大学土木工程防灾国家重点实验室,1998.

[137] 林志兴.SC6370微型车空气动力学试验与分析研究[R].同济大学土木工程防灾国家重点实验室,2002.

[138] 马芳武.汽车空气动力学[M].北京:机械工业出版社,1993.

[139] 王毅.基于小波方法的随机风场模拟与分析[D].上海:同济大学桥梁工程系,1999.

[140] 王勖成,邵敏.有限单元法基本原理和数值方法[M].北京:清华大学出版社,1997.

[141] 王达磊,陈艾荣,庞加斌.大跨度斜拉桥行车安全风速标准分析及运营对策[D].第十二届全国风工程会议论文集,2005.

[142] 武藤真理著.汽车空气动力学[M].程正,译.吉林:吉林科学技术出版社,1989.

[143] 项海帆.进入二十一世纪的桥梁风工程研究[J].同济大学学报,2002,Vol.30(5):529-532.

[144] 项海帆,等著.现代桥梁抗风理论与实践[M].北京:人民交通出版社,2005.

[145] 项海帆,朱乐东.考虑约束扭转刚度影响的斜拉桥动力分析模型[D].全国桥梁结构学术大会论文集,武汉:1992.

[146] 夏禾,徐幼麟,阎全胜.大跨度悬索桥在风与列车荷载同时作用下的动力响应分

析[J].铁道学报,2002,Vol.24(4):83-91.

[147] 周述华.大跨度悬索桥空间非线性抖振响应仿真分析[D].西南交通大学博士学位论文,1993.

[148] 张洪欣.汽车系统动力学[M].上海:同济大学出版社,1996.

[149] 周世忠,等.江阴长江公路大桥竣工试验报告[R].上海:同济大学桥梁实验室,1999.

[150] 中华人民共和国交通部.公路桥梁抗风设计规范(JTG/T D60-01—2004)[M].北京:人民交通出版社,2004.

[151] 中国汽车工业总公司和中国汽车技术研究中心.中国汽车车型手册(中)[M].济南:山东科学技术出版社,1993.

[152] 中国汽车工业总公司和中国汽车技术研究中心.中国汽车车型手册(下)[M].济南:山东科学技术出版社,1993.

后 记

本研究是在导师陈艾荣教授悉心指导下完成的,从选题确定到初具规模至最终定稿整个过程中,陈老师都倾注了大量心血和精力,导师因材施教、视野雄阔、洞察敏锐、学识渊博,令我受益匪浅,终生难忘。三年来,导师辛勤培养,对我的学业、生活和工作给予了悉心的指导、无微不至的关怀和大量的帮助,在此谨向陈老师致以诚挚的敬意和深深的感谢。

感谢项海帆院士领导的学术团队,为大家提供了良好的科研氛围。衷心感谢林志兴研究员、宋锦忠教授级高工、顾明教授、葛耀君教授、朱乐东研究员的热情指导和帮助。非常感谢徐建英老师的关心和帮助。

诚挚感谢西南交通大学强士中教授、北京交通大学夏禾教授、重庆大学李士良教授和中南大学余志武教授以及同济大学吴定俊教授、李建中教授、林志兴研究员,本书得到诸位前辈的指点和润色,在此表示感谢!

特别感谢本学科组的周志勇老师、马如进老师、王达磊老师,在平时生活和写作过程中,三位老师多次为本人提供热情帮助和指点。也十分感谢丁泉顺老师、郭震山老师、赵林老师等,本人在程序编制、写作和试验的许多方面都得到他们的无私帮助和启发。

非常感谢硕士导师黄平明教授多年来的无私帮助、鼓励与支持!

挚友、同窗间的真情挚谊令我终生难忘,大家真挚的友情、热烈的讨

后 记

论、良好的学术气氛、广泛的思想交流、学习和工作中的相互关心与帮助，本人乐在其中。非常感谢胡晓伦、许福友、林铁良、杨素哲、梁艳、胡峰强、苏哈布、郭龙、艾辉林、马军海、曾勇、张宪堂、夏红文、贺君、李奇、罗晓瑜、吴新元、戴伟、张朝贵、陈忆前、金玉泉、朱本瑾、李燎菁、姜保宋、涂熙、王玉倩、周小燚等师兄、师弟和师妹的热心帮助，同时十分感谢师兄王春生老师、李加武老师、刘志文、盛勇、吴海军博士和师妹王毅硕士的鼓励。感谢博士班同学李文勃、袁旭斌、王淼、王小松、刘超、巩春领、孙斌、邓涛、杜群乐等，本人一直得到他们鼓励和支持！

1996年至2006年，相识、相恋十年的女友兰燕，用她一贯的乐观和自信感染着我，使我能够始终保持内心的平静，坚持自己的想法，做自己喜欢的，我们一起体会到别样的艰辛，也看到了另一番风景，每每回味共同走过的日子，都会微笑！

最后，感谢我的父母！在我的成长过程中，他们给予了我最无私的爱和默默的关怀！我的每一点进步，都离不开他们的无私奉献和鼎力支持！

韩万水